文化创意与策划

主 编 苏 卉

副主编 詹绍文 赵尔奎 金青梅 李 天

西安交通大学出版社
XI'AN JIAOTONG UNIVERSITY PRESS

图书在版编目(CIP)数据

文化创意与策划／苏卉主编. -- 西安：西安交通
大学出版社，2025.4. -- ISBN 978-7-5693-3991-8

Ⅰ. G114

中国国家版本馆 CIP 数据核字第 2025BZ3882 号

书　　名	文化创意与策划
	WENHUA CHUANGYI YU CEHUA
主　　编	苏　卉
责任编辑	郭　剑
责任校对	李逢国
封面设计	任加盟
出版发行	西安交通大学出版社
	（西安市兴庆南路 1 号　邮政编码 710048）
网　　址	http://www.xjtupress.com
电　　话	（029）82668357　82667874（市场营销中心）
	（029）82668315（总编办）
传　　真	（029）82668280
印　　刷	西安日报社印务中心
开　　本	787mm×1092mm　1/16　　印张　11.75　　字数　258 千字
版次印次	2025 年 4 月第 1 版　　　2025 年 4 月第 1 次印刷
书　　号	ISBN 978-7-5693-3991-8
定　　价	38.00 元

如发现印装质量问题,请与本社市场营销中心联系。
订购热线:(029)82665248　(029)82667874
投稿热线:(029)82664840

自 20 世纪末以来,创意产业在全球范围内逐渐兴起,成为推动经济增长的新引擎。创意产业通过激发个人的创造力、技能和天分来获取发展动力,在推动人类物质文明与精神文明建设中发挥着越来越重要的作用。创意产业有效推动了文化、科技与经济的融合,让凝聚人类智慧、知识和思想的文化内容,在新的时代能够获得创造性转化、创新性发展。创意可以渗透到文化的不同领域、不同环节与层面,从最初的文化资源的开发、文创产品的设计到文化内容的挖掘、文化信息的传播等,处处闪烁着创意的光芒。

《文化创意与策划》是面向文化产业管理和新闻传播等相关专业学生的教材,也适合文化创意、文化项目策划等相关行业领域的实践人士阅读参考。本书从文化创意、文化策划的相关基础理论知识和基本原则程序等内容的介绍开始,之后以文化产品为起点,依次展开文化产品的创意设计、文化内容的创意与策划、文化活动的创意与策划、文化品牌的创意与策划、文化传播的创意与策划,以及综合性更强的文化项目创意与策划等内容。在广泛分析文化创意策划经典案例的基础上,本教材将创意创新能力与具体的文化产品、活动、内容、项目等有机融合,是文化产业管理专业的核心专业课程教材,也是推动文化创意创新的重要支撑。

与国内同类教材相比,《文化创意与策划》教材具有一定特色:第一,专创融合。教材内容中的文化产品创意设计、文化活动创意策划、文化品牌创意策划与全国高校商业精英挑战赛——会展创新创业竞赛以及品牌策划竞赛的内容高度相关,从而可以让学生将教材上所学习的知识与创新创业竞赛紧密结合起来。第二,强化课程思政。教材内容旨在推动中华优秀传统文化的创造性转化、创新性发展和增强文化自信,在案例选择及内容编排上突出课程思政元素的有效融入,如故宫文创、敦煌文创、国产电影创意创新等,均可以增强读者对中华优秀传统文化的认同和对推动传统文化创意创新的责任感。第三,内容丰富,知识覆盖广。从微观产品到中观文化内容产业再到文化传播等范围更大的领域,本教材涵盖了多个文化专业领域的知识点。本教材所选取的文化领域既包括传统领域如纸媒的创意策划与创意转型,也包括短视频等新兴的文化领域,内容丰富,知识性和科学性较强。第四,实用性强,互动性强。本教材实用性较强,能较好地锻炼读者创意思维及实际创意策划能力,并结合大量案例分析归纳出不同文化领域创意策划的具体方法和操作步骤等,从而有效提升了读者将文化创意策划理论知识与实际应用相结合的能力。

本书由苏卉担任主编,詹绍文、赵尔奎、金青梅、李天担任副主编。具体分工:第一、五、六章由苏卉负责,第二章由詹绍文负责,第三章由李天负责,第四、七章由赵尔奎负责,第八章由金青梅负责。感谢西安交通大学出版社对本书出版的大力支持,感谢责任编辑郭剑为本书付出的辛勤劳动! 同时也对本书编写中参阅引用的相关文献、教材和网络资源的所有作者一并表示衷心感谢! 由于水平有限,书中还存在不少疏漏,期望读者朋友能不吝批评指正!

编写组
2024 年 10 月

目录
Contents

第一章

创意与文化创意概述

通过对本章的学习,学生应了解或掌握如下内容:
1. 创意的内涵、类型与特点。
2. 创意的原则、程序、方法。
3. 创意产业、文化创意产业等的界定。
4. 文化与创意融合的意义。

章首案例

上海 M50 创意产业园

M50 创意园,位于上海市普陀区莫干山路,曾经是上海春明粗纺厂。自 2000 年开始,这座工厂经历了华丽的转身,成为如今颇具影响力的艺术创意园区。2011 年 7 月,上海春明粗纺厂正式更名为上海 M50 文化创意产业发展有限公司,园区占地面积约 24000 m²。这里不仅是一个艺术的聚集地,更是一个创意的熔炉,为上海市的文化产业增添了浓厚的色彩。

M50 创意园不仅仅是一个简单的艺术聚集地,更是一个具有广泛影响力的文化品牌。在这个充满创意与活力的园区里,各类艺术家、设计师、创意人才汇聚一堂,共同为艺术与创意的繁荣发展贡献力量。M50 创意园已经成为上海市的一张文化名片,吸引着来自世界各地的游客前来感受这里的艺术氛围和创意气息。随着时间的推移,M50 创意园的影响力不断扩大,不仅在艺术界,也在商业领域产生了巨大的影响。许多知名的品牌和公司选择在这里举办各类活动,如新品发布会、艺术展览、时尚秀等。这些活动不仅提升了M50创意园的知名度,也为园区内的艺术家和设计师提供了展示才华的舞台。M50创意园的成功不仅仅体现在它所举办的各种活动和展览上,更在于它所倡导的艺术与创意的理念。这里鼓励创新、包容多元,为各类创意人才提供了一个可以自由发挥的空间。这种开放包容的态度吸引了越来越多的年轻人来到这里,追求自己的艺术与创意梦想。在M50创意园的发展过程中,也面临着一些挑战和问题。例如,如何平衡商业与艺术的关系,如何保持园区的独特性和吸引力,如何为创意人才提供更好的发展机会,等等。为了应对这些挑战,M50创意园的管理层和艺术家们不断探索新发展模式和合作方式,努力为园区注入更多的活力和创意。作为一个具有国际影响力的文化品牌,M50创意园也在积极拓展国际合作,通过与国外艺术机构和创意产业园区的合作交流,M50创意园不断提升自己的国际知名度和影响力。这种跨文化的交流与合作也为园区内的艺术家和设计师提供了更广阔的发展空间和机会。未来,M50创意园将继续秉持"艺术、创意、生活"的核心价值,不断探索新的发展模式和合作方式。它将吸引更多的艺术家、设计师和创意人才来到这里,共同为艺术与创意的繁荣发展贡献力量。同时,M50创意园也将积极参与到城市文化建设和社会发展中,为上海市乃至全国的文化产业树立一个典范。

第一节　创意的基本概念与方法

一、创意的内涵、类型与特点

(一)创意的内涵

从字面意思来看,"创意"的"创"字本身包含有创造、创作、创新等含义,而"意"字则包含有观念、意思、思维等含义。将"创"和"意"二字组合在一起,反映人类社会生活中各种人的创造、创作等活动,会对社会发展起到一定的影响和作用。事实上,人类的创造性及创作活动古已有之且从未停止。在特定历史环境下,人决基于当时的思想观念、意识和思维方式,创造出许多符合特定时期文化需求的创意活动及成果。尽管这些活动在当时可能并未正式冠名为"创意",但这种源于社会生活、又反作用于社会发展的创意活动其实早已存在。

1. 国外对创意的认识

在古希腊哲学家柏拉图看来,创作是人类独有的能力,与人的精神和思维密切相关。柏拉图曾说过:"创作的意义是极为广泛的。无论什么东西从无到有中间都要经过创作这一环节。所以,一切技艺的创造都是创作,一切手艺人都是创作家。"文艺复兴时期,随着人文主义思潮的兴起,法国人文主义学派提出了"原创"(orginality)一词,来表示具有创新性的思想产生,跟我们现代意义上的创意概念较为接近。

第二次世界大战以后,随着世界经济的逐步恢复与发展,创意与经济、文化的融合也更为紧密。美国社会经济领域的相关研究将视线转向文化与创意相关问题上,对于创意的内涵及在当时社会中的作用和影响也进行了广泛讨论。20世纪60年代,美国广告大师詹姆斯·韦伯·扬对创意提出了新的看法,认为创意与发明创造不同,创意是"将一些司空见惯的元素以常人意想不到的方式展现给消费者,从而令消费者与品牌之间建立某种关系"。一条创意其实就是常规要素的一个新的组合,即"旧元素,新组合"。詹姆斯·韦伯·扬还形象地使用汽车生产流水线的例子来说明创意的产生过程,认为创意的产生也类似流水线生产一样拥有特定的程序,如借助一定的技巧和生产方式,就可以产生符合实际需要的创意。这一观点在今天看来颇具争议,尤其是认为创意是类似工业流水线生产的产物,抹杀了创意中最为与众不同的特色。但是强调创意必须贴合实际,必须符合具体的需求而非天马行空的臆想,这一点是值得肯定的。

美国创造心理学家泰勒(Taylor)曾对创造力进行了概括和归纳,将创造力概括为以下五个层次:①表露式的创造力,指个体在儿童时期所显露出来的创造力,如儿童涂鸦式的画作等;②技术性的创造力,指运用一定科技原理和思维技巧,以解决实际问题而进行的创造,如素材按新的形态组合产生新事物等;③发明式的创造力,指在已有的事物基础上,产生与以往曾有过的事物全然不同的新事物的创造,如爱迪生发明的电灯,贝尔发明的电话等;④革新式的创造力,指在否定旧事物或旧观念的基础上,不仅创造出新事物,还提出新观念,是一种"革旧出新"的创造方式;⑤突现式的创造力,指与原有事物无直接联系,突然发生且出乎意料的创造。这五种创造力都是源于人类的创造性思维活动。

1999年,美国著名心理学家斯滕伯格(Sternberg)和鲁巴特(Lubart)从心理学角度,将创意定义为"生产作品的能力",这些作品既新颖(也就是具有原创性、不可预期性),又适当(也就是符合用途,适合目标)。他强调了创意是一种人类进行创造性活动的能力,也说明这种能力创造的成果是独创又可行的。

2001年,被誉为"创意经济之父"的英国著名经济学家霍金斯(Hawkins)出版了《创意经济:如何点石成金》一书,在这部创意经济学的奠基之作中对于"创意"一词进行了较为全面的界定。在霍金斯看来,创意就是催生某种新事物的能力,可以被简单理解为"新点子",并认为"新点子"应该符合以下标准:个体性、独创性、有意义性及有用性。霍金斯指出:个体性强调创作主体的亲身参与,即创作者需通过直接观察与深度思考,将外部信息内化为独特的思维形态;独创性强调创意可能是全新的,也可能是对已存在的东西的再造,前者是"无中生有",而后者则是"赋予既有事物某种特色";有意义性及有用性强调必须有某样东西以一种有意义的方式展现创意,哪怕只是对部分个体而言具有意义。霍金斯对于创意的理解对后来的创意理论发展起到重要的指导作用。

近年来,随着科技的发展和人类社会观念的进步,人们对创意的意义和作用的认识不断深化,关于创意的定义也在不断变化与更新。Google总裁施密特曾说:"创意是知识股本不断增值的源泉。"日本设计师佐藤可士和提出："创意等同于创造性地解决问题。"美国广告大师大卫·奥格威曾说过："除非你的广告源自一个大创意,否则将如夜晚航行的船只,无人知晓。"实际上,创意的本质就是赋予事物闪光点,需要我们从不同角度看问题。

综合来看,国外对于创意的认识是将其视为具有新颖性、独创性的想法,创意来源于实践又反作用于实践,能够产生意想不到的效果,能够创造出物质及精神等方面的效益。

2. 国内对创意的认识

国内关于"创意"相关的思想起源也较为久远。早在东汉时期,王充在《论衡·超奇》中写道："孔子得《史记》以作《春秋》,及其立义创意,褒贬赏诛,不复因《史记》者,眇思自出于胸中也。"这里的"创"为动词,指创立,而"意"则为意义,所以"创意"在这句话中可以理解为"立义"或"立意"。这种类似的释义和用法也在后来中国多部古典文献中出现。例如,唐朝李翱在《答朱载言书》中提道："创意造言,皆不相师。"又如清代学者方东树在散文《答叶溥求论古文书》中言："及其营之于口而书之于纸也,创意造言,导气扶理,雄深骏远,瑰奇宏杰,蟠空直达,无一字不自己出。"南宋罗大经撰写的笔记集《鹤林玉露》中写道："近时李易安词云:'寻寻觅觅,冷冷清清,凄凄惨惨戚戚。'起头连叠七字,以一妇人,乃能创意出奇如此。"在这里,"创意"可以看作一个整体的名词,是对李清照连用叠词的创新性语用方法的评价。而后,王国维在《人间词话》中写道："美成深远之致不及欧、秦,唯言情体物,穷极工巧,故不失为第一流之作者。但恨创调之才多,创意之才少耳。"郭沫若在其作品《鼎》中提出:"文学家应当在自己的创作中充分展现个人的独特创意与风格,以此来彰显其鲜明的个性。"以上文中使用的"创意"均包含创新性立义的含义。

《辞海》中,"创"字的解释是:开始、初次做;崭新独到的;通过经营等活动而获取等。"意"字的解释是:新的主意,包括点子、建议、意识、观念、智慧、思维等。根据《新编现代汉语词典》的解释,"创意"是指有创造性的想法和构思等。词性不同,"创意"的含义不尽相同。"创意"既是一个静止的名词概念,又是一个动词的动态过程,还是一个形容词的赞誉概念。因此创意包含三层意思:创意必须包含有创造性;创意是一种构思或想法;创意是对创新思想的鼓励。

近年来随着创意经济在国内的兴起和发展,众多学者也尝试从学术角度界定"创意"的内涵。2007年,学者陈放、武力在《创意学》一书中讲道:"所谓'创意'就是人们平常说的点子、主意、想法,好的点子就是好的创意。"他们用通俗的语言把创意描绘成"点子、主意和想法",即人们通过思考和运用智慧想出来的办法。被誉为"中国文化创意学之父"的王万举在其著作《文化产业创意学》中将创意定义为:"创意是带有创新性的构思、策划、设计。"白庆祥等学者从更为宏观的角度定义创意:"创意是人类的一种思维活动,是创新的意识、思想。"贺寿昌则将创意纳入文化的范畴,提出:"创意是创新和文化的有机结合。"丁俊杰等多位学者在《创意学概论》一书中讲道,"创意"就是"创造新意",具有原创性、首创性和独创性。同时也认识到创意与文化领域的紧密关联:"创意是一种思维方式和思维成果,也就是一种不平凡的、富有创见性的思维方式和一种新鲜的、新奇的思维成果。"钟璞和许青从文化来源和哲学本质的角度来定义"创意",他们认为创意就是"创义",即创造意义世界,也是"创异",创新不同的文化符号,同时还是"创艺",用艺术化手段进行创造等。

由此可以看出,自东汉时期起,"创意"一词的内涵就被人们所认识,并且一直被保留和传承下来。然而随着当今创意经济的崛起,学者们对"创意"的解释变得更加丰富、具体和通俗易懂,同时也更加关注创意与文化领域之间的内在关联。赖声川导演就曾对"创意"一词给出一个通俗的解读:"创意是一场发现之旅,发现题目,以及发现解答;发现题目背后的欲望,发现解答的神秘过程。"如今,我们使用"创意"一词的频率越来越高,范围也越来越广,也逐渐与英语"idea""creative"等翻译而来的"创意"合用。

综上所述,国内外有关创意的含义在本质与内涵上存在相通之处,但在具体的表达和描述上存在一定的差异性。概括来讲,创意是一种突破传统、富有创造性的思维活动。它能够挖掘和激活资源组合方式,为事物带来巨大的经济价值潜力。创意源于社会生产活动,同时也推动社会的发展,并且与文化领域有着紧密的内在关联。创意既包括新事物、新思想、新方法的产生过程和结果,也涵盖以新的方式对社会原有内容进行再解读与再创造。创意的本质是创造意识或创新意识的运用。

3. 创意与相关概念的辨析

目前与创意相关的英文单词主要有 idea、creative、creativity、originality 等,这些英文单词意义相近,但侧重点有一定的差异。"idea"通常表示主意、思想、观点、看法等,也表示一些新的有创意的想法。"creative""creativity"两个词都来自"create"的变形,都有创意的含义,前一个作为形容词表示有创造力的、有创造性的,后一个作为名词则表示创造力、创造性。而"originality"经常被翻译为原创、原创性、独创,但是有时也表示创意。以下是对创意相关的"创新""创造""策化"等概念的辨析:

1) 创意与创新、创造

(1) 创意与创新的概念辨析。创新侧重于强调某种新事物的引进和采用,也包括对旧事物的改革和革新。创新常用于描述通过新发明,或对知识、技能、观念等的引入,从而创造出新的理念、产品、服务,以及新的组织或制度等新事物的过程。"创新"一词最早是由美国经济学家熊彼特提出的,他在著作《经济发展理论》中指出,创新是"建立一种新的生产函数",或者是"生产要素的新的组合",具体表现形式包括开发新产品,使用新的生产方法或者新工艺,发现新的市场,发现新的原料或半成品,创建新的组织管理方式等。广义的创新则指新思想的运用,是付诸了行动的一切新想法。当前随着市场竞争的日益激烈,创新也被各个行业所重视,既包括技术和方法的创新,也包括制度、艺术、管理方式的创新等。创新的含义中也包含着新主意、新思想的产生或引入的内涵,与创意的概念存在相通之处。

创意侧重于体现人的创新性思维能力的具体运用和体现。它基于对现实事物的深化理解与认知,进而衍生出的新的抽象思维和行为潜能。创意是比宽泛意义上的创新更深一层的思想创新或理念创新,它是一切创新活动得以展开的前提和基础,一切有形和无形的创新过程及其结果最终都可溯源到某一创意的运用。

创新与创意密切关联。创新体现着创意思想,凡是创新必然有创意的基因。应该说,创新更侧重于观念的更新和破旧立新,而创意侧重于思维灵感的天马行空。作为思维活动,创新与创意是基本相似的,但在思维活动的外在表现方面,创新常常伴随着新的物态或思维活动轨迹的呈现,而创意则侧重于表现为思维的某一方式或结果,是可变的、"隐物态"的,因此创新可以认为是创意的延伸。

创意与创新存在一定的差异性,具体表现在三个方面:一是阶段差异。创意通常处于解决问题的前置阶段,更多地关注提出新的想法或观点;而创新则侧重于将这些想法付诸实践,解决问题或改进现有事物。二是内涵差异。创意强调对现实存在事物的理解及认知,衍生出新的抽象思维和行为潜能,通常更加自由和多变;创新则强调技术革新和生产要素的重组,旨在通过深层次解决某些问题、把握规律、挖掘需求来开辟新的局面。三是价值维度的差异。创意的产生往往源于观念的革新,而创新更注重技术突破和实际效果。

(2)创意与创造的概念辨析。创造侧重于强调通过新颖独创的想法来产生新的事物,是创新性想法运用所得到的结果。广义的创造是指产生具有独特性和价值性成果的行为,而狭义的创造是指提供新颖、独到且具有社会意义的产物的活动。现有定义对于创造的产出属性进行了界定,可以概括为三类:一是产出的新颖、独创、独特、前所未有、推陈出新;二是产出的社会价值、个人价值、社会意义;三是产出的适用性、适宜性、恰当性。每一类本质属性是相同或相似的,因此创造的定义所揭示的本质属性主要是新颖性、价值性和适用性。创造的产出既包括意识范畴的成果,也包括物质范畴(如实物产品)的成果。

创造是创意的结果。创造是一种行为结果,是一种有意识对世界进行探索的劳动行为,同时这种探索行为最终产生了有社会意义和价值的产品。创造应该是创意的产品,创造产品的价值在于实现经济学意义的价值,并由此引起社会生活和技术变化。创意则是通过创造,诞生新的思想点或意义点,它注重意象的关联和重组,强调创新思维和瞬间的灵感突现。可以说,创造是对创意的物化过程以及创意运用的最终结果。

创意与创造的区别主要体现在两个方面:过程和结果。从过程来看,创意通常指通过创新性思维意识活动,挖掘和激活资源组合方式的过程,它更多是抽象思维和行为潜能的表现,而创造则是将两个或多个概念或事物按一定方式联系起来,主观上被人普遍接受,以达到某种目的。从结果来看,创意的结果通常是新的想法或观念,而创造的结果则是将这些想法或观念实际转化为具体的事物或产品。简而言之,创意是创造的起点和基础,而创造则是将创意实际化的具体过程。

总的来说,创意、创新、创造这三个概念的共性都指向首创性,不过这种首创性的内涵及侧重点略有不同。创意的侧重点落在"意"上,即个体或团队的某种新颖独创的意念,这种意念与灵感、直觉等有密切关系,作为一种创意,肯定是具有创新性的,但不一定是可造的;创新的侧重点落在"新"上,也就是说,既可以是一种精神意念性的创新,也可以是一种物质性的创新;创造的侧重点则落在"造"上,即将"意"转化为实践应用的过程或新成果的造就,特别强调物化成果的造就。

2)创意与策划

策划是一个较为宏观的概念,通常指为达到预期目标,根据相关数据、资料并依靠经验或客观规律对目标的未来整体性、长期性问题进行系统性谋划,以及谋划达成目标所需要的具体执行步骤的计划过程。策划是为达到目标执行步骤操作所进行的相关规划、计划等思考行为的总称。策划是一个逻辑严密、系统完整的思维过程,它要具有进攻策略、防御策略,以实现预定目标。而创意是思维爆发过程,有可能只产生单点效应而不具有延展性。创意的产生更强调思维的爆发力,而不要求具有严密完整的逻辑。创意允许标奇立异,允许无限联想,允许天马行空。

创意与策划紧密相关,一项策划活动是由许许多多的新颖创意组成的,好的策划一定要有创意点作支撑。人们依据某些客观规律和原则,把这些创意采用相应的手段和科学方法组织起来以完成某一目标。缺乏好的创意,策划活动难以实现预想的实施效果;而离开了策划提供的科学严谨的事实和构架,创意也难以体现应有的价值。

创意与策划也存在一定的差异性,具体体现在两者的本质、过程和应用范围等方面。从本质来看,创意主要指创造出新的思想点或意义点,更加强调思维的爆发力和无限联想,可以是不合情理的跳跃性思维;策划则是一种围绕特定问题进行的系统性思考和设计过程,它注重严谨、敏锐的思维触角和整体的逻辑关系。从过程来看,创意通常是一个点子或想法,可能是一次灵感的爆发,而策划是一个更为复杂和系统的过程,涉及市场调查、策略设计、执行安排等多个环节。从应用范围来看,创意可以应用于广告、产品设计、营销等多个领域,通常是一些新颖且具有创新性的点子;策划则更多地用于系统性的思考或整体性把握,如产品推广、品牌建设、市场研究等方面。总体来说,创意是策划的基础和灵感来源,而策划则是将创意转化为实际行动和策略的过程。

3)创意与知识产权

知识产权(intellectual property)是指人们就其智力劳动成果依法享有的占有、使用、处分和收益等相关权利,通常也被称为"知识所属权"。这些智力成果包括文学艺术作品、发明创造、商标、商业秘密等。知识产权从本质上说是一种无形财产权,它与房屋、汽车等有形财产一样,都具有价值和使用价值,都受到国家法律的保护。

创意并非天然具有知识产权,因为它们只是思想或概念的表述。如果创意通过有形的方式(如创意书)体现出来具有价值,且符合知识产权法规定的保护条件,则该创意将受到知识产权法的保护。

(二)创意的类型

按照创造过程和表现形式进行分类,创意可分为原创型创意、再创型创意和集成型创意三种类型。

1. 原创型创意

原创型创意通常指由创作者个人或团队独立构思、设计并首次呈现出来的创意,一般具有独立性、新颖性、创新性的特点。原创型创意必须新颖,即在内容、形式或表达方式等方面前所未有,充分体现创作者独一无二的思维方式和创造能力。原创型创意不依赖于既有存在的想法进行完善、提升、改编或模仿、变异。这种创意本身的独特思维方式和创造力,是各个领域的大师们所追求和推崇的,也常常被人们称为"人类的灵魂"。在文化领域中,原创型创意应用于广播电视业、电影业、艺术设计业、时尚业、出版业、报业等多个行业。例如,原创音乐歌舞、原创影视剧本、独家报道等,均属于原创型创意的应用范畴。

2. 再创型创意

再创,即在一定基础上对现有作品或项目进行再加工、再创造。再创型创意指的是对原有的创意原型进行重新解读、改变或创新,赋予其新的创意价值或传递出新的意义。如将传统文化故事改编拍摄为影视节目,或在某些既有软件的基础上开发提升新功能等。再创型创意强调的是对创意原型的完善、丰富和创新,需要创意者对所运用的各类资源具有较高水平的敏锐度和精湛的转化能力。

3. 集成型创意

集成,其英文为 Integration,意为一体化、综合、整合。集成的主要特征就在于若干要素的集合,也就是指一些孤立的事物或元素通过某种方式改变原有的分散状态集中在一起,互相产生联系,从而构成一个有机整体的过程。有学者指出,集成是一种创造性的糅合过程,即在各要素的结合过程中,注入了创造性的思维在里面。所谓集成型创意,即创意的集大成者,是将各类创意元素、符号等进行集合、整理并融合产生的创意产品。集成型创意并不是对创意资源的简单组装,而是将各类创意元素聚合起来进行拓展型的价值再造,形成新的集合体,实现深层次的"价值升级"。

(三)创意的特点

1. 独特性

创意思维往往是独一无二的,是创造性思维的产物。它敢于挑战现有的规则和观念,提供全新的视角和方法,从而产生出人意料的结果。如美国托莱多艺术博物馆大画廊的室内彩虹奇观,是由成千上万根线创造出来的奇幻视觉效果。

2. 价值性

创意具有实用性和价值性,不仅能解决实际问题,还可以提高工作效率或改善生活质量,为个人和社会带来实际的价值。微软公司的 CEO 比尔·盖茨曾高度评价创意的价值,他说:"创意具有裂变效应,一盎司创意能够带来无以计数的商业利益和商业奇迹。"

3. 关联性

创意有助于我们在貌似不相关的事物之间寻找全新的内在联系,并使之切题、可信、新颖和易于理解。创意具有明确目的性,它必须与创意目的、主体、对象密切相关,因此,明确以上几种要素之间的关联性,是形成创意的重要前提,也是创意的必要环节。著名广告大师詹姆斯·韦伯·扬认为,在每种产品与某些消费者之间都有其各自相关联的特性,正确认识这种相关联的特性,就可能产生新的创意。

4.赋予性

创意最首要、最本质的特征是赋予事物新的意义及价值,它揭示出思维的破旧立新过程。因此,赋予新意义、创造新价值是事物得以发展的动力。正如诗人歌德所言:"现在最有独创性的作家,原来并非因为他们创造出了什么新东西,而仅仅是因为他们能够说出一些好像过去还从来没有人说过的东西。"

5.衍生性

创意的衍生性指创意是有生命力的,能够进行衍生和延展。以广告为例,单独的一则广告很难形成持久的影响力,而围绕同一主题不断推出系列广告,可以在消费者心目中累积印象。这样一来,商业广告不仅能够降低单一广告的成本,还能使传播效果成倍增长。因此,一个好的创意应当从不同角度、不同层面进行反复阐述和拓展。

6.综合性

创意的综合性体现在思维的多维度上,是指主体处于一种开放性的思维状态,善于从事物的多侧面、多环节、多因素、多层次来进行思考,因而它具有一种发散机制和多辐射机制。综合性并不要求我们完全按照事物的逻辑结构来思考问题,它更强调思维过程的跳跃性和敏锐性。

二、创意的原则与方法

(一)创意的原则

创意需要遵循一定的原则,但这些原则并不是对创意活动的限制。相反,它们能够帮助创意更好地与实际情况相结合,从而让创意更加高效、更有针对性。

1.冒险性原则

创意既然是思维的创造性活动,那么敢于承担风险,勇于面对困难,乐于接受挑战就是创意应遵循的基本原则。

2.信息交换原则

我们每个人所能够获得的信息往往是有限的,容易受到现有事物和习惯做法的束缚。因此,要从事创意实践,必须打破这些条条框框的束缚,通过相互交换信息,广泛开展信息交换和融合,从而拓展思维空间,激发更多创新的可能性。

3.批判性原则

创意思维敢于对现存的事物提出疑问,敢于对一些人们看来"完美无缺"的事物找毛病、挑缺陷,甚至敢于否定被视为"金科玉律"的理论。好的创意,往往就是在貌似完美的事物上挑出不足,大胆提出自己的设想。

4. 比较优势原则

创意活动的成果强调的是比较优势而不是绝对优势。创意往往是没有最好的,而只是相对来说有可能更加适合特定的情境。

5. 系统辩证原则

创意活动不只是想出点子而已,它应是一个完整的故事。因此在创意思考活动中,要从多个角度辩证地思考问题。

6. 实践性原则

创意活动的最终目标是将其思维活动的成果能够被灵活且创造性地运用于实践中。只有具备操作性的创意活动,才是有意义和有价值的。

(二)创意的方法

创意的方法可以从不同的角度和层面进行思考和实践,表1-1列举的25种常见的创意方法,有助于我们拓展思维,激发创意。

表1-1 25种常见的创意方法

创意方法	具体阐释
思维导图	使用思维导图,可将复杂的思维过程以图形化的方式清晰呈现,帮助形成创意
设计思维	采用设计思维的方法,以用户为中心来解决问题和产生创意
反转思维	尝试从相反的角度来思考问题,寻找非常规的解决方法
联想思维	将不同领域或概念进行联想,以产生新的创意
逆向思维	用相反的方式思考问题,并找到与传统思维相反的解决方法
引发思维	触发一些特定的事件或情景,来激发创意
随机组合	将不同的元素随机组合在一起,创造出新的想法
侧面思考	从侧面或不经意的角度考虑问题,在不同的角度和维度上寻找解决方案
逻辑分析	通过逻辑分析问题,找到其中的症结和核心思想
形象化思维	以形象的方式来表达问题和解决方案,以激发创意
比较思维	将问题与其他相似或相反的问题进行比较,以寻找解决方案
并行思维	在同一时间内考虑多个解决方案或想法,以获得更多的选择
原型思维	建立起一个原型或模型来测试想法,并从中找到改进的空间
问答法	通过不断提问来拓展思路,从而得到更全面的解决方案
系统思维	将问题放在一个更大的系统框架中来考虑,以产生有创意的想法
颠覆思维	用非传统的方式来思考和解决问题,以产生有创意的想法
模仿思维	从其他领域或人物身上寻找灵感和创意
共创思维	通过与他人合作来共同创造解决方案
故事化思维	将问题和解决方案以故事的方式呈现,以增加共鸣和理解

创意方法	具体阐释
想象力	通过想象、幻想和梦想来产生创意
游戏化思维	将问题转化为游戏的方式来解决,以增加参与度和创造力
交叉学科	将不同学科和领域的知识进行交叉应用,创造出新的创意
观察思维	通过观察周围的事物和现象,来获得灵感和创意
集体智慧	通过群体的智慧来寻找解决方案和创意
试错思维	尝试不同的方法和方案,并从错误中学习和改进

1. 思维导图

思维导图,又被称为心智导图,是表达发散性思维的有效图形思维工具。它简单、高效,是一种刺激思维及帮助整合思想与信息的思考方法,也可以说是一种观念图像化的思考策略,是一种实用性的思维工具。思维导图运用图文并茂的技巧,把各级主题的关系用相互隶属与相关的层级图表现出来,把主题关键词与图像、颜色等建立记忆链接。思维导图充分运用左右脑的机能,利用记忆、阅读、思维的规律,协助人们在科学与艺术,逻辑与想象之间平衡发展,从而开启人类大脑的无限潜能。

2. 颠覆思维

颠覆思维也称为求异思维,是对司空见惯的似乎已成定论的事物或观点反过来思考的一种思维方式。颠覆思维敢于"反其道而思之",让思维向对立面的方向发展,从问题的相反面深入地进行探索,树立新思想,创立新形象。一般认为,正向思维是指沿着人们的习惯性思考路线去思考,而颠覆思维则是指背逆人们的习惯性思考路线去思考。正反向思维起源于事物的方向性,客观世界存在着互为逆向的事物,由于事物的正反向,才产生思维的正反向,两者是密切相关的。人们解决问题时,习惯于按照熟悉的常规思维路径去思考,即采用正向思维。这种方式在很多情况下确实能够找到解决问题的方法,并取得令人满意的效果。然而,在实践中也有很多事例用正向思维却不易找到正确答案。而一旦运用反向思维,往往能取得意想不到的效果。这说明反向思维是摆脱常规思维羁绊的一种具有创造性的思维方式。

颠覆思维具有非传统性、创新性、敢于挑战权威和跨界融合等特点。它善于打破既有规则和框架的束缚,从不同领域和行业中汲取灵感和知识,以实现突破和创新。

3. 模仿思维

模仿思维是根据已有的思维模式来模仿和认识未知事物的思维方法。这种方法结合了学习和创新,能够让我们在现有基础上进行改进和拓展,从而快速产生具有实际意义的创意。更为重要的是,模仿的同时还可以结合自身的特殊性,对原有事物加以适应性改进,从而在学习和模仿的过程中,不断改进而形成新的创意。在具体实践中,模仿思维有三种方式:一是可以直接模仿,直接借鉴某个成功事物或模式的外观、功能或运作方式,将其应用到新的领域或情境中;二是可以进行类比模仿,通过找到不同事物之间的相似性,将一种事物的特征或原理应用到另一种事物上;三是可以进行抽象模仿,提取某个事物或模式的核心特征或原理,然后在更高层次上进行创新和重组。

4. 集体智慧

集体智慧可以汇聚多种不同的想法和观点,激发新的思维火花,从而推动创意的深入发展和完善。以下是一些利用集体智慧进行创意的方法:①头脑风暴。这是一种常见的集体创意方法,通过鼓励参与者自由发表观点,不限制想法的产生,从而激发大量的创意点子。在头脑风暴过程中,重要的是保持开放和包容的氛围,让每个人都有机会表达自己的想法。②小组讨论。将参与者分成小组,每个小组针对特定的问题或主题进行讨论。小组内的成员可以相互交流和启发,共同生成创意。这种方法有助于在小组内部形成共识,并促进不同观点的融合。③协作工具。利用在线协作工具,如思维导图、共享文档等,让参与者能够实时共享和编辑创意内容。这种方式可以打破地域限制,让更多人参与到创意过程中来。④专家咨询。邀请相关领域的专家参与创意过程,他们的专业知识和经验可以为创意提供有力的支持。通过与专家的交流和讨论,可以深化对问题的理解,并产生更具可行性的创意。

三、创意的程序与过程

创意不可复制,但"如何创意"的思维过程却有很多观点可供探讨。这是一种动态思维的运行过程,更是一种借鉴智慧的启迪过程。

(一)创意"三境界"论

国学大师王国维在其著作《人间词话》中提出了三重人生的境界:第一重境界,昨夜西风凋碧树,独上高楼,望尽天涯路。这一境界代表着人们在面对未知和迷茫时的孤独与执着。第二重境界,衣带渐宽终不悔,为伊消得人憔悴。这一境界描述的是人们在追求目标时的坚定和不悔付出,即使身体和精神都受到了极大的折磨,也要坚持到底。第三重境界,众里寻他千百度,蓦然回首,那人却在,灯火阑珊处。这一境界描绘的是人们在经历了长时间的努力和寻找后,终于找到了目标或者发现了真理。这三重境界不仅适用于学术研究和艺术创作,也被广泛认为是人生旅途中必须经历的心灵成长过程。

创意的产生过程,也可以用这三重境界加以类比,反映创意思维的不同层面和形成发展过程。

第一重境界:"昨夜西风凋碧树,独上高楼,望尽天涯路。"描绘的是创意思维的初始阶段。在这一阶段,个体面临着挑战和困境,如同西风凋零了绿树,展现出一种萧瑟的景象。然而,正是在这样的背景下,创意者需要独自登上高楼,俯瞰远方,寻找解决问题的线索和方向。这一阶段强调的是对问题的深入理解和全局把握,为后续的创意产生奠定基础。

第二重境界:"衣带渐宽终不悔,为伊消得人憔悴。"代表了创意思维的深化阶段。在这一阶段,创意者需要投入大量的时间和精力,甚至不惜牺牲自己的舒适和健康,来深入研究和探索问题的解决方案。这种执着和坚持的精神是创意产生的重要推动力,它促使创意者不断突破自我,寻找新的可能性。

第三重境界:"众里寻他千百度,蓦然回首,那人却在,灯火阑珊处。"描绘了创意思维的突破阶段。在经历了长时间的努力和探索之后,创意者可能会在某个时刻突然找到问题的答案或灵感。这种灵感可能来自日常生活中的一个小细节,一个偶然的触发或者是对问题长期思考的积累。无论如何,它都代表着创意思维的突破和成功。

这三重境界,从初始的理解与探索,到深化的研究与坚持,再到最终的突破与成功,构成了一个完整的创意思维过程。这一过程不仅需要创意者具备深厚的知识储备和敏锐的洞察力,还需要他们具备坚定的信念和执着的追求精神。

(二)创意程序论

霍金斯将创意的过程分为五个层面,具体包括回顾、孵化、梦想、兴奋、现实检验等内容。

1. 回顾

"回顾"是在脑海中重新回想与创意有关的素材,需要创意人员时刻关注奇特的思想或新鲜的事物,并同自我经验建构起前后关联,随时具有问题意识:这些是什么? 为什么会这样? 这样的回顾过程是对创意原材料(即经济学家所称的"生产要素")的知觉评估,其中也包括对思维的特质(往往被经济学家忽略)的评估。人只有在对过往经验认识进行充分回顾的基础上,才会更好地整合创意素材并采用恰当的思维程序从事全新的创作。

2. 孵化

"孵化"就是让思想自行整理和筛选,是一种无意识的思维活动。这种过程可能持续数小时或几个月,是休眠和静止时期。创意者需要认识到何时有必要进行孵化,并且能提供足够的资源,如金钱、时间等。

3. 梦想

"梦想是无意识的神游,是对神话、符号、魔法和故事的探索和品味。无论是在晚上的梦境还是白日梦里,我们都能摆脱人性的束缚。"弗朗西斯·培根将梦境比喻为"漂流",即思维赋予了自由的特质,允许思维坦然而开放地面对外界的影响。这种处于梦境般的环境中的思维如同幻想,可为创意带来无限灵感。英国现代小说家、剧作家威廉·萨默塞特·毛姆也曾说过:"幻想是创意想象的基础。"

4. 兴奋

好的创意作品将会给人带来兴奋感,而兴奋也是创意过程中有益的精神状态。这种出于直觉的悸动往往会激发创意者无限的创作激情,使其灵感不断,作品亮点频闪。然而,值得注意的是,停留在兴奋阶段而未进入下一步深思也容易导致思之不深等情况的发生。

5. 现实检验

创意最终需要落地实现,因此,进行现实检验非常必要,以确保梦想和直觉符合实际而非空中楼阁。我们需要分析和衡量创意得以实施的现实环境和各项条件,回顾最初提出的问题和调查所得出的答案。对于检验时机的选取以及现实检验方式方法、严格程度等细则的确定,则须秉持科学、谨慎的态度进行。

(三)创意过程论

詹姆斯·韦伯·扬在《产生创意的方法》一书中提出了产生创意的方法和步骤,分为五个阶段:①收集原始资料;②用心智去仔细检查分析资料;③深思熟虑,让许多重要的事物在有意识的心智之外去综合;④实际产生创意;⑤评估创意,使之能够实际应用。

1. 收集原始资料

此阶段需要尽量多地收集相关资料,做好前期准备工作。这些资料包括特定资料和一般资料。特定资料是与创意目的直接相关的资料,如诉求对象、目标产品等,需要创意者有针对性、有目的性地集中获取。一般资料则涉及经济社会宏观环境,日常生活中相关领域,相关学科的重要信息,创意者自身对生活的点滴感悟或思考等,这些是创意者终生都需要不断吸取的养料,需要长期累积。

2. 用心智去仔细检查分析资料

此阶段重在思考,需要对已有信息进行分析整理,尽量找出不同资料之间的内在联系。詹姆斯·韦伯·扬称之为"信息的咀嚼",他认为,广告创意完全是各种"旧"要素间的相互渗透,重新组合。这里"旧"的要素指已收集到的各种资料。至于"新的组合",则有两层含义:一是指这些要素的有机组合,形成对商品、消费的印象;二是这些印象经过广告人群体智慧的作用,形成新的意念,即产生创意。因此,广告创意始于对各要素分散、独立的考察,通过信息咀嚼产生"新的组合"。这一阶段所得的创意无论如何荒诞不经,抑或是残缺不全,都要把它们记下来,有助于推进创意。正如安迪·格林提道:"我想出的最好的创意都在废纸篓里。"再则不要过早地发生厌倦,"当你感到绝望、心中一片混乱时,就意味着可以进入第三步了"。

3. 深思熟虑

此阶段可谓创意的潜伏阶段,也是上一阶段信息咀嚼后的消化阶段。在经过对有关资料进行深思熟虑的调查分析之后,创意者开始对已有印象进行创意的形象再创造。这一阶段创意者可能会由于上一阶段没有满意结果而心灰意冷,陷入僵局,也可能继续提出很多新想法。此时需要完全放松,抛开问题,让潜意识工作,转而去听音乐、看电影、打球、读诗或看侦探小说,做可以刺激你想象力和情绪的事情,静待创意的降临。

4. 产生创意

灵光一现的顿悟通常会在本阶段的某一时刻突然闪现,它的特点是突发性和不确定性。这一时期被詹姆斯·韦伯·扬比作"寒冷清晨过后的曙光","它就像一棵高居山顶的橡树,每个人都可以看到,又很难摸得着"。创意者在经历了前期的痛苦后往往茅塞顿开——"踏破铁鞋无觅处,得来全不费工夫。"

5.评估创意

在创意形成后,需要对其进行全面评估,以确保能够被实际应用。这时候的创意仅仅是一道"曙光",需要进一步推敲完善,反复修改。尤其是将之与前面提出的多种创意方案进行比较、提炼、深化、成形与完善,这是创意完成前的最后阶段。如经过严格评估和多方判定认为该创意符合目标需求,便可进一步发展完善,最终实现创意的完整流程。

第二节 文化创意与文化创意产业

一、文化创意

(一)文化创意

文化创意,从字面组合来看即为"文化"＋"创意",但实际上它并不是简单的机械组合,两者的有机结合实现了"1＋1＞2"的效果,也包含了更为丰富的内容与更深层次的内涵。

国内学者王万举认为"文化创意是对文化元素的重构再现",既要重组文化元素,又要挖掘创新的文化元素。白庆祥、李宇红在《文化创意学》一书中提到文化与创意是互相依存的关系,文化是创意的基础和精髓,而创意则是"文化传承的动力之源"。他们指出,文化创意就是"以知识为元素,融合多元文化,整合相关学科,利用不同载体而构建的再造与创新的文化现象"。胡鹏林将文化创意纳入人类的文明与历史文化的范畴,认为它包含文化、创意和艺术三个元素,文化是基础,创意是核心,艺术是手段。从以上三位学者的学术释义中可以归纳出,他们认为的"文化创意"更侧重文化方面的内容,创意是为了文化而服务的。

从更广泛的视角来看,不同国家、不同地区聚焦文化创意的内容也有所不同。日本的文化创意关注点在文化内容;欧洲的文化创意不仅包括文化、艺术、设计,而且纳入了文化保护的内容;美国的文化创意则强调文化版权与知识产权。

综上所述,文化创意的核心在于将文化元素与创意相结合,通过对文化资源或者文化元素的深入挖掘,创造性运用,来产生高附加值的文化产品或者文化服务。它不仅能够推动文化产业的发展和经济增长,还能够满足人们对个性化、高品质文化产品的需求,促进社会文化的繁荣和发展。

(二)文化资源是创意的基础

文化资源是文化创意活动的资源池和基因库,是文化创意的基础,离开文化资源的文化创意就是无源之水。充分利用文化资源的优势,将文化资源"活化"利用,是文化创意产业发展的根本保障。

无论何种形式的文化创意,无论文化创意最终以什么形式呈现出来,其底层起到支撑作用的是文化资源。表现"花木兰"的艺术形式是影视,呈现"冰墩墩"的艺术形式是玩具,而其底层的文化资源是花木兰代父从军的故事,敦厚可爱的国宝熊猫的文化属性。中国具有五千多年的文明发展史,积累了丰富的物质和精神文化资源。文化资源的物质性体现在其本体特征和外在形式,如建筑、雕塑、雕刻、服饰、用具等,这种物质性是固有的、直观的。文化资源的精神性是超出物质本体和造型,体现为文化思维、意识、制度、信仰和伦理等精神层面的形式。文化资源的物质性和精神性既相互独立又交织在一起,其物质性容易识别,而精神性的认知则需要具备专业的知识和能力。正是因为文化资源的这种特性,往往导致一些文化创意只注重文化资源的物质性,认为取自文物,用了造型,选了材质即是创意。实际上,物质性和精神性并重,能够以恰当的方式展现出文化资源的精神内涵,也同样是文化创意的重要来源。例如,2022年端午节前夕,"一大文创"与沈大成联名推出了"真理的味道"粽子文创组合,产品中的墨鱼红糖汁蘸料包,灵感来源于陈望道先生翻译《共产党宣言》的故事。黑色的墨鱼汁相当于墨汁,搭配白米粽所蘸的红糖,再现当年陈望道潜心投入翻译错把墨汁当红糖的情节。优秀的文化创意,一定是以优秀的文化资源为基础,物质性与精神性并重,通过艺术和技术融合的创意,向受众传递出优秀的文化价值观念。

(三)创意创新是文化创意成功的关键

文化创意基于对文化资源的价值认知和文化元素的提取,采用多学科交叉的思维方式,融合传统技艺和现代技术,发挥创意者的智慧、技能和天赋,创造出具有新颖性、差异化、强吸引力、易传播的产品。文化创意产业是资源、价值、艺术与技术高度融合的,充分体现智力智慧的创意创造活动。没有创意就没有创新,没有创新就没有创造,没有创意创新就没有竞争力,更谈不上达到广泛传播其蕴含的文化价值观念的目的。

文化创意产业所涉及的创意创新,是文化创意活动成功的关键。故宫博物院文创产品"故宫口红",其创意核心是将"口红"与故宫服饰提取的六种色彩相融合,引发公众广泛关注,并荣获全国百佳文化创意产品奖。登上春晚舞台的《只此青绿》舞蹈诗剧,提炼传世名画《千里江山图》主色调"青绿"视觉元素,以舞蹈的形式,用展卷、问篆、唱丝、寻石、习笔、淬墨、入画七个篇章,展现了传统工艺和艺术融合之美。提取文化资源中的代表性元素,与服饰、生活用具融合叠加,如开发的古代名瓷茶具,印有书法的服装,附有文物图案的雨伞等文创产品,载有文化气息,富有艺术美感,兼具日常实用,是公众较为喜欢并容易接受的类型。此外,植根传统文化的动漫、影视、展览、出版物等新型文化创意产品,目前也呈蓬勃发展的态势。随着现代科技的发展,新媒体技术的不断涌现,基于传统文化与现代科技融合的游戏类、科普类、体感类、沉浸式、交互式等电子信息类文化创意产品,有着更广泛的发展空间。

文化创意产业包含文化资源挖掘、价值认知、创意创造和传播利用等多个环节在内的完整链条,链条上的每一个环节彼此关联、相互依存、相互支撑。好的创意,前端有优秀的文化资源,中间有创意形成的文创产品,后端进入消费领域接受市场和公众的检验。文化资源的原有存在方式,无论是器物、绘画或是音乐、服饰都不是文创产品,只有从上述文化资源中提炼出的具有典型含义的代表性文化元素,并通过传统工艺和现代技术融合创意的成果才是文化创意产品。文化创意产品源于实物,却又不局限于实物,它是有内涵、有文化价值,融入创意创新理念的特殊产品。对文化资源的有效利用和价值传播,是文化创意产业未来的发展之路。

二、文化产业、创意产业与文化创意产业

目前学界与业界关于文化创意产业相关的概念有很多,如文化产业、创意产业、版权产业、文化休闲产业、内容产业等,这是因为各个国家、地区的社会发展和文化历史存在差异性,所以在如何界定文化创意产业上也存在认知的差异。

(一)文化产业

1947年,在阿多尔诺(Adorno)和霍克海默(Horkheimer)合著的《启蒙辩证法》中首次出现"文化工业"(cultural industry)这一概念。在该书中,他们从艺术和哲学角度对文化工业进行了批判,认为"文化工业"是因资本介入而使文化逐渐商品化、同质化且缺乏创造性的一种娱乐化工业体系。随着全球"文化工业"的发展,这一词逐渐演变成"文化产业"(cultural industries)并被普遍接受与广泛使用。英国著名学者加纳姆(Garnham)认为文化产业就是从事"生产和传播文化产品和文化服务"的机构,并列举了出版、影像、音乐以及体育等均属于文化机构。学者奥康纳从经济和商业角度提出:"文化产业是指以经营符号性商品为主的那些活动,这些商品的基本经济价值源自它们的文化价值。"英国文化产业研究专家赫斯蒙德夫(Hesmondhalgh)认为"与社会意义的生产最直接相关的机构"就是文化产业,其本质是创造、生产和流通文本(text)。这里的"文本"可以理解为文化内容(contents)。他认为社会意义可以用文化内容来展现。芬兰学者罗马认为,文化产业是文化产品在经济、技术和艺术共同作用下的一种社会现象。国内著名文化经济学者胡惠林提出,文化产业是一个以文化产品的生产、交换和消费为主的社会系统。综合以上各位学者的观点,我们可以总结出文化产业的核心要素:具有文化内涵,包括文化产品与文化服务,存在生产与流通的过程,可以获取商业价值和社会文化价值等。

联合国教科文组织(UNESCO)曾按照工业标准界定文化产业为:"生产、再生产、储存以及分配文化产品和服务的一系列活动。"之后,联合国教科文组织在1993年修订版的《文化统计框架》中将文化产业定义为:"以艺术创造表达形式和遗产古迹为基础而引起的各种活动和产出。"随着文化产业在各国的迅速发展,联合国教科文组织又在1998年文化政策与文化发展国际会议上对文化产业进行释义,认为文化产业是"开发利用文化资产,生产有形/无形的艺术性和创意性产品,提供以知识为基础的产品/服务的行

业"。这一概念不仅融合了工业标准的界定与《文化统计框架》中的定义,而且对文化产业进行全新诠释,且突出强调了文化与创意两个重要元素在文化产业中的重要地位。2009 年,联合国教科文组织重新修订了《文化统计框架》,其对文化产业又有了全新的界定:"为社会公众提供文化产品和文化相关产品的生产活动的集合。"

在中国,文化产业的相关概念首次在 1985 年的《关于建立第三产业统计的报告》中被提到,并将文化艺术列为第三产业的组成部分。在这之后,中国一直采用联合国教科文组织按照工业标准对文化产业的界定。直到 2003 年 9 月,文化部制定下发《关于支持和促进文化产业发展的若干意见》,其中明确地对文化产业做出界定:"从事文化产品生产和提供文化服务的经营性行业。"随后,2004 年 3 月,国家统计局下发的文件《文化及相关产业统计分类》,将文化及相关产业界定为:"为社会公众提供文化、娱乐产品和服务的活动,以及与这些活动有关联的活动的集合。"在国家统计局最新公布的《文化及相关产业分类(2018)》中对文化产业的界定,与联合国教科文组织 2009 年修订的《文化统计框架》保持一致:"为社会公众提供文化产品和文化相关产品的生产活动的集合。"随着国家对文化产业扶持力度的加大,中国对文化产业界定的范围越来越大,包含的具体行业门类也越来越多,所关注的产业发展重点逐渐向"创意"倾斜。

(二)创意产业

从时间来看,"创意产业"(creative industries)的概念产生要晚于文化产业。早在 1994 年,澳大利亚推出"创意国家:国民文化政策"(creative nation:common wealth cultural policy),已初见"创意产业"的雏形。但是,"创意产业"的概念真正广泛地被世界了解与接受,始自英国 1998 年出台的"创意产业路径文件"(creative industries mapping document),其中明确定义英国的创意产业是:"源于个人创造力、技能及才华,通过知识产权的生成和取用,具有创造财富并增加就业潜力的产业。"2004 年,联合国贸易和发展委员会(UNCTAD)定义创意产业包含五个要点:①创意产业是创意生产、产品服务分配等要素的循环,这些环节将创意和知识资本作为基本的投入;②创意产业由一系列知识性活动构成,包括但不局限于艺术类,其收入主要来源于贸易及知识产权;③创意产业包含有形产品及无形的创意服务;④创意产业是手工艺、服务与产业部门的结合;⑤创意产业是世界贸易中充满活力的领域。这一界定对创意产业从内涵与外延上进行了十分详细的描述,为之后创意产业的行业划分产生了重要指导作用。2016 年,英国在《创意产业经济评估》(Creative Industries Economic Estimates)中重新定义创意产业为:"源于个人创造力的技能和才华的活动,知识产权可为这些活动充分创造价值提供保护。"这一全新的释义将知识产权补充进去,强调了知识产权在创意产业发展中的重要性。新加坡也基本采用与英国创意产业类似的定义。

上海市率先提出并使用"创意产业"一词,2006 年《上海创意产业发展"十一五"规划》指出,上海的创意产业是指"以创新思想、技巧和先进技术等知识和智力密集型要素为核心,通过一系列创造活动,引起生产和消费环节的价值增值,为社会创造财富和提供广泛就业机会的产业,主要包括研发设计、建筑设计、文化艺术、咨询策划和时尚消费等几大类,并涉及诸多行业"。该规划对创意产业有界定及解释说明,并列举了上海的创意产业门类。但除此之外,在我国的政府报告、文件或规划中专门出现"创意产业"的提法相对较少,而"文化创意产业"的称谓则更为广泛。

除了行业界定之外,世界各国学者也试从学术角度对创意产业界定。"世界创意产业之父"约翰·霍金斯从知识产权角度,提出创意产业是一个以创意为核心,强调知识产权的经济部门。澳大利亚学者思罗斯比(Throsby)在《经济学与文化》一书中指出,"创意产业就是要将抽象的文化直接转化为具有高度经济价值的精致产业"。美国文化经济学家凯夫斯(Caves)认为,创意产业是"提供给我们宽泛的与文化、艺术或仅仅是娱乐价值相联系的产品和服务"的产业。澳大利亚学者哈特利(Hartley)认为:"创意产业这一概念试图以新知识经济中的新媒体技术发展为背景,描述创意艺术(个人才能)和文化工业(大规模)在概念和实践层面上的融合,以更好地满足当前公民、消费者的需求"。新西兰学者波特(Pott)则认为,创意力、社交网络运作和价值生产所产生的经济活动构成了创意产业。综上所述,由于学术和研究领域的不同,各位学者对于创意产业的定义也有所不同。我们可以认为创意产业是一个新兴的、多元化、包容性强的产业,其核心是创新和个人创造力,从事生产和提供具有经济价值、娱乐价值以及文化艺术价值的创意产品与服务,对于推动经济发展、增加就业机会、丰富文化生活等方面都具有重要意义。

(三)文化创意产业

文化创意产业(cultural and creative industries)一般都被认为是文化产业与创意产业的结合。实际上,文化创意产业从内涵和外延上更接近创意产业,正如学者欧克利(Oakley)所说,从更为宽泛的文化角度来讲,"文化创意产业"与"创意产业"含义相同。国内学者金元浦曾提出一个较为宽泛的定义:"文化创意产业是在全球化的条件下,以消费时代人们的精神、文化、娱乐需求为基础,以高科技的技术手段为支撑,以网络等新的传播方式为主导的一种新的产业发展模式。"在这一定义中,他首先肯定了文化创意产业是一种以消费活动为主的产业,并且突出强调了新技术与网络在未来文化产业发展中的重要性。

我国台湾地区于2002年率先提出文化创意产业这个概念,将文化创意产业界定为:"源自创意或文化积累,透过智慧财产的形式与运用,具有创造财富与就业机会潜力,并促进整体生活提升之行业。"2005年我国香港地区定义文化创意产业是"一个经济活动群组,开拓和利用创意、技术和知识产权以生产并分配具有社会和文化意义的产品与服务,更可望成为一个创造财富和就业的生产系统"。

2006年,《国家"十一五"时期文化发展规划纲要》中指出,要大力发展文化创意产业,这是"文化创意产业"概念首次出现在国家层面的政府文件中。2009年国务院出台了《文化产业振兴规划》,提出重点发展文化创意等九类产业,其中文化创意产业包括文化科技、音乐制作、艺术创作、动漫游戏等四类。自此,中国开始对文化产业与文化创意产业进行区分。2012年,《国家"十二五"时期文化改革发展规划纲要》将包括文化创意产业在内的四个产业纳入新兴文化产业行列,并提出加快发展这四个产业。同年,在修订的《文化及相关产业分类》中,文化及相关产业新增了"文化创意与设计服务",其中的文化创意特指"建筑设计服务和专业设计服务"。之后,中国多个重点城市在规划纲要、行业分类标准等文件中采用"文化创意产业"这一说法。2015 年,北京市发布了《文化创意及相关产业分类》(DB11/T 763—2015)这一地方性标准,标准参照《国民经济行业分类》(GB/T 4754—2011)以及北京市文化创意产业发展特点及发展方向制定,对于"文化创意及相关产业"进行的界定是"以创作、创造、创新为根本手段,以文化内容和创意成果为核心价值,以知识产权实现或消费为交易特征,为社会公众提供文化体验的具有内在联系的产业集群"。依据文化创意活动的特点,分为 9 个大类、33 个中类、133 个小类,涵盖文化艺术服务、新闻出版及发行服务、广播电视电影服务、软件和信息技术服务、广告和会展服务、艺术品生产与销售服务、设计服务、文化休闲娱乐服务、文化用品设备生产销售及其他辅助服务。

从以上论述中我们可以看出,文化产业、创意产业、文化创意产业之间有着密切的关联关系,但在侧重点上却有所差异。

首先,从概念提出的时间上来看,"文化产业"的概念最早在 1947 年《启蒙的辩证法》中出现,远早于"创意产业"概念的提出,而"文化创意产业"基本是在创意产业全球化发展后,基于前两者的基础上提出并发展起来的。

其次,从内涵与外延上来看,文化产业与创意产业并不属于同一范畴,与创意产业关联的不仅是文化产业,还有更多其他产业,如农业、建筑业、制造业、金融业等。澳大利亚学者坎宁安(Cunningham)曾指出,"文化产业"在学术概念中并没有包含新经济形态,而创意产业则是可以区分"传统受赞助的艺术部门和通过知识产权的产生和开发而具有创造财富的巨大潜能的文化产业"。对于文化创意产业,我们可以有两种理解:一种是文化产业与创意产业的交集,即在文化范畴内的创意产业;另一种则是与广义的文化产业或创意产业相似的产业。例如,中国目前所界定的文化创意产业与英国、澳大利亚所指的创意产业很接近。学者金元浦也认为广义的文化产业与文化创意产业是一致的。

最后,从产业发展程度来看,文化创意产业作为后起之秀,可以看作文化产业发展的高级阶段。这是因为文化创意产业需要"高科技以及数字化传播作为基础的更新、更高端的产业运营方式"。如今,"科技与文化"不仅是全球发展的共同主题,更是创意产业发展的重要途径。借此机遇,"文化创意产业"的概念应运而生,更好地突出了这一主题,并对时代发展主旋律做出了恰当的回应。

三、文化与创意的融合

文化是一个国家或地区发展的精神基础,它承载着历史、传统和价值观念;而创意则是指从已有的知识和经验中获得新的、独特的思想和观念。文化与创意的巧妙融合,既可以促进文化的创新与发展,又可以为创意产业提供深入的文化内涵和灵感源泉。

（一）文化与创意相互影响

文化与创意是相互依存、相互促进的。文化是创意的源泉，它孕育着创造力和想象力。而创意则是文化的载体，它将文化表达得更加丰富多样。文化为创意提供了广阔的创作题材和参考背景，而创意则以独特的方式诠释和传播文化内容。以音乐创意为例，艺术家们通过对民族乐器和音乐文化的研究，创造了许多充满传统元素的音乐作品。这些作品不仅传承了文化的基因，也融入了现代音乐的创新理念，使得文化得以在时代的变迁中焕发新的生命力。

（二）文化与创意相互补充

文化与创意之间存在着相互补充的关系。文化是创意的根基，而创意则为文化的传承和发展带来新的动力。在文化传承中，创意可以通过各种形式的表达和创新来实现文化的焕发。例如京剧作为一种传统艺术形式，经历了数百年的传承和发展。近年来，有许多京剧演员通过创意的方式进行变革和创新，将京剧与现代舞蹈、音乐等元素相结合，使得京剧的魅力得以更好地传播和弘扬。

（三）文化与创意共同发展

文化与创意的融合是一个不断发展的过程。文化的发展需要创意的推动，而创意的实现又依赖于文化的支撑和认同。只有两者相互融合、相互促进，才能形成真正具有竞争力和创新力的文化创意产业。

总体来说，文化与创意的融合为人们提供了更多的文化艺术享受和审美体验。它们共同创造了诸多美轮美奂的文化创意作品，丰富了人们的精神生活。文化与创意的结合不仅为个体带来了创造性思维和自我实现的机会，也推动了文化的发展和社会的进步。文化与创意的融合还意味着我们需要开放、多元和包容的思维方式，只有保持对多元文化和创意的尊重与包容，才能使其真正融合并创造出更具有深度和影响力的作品。

文化与创意的融合是社会进步与发展的重要推动力。它们相互依存、相互促进，为人们带来了更多的艺术享受和审美体验。文化的传承与创新、创意的开拓与实践，是文化与创意融合的关键要素。通过不断提升文化素养和创意能力，我们能够更好地挖掘和发展自身的文化资源，为国家和地区的文化发展做出更大的贡献。

本章小结

创意是人的一种突破传统、富有创造性的思维活动，它能够进一步挖掘和激活资源组合方式，从而为某些事物带来巨大经济价值的潜力。它源于社会生产活动又反哺社会发展。创意是创造意识或创新意识的简称，是以新的方式对社会原有内容进行再解读与再创造。创意的本质是思想的创造。

文化与创意是相互依存、相互促进的。文化是创意的源泉，它孕育着创造力和想象力,而创意则是文化的载体,它将文化表达得更加丰富多样。文化为创意提供了广阔的创作题材和参考背景,而创意则以独特的方式诠释和传播文化。

思考题

1. 创意的内涵、类型与特点是什么?

2. 创意的程序与过程包含哪些阶段?

3. 文化与创意的融合有何积极意义?

第二章
策划与文化策划概述

学习目标

通过对本章的学习,学生应了解或掌握如下内容:

1. 策划的内涵与特点。
2. 策划的步骤与程序。
3. 创意与策划的联系和区别。
4. 文化策划的含义、原则与程序。

章首案例

千载诗意尽在"西安年"

新华社《经济参考报》聚焦西安新春文旅市场,以"千载诗意尽在'西安年'——'国潮'引领春节出行新风尚"为题,深入报道了2024年西安市新春文化旅游活动。

与璀璨的牛郎织女花灯来个亲密接触,打开手机对着大雁塔扫出诗仙李白的卡通形象,走进庙会和大集盖章、打卡、套大鹅,在非遗摊位上制作属于自己的新春中国结……农历甲辰春节假期,伴着网络热搜一同节节攀高的是古城西安文旅市场的人气、财气与烟火气。在冬去春来暖阳的照耀下,在春晚西安分会场《山河诗长安》的助推下,"西安年·最中国"2024年西安市新春文化旅游活动的"青春风""科技感"和"国际范儿"尽显,"中国风"的底色也愈发鲜明。空有传统故步自封难以"出圈",创意百出缺乏底蕴则难以"长红",西安借助"西安年·最中国"的IP充分挖掘历史文化资源,持续以"文旅+"创造出更多系列文创产品以及沉浸式、互动式和角色扮演式的游览、消费场景,不断将更多业态镶嵌在文旅产业链上,带动城市品质的提升,实现文旅高质量发展。

第一节　策划的内涵与方法

一、策划的内涵与特点

(一)策划的含义

1. 什么是策划

策划思想在我国古代源远流长。"策"在古代指编好的记录文字的竹简,后来成为一种考试形式,被称为"策问""对策"。"划"同"画",是指出谋划策。《礼记·中庸》中"凡事豫则立,不豫则废。言前定则不跲,事前定则不困,行前定则不疚,道前定则不穷",描述了策划的重要作用。《孙子兵法·虚实篇》中"故策之而知得失之计"里的"策"就是谋划、策划。"策划"一词最早出现在《后汉书·隗嚣传》中,有"是以功名终申,策画复得"之句,其中"画"与"划"相通互代,"策画"即"策划",意思是计划、打算。此外,还有诸多典籍中曾出现策划相关的论述,如唐代元稹的《奉和权相公行次临阙驿逢郑仆射相公归朝俄顷分途因以奉赠诗十四韵》写道:"将军遥策画,师氏密吁谟。"宋代司马光的《乞去新法之病民伤国者疏》写道:"人之常情,谁不爱富贵而畏刑祸,於是搢绅大夫望风承流,竞献策画,务为奇巧,舍是取非,兴害除利。名为爱民,其实病民;名为益国,其实伤国。"清代魏源的《再上陆制府论下河水利书》写道:"前此种种策画,皆题目过大,旷日无成,均可束之高阁。"

现代意义上的"策划"介于"规划"和"计划"之间。与计划相比,策划更富有预见性,强调从无到有的理念创造;与规划相比,策划更注重可执行性,是将宏观局部落实到细节执行的过程。关于"策划"一词的内涵,《哈佛企业管理》丛书中有这样的一段论述:"策划是一种程序,在本质上是一种运用脑力的理性行为。基本上所有的策划都是关于未来的事物,也就是说策划是针对未来要发生的事情做当前的决策。换言之,策划是找出事物因果关系,衡量未来可采取之途径,将之作为目前决策之依据。亦即策划是预先决定做什么,何时做,如何做,谁来做。策划的步骤是以假定的目标为起点,然后定出策略、政策,以及详细的内部作业计划,以求目标之达成,最后还包括成效的评估及回馈,继而返回到起点,开始进行策划的第二次循环。策划是一种连续不断的循环,因为一个组织的内在及外在环境不可能是静止不变的。"

国内外学者们也从不同的研究视角出发,对于策划的概念进行了界定,但侧重点有所差异。概括而言,学者们对策划的理解和认识大体可以归纳为:事前设计、管理行为、选择决定、思维程序、运作提案、决策程序等几种不同的观点。如日本策划家和田创认为策划是通过实践活动获取更佳效果的智慧,它是一种智慧创造行为。陈放在《策划学》中认为策划是指如何在全面谋略上指导操作者去圆满地实现对策、计策或计谋,从而达到成事的目的。陈放在《文化策划学》中这样阐述策划:策划是以人类的实践活动为条件,以人类的智能创造为动力,是随着人类的实践活动与智能水平的发展而发展起来的,策划的水平直接体现了社会的发展水平。生产力的进步推动社会发展,社会的发展同时必然要求策划随之发展,而策划的发展又依托于人类智力水平的提高。社会越发达,人类的智能创造越丰富,策划的水平也就越高。吴絜认为:策划就是对某件事、某种项目、某种活动有何计划、打算,用什么计谋,采取何种谋策、划策,然后综合实施运行,使之达到较好的效果。

综合以上学者们的观点,策划可以概括为一种有目的性的活动,它通过系统、周密、科学的规划,实现预定的目标或任务。策划需要充分考虑目标、资源和环境等因素,确保计划的可行性和有效性。策划同时需要创造性思维和实践行动的支持,以实现预期的效果。

2. 策划的基本要素

策划的基本要素包括策划的主体——策划人或决策者,策划的客体——策划过程中的客观环境和主要竞争者,策划的资源和条件——策划人或决策者的优势和条件,策划的思维方法——策划人的创新方法和手段,策划的对象和目标——策划的具体对象和想要达到的目的,策划方案——策划的具体实施步骤等。

也有学者将策划的基本要素概括为"5W—2H—1E"。"5W"即 What——策划的基本内容,Who——策划的组织者、策划者、策划的目标对象,Where——策划实施地点,When——在何时实施,Why——策划的依据。"2H"分别为 How——方法、步骤、实施形式,How much——资源状况、预算。"1E"则是指 Effect——效果预测。

综合来看,谁来策划(主体)、策划什么(客体)、怎样策划(方法)、策划依据什么(目的)、策划效果如何(受众),该五种要素可完整概括一项策划的主要内容(见图2-1)。

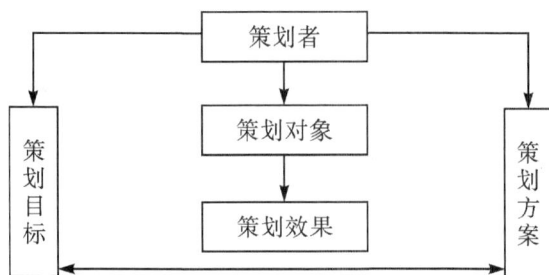

图2-1　策划的五要素

1)策划者

策划者是成功进行策划的核心要素。策划者是策划活动的创意者和组织者,对整个策划活动的成败起着决定性作用。策划者以整个社会作为自己活动的舞台,其所需具备的基本素质和基本技能是多方面的。如果一名策划者不具备全面的素质和能力,很难胜任策划工作。一般来说,一名优秀的策划者必须具备以下条件:第一,应遵守诚实、守信、正直、廉洁、守法等行为准则;第二,应具备宽广的知识面和深厚的人文积淀,能在复杂多变的环境中运筹帷幄、应付自如;第三,应具备基本的专业技能,包括组织能力、交际能力、口语能力、写作能力和创新能力等。

2)策划对象

策划对象是策划的标的物。一项具体的策划不可能面对所有的公众,应该有所选择,这就与策划目标紧密相关。每个组织都有自己特定范围的公众,不是每一次活动都针对组织的所有公众。一个组织在不同时期会面临不同的情境,因此,策划首先应明确策划对象,才能使策划目标更加明确,策划行为更加有的放矢。

3)策划方案

策划方案是策划思维的书面载体和表现形式,是策划方案能够成功吸引客户或利益相关者关注的关键所在。策划方案的灵魂是创意,方案应该尽可能简洁,在文字叙述的同时可以综合采用表格、图片以及音频、视频等媒体的形式使得方案看起来更加直观、生动。以公关活动策划为例,一个完整的策划方案应包括以下部分。

(1)策划活动主题。一次综合性的公关活动往往是由多个具体活动组成的,所有具体活动必须突出一个中心主题,并且使所有行动围绕这一主题,形成整体合力,避免各个行动中心不一、作用分散,以致互相抵触。

(2)策划具体活动项目。公关项目一般指单个的具体形式的活动。设计具体活动项目是策划中最本质、最灵活也最富技巧的关键行动,它主要确定五个问题:开展什么形式的活动? 有多少项目? 如何开展? 项目之间如何衔接? 如何使活动有新意、有特色、与众不同?

(3)选择行动时机。任何活动都是在一定时空范围内展开的,特定时空环境里的诸多因素都会对活动产生积极或消极的影响。公关策划必须考虑时机,以求充分利用一切有利因素,实现最佳效果。选择时机要避开不利时机,捕捉有利时机。时机利用得好,便可达到事半功倍的效果。

(4)确定大众传媒。公关宣传离不开大众传媒,选择大众传媒应当要考虑公关目标、受众特点、传播内容、媒介特点、经济条件等因素。合理利用大众传媒可以扩大活动的影响力。

4)策划目标

策划目标是策划活动需要到达的终点。方向不明,策划便无法进行,只有确定了具体目标,才能确定策划的途径、方式、手段等。在具体的工作中,目标又呈现出多样性,并分成不同的类别。

(1)传播信息型。多数活动或产品的策划目标是把希望公众知道或公众想知道的信息传递给公众,一旦公众知晓,目标即实现。它是目标体系中最基本的层次,主要是通过适当的渠道将组织发展的新动态、新成果、新举措告知公众。

(2)联络感情型。联络感情型相对于传播信息型来说是更深层次的目标,旨在与公众建立感情、联络感情、发展感情。社会组织与公众建立起感情层次的交往,更容易取得公众的谅解、合作与支持。

（3）改变态度型。改变态度型目标是通过举办特定的活动,把公众对组织或产品的无知、冷漠、偏见乃至敌意,转变为了解、关注、认可、同情、理解、支持等,切实营造有利于组织发展的良好环境。

（4）引起行为型。引起行为型目标旨在让公众接受、产生组织所期望的行为,以配合组织的工作。这是策划活动的最高层次,前几个目标最终也是为引起公众做出有利于组织发展的行为做铺垫。

5）策划效果

策划效果是检验一项策划是否成功的最后一环,也是最重要的部分。一般而言,策划的整体效果在短期内较难评估,最易于实施的评估是在该项活动结束后,在短期内对策划方案的创意、策划所产生的效果进行的评估与测量。这种测量一般有两种方法:一种是定性的方法,即通过非量化的结果进行评价,如调查公众对产品或活动的主观感受;另一种是定量的方法,即通过量化的结果进行估算,如在活动完成后统计公众对组织或产品的了解度、好评度等。

3. 策划的类型

1）根据策划的范围、对象、业务、频度、需求等进行分类

"世界商务策划师联合会"按照企业经济运行的基本规律和策划内容对企业的功能,将策划分为以下五种类型:战略策划、生态策划、资源融入策划、管理策划、营销策划。

（1）战略策划。这是关于企业长远发展的策划,包括市场机会的把握,发展目标的确定,竞争手段的选择,行动步骤的设计等一系列运筹方案。

（2）生态策划。这是关于特定时间、环境下组织生存状态的策划,包括组织与各个合作伙伴之间、各种业务之间、内部各部门之间、投入与产出之间、目标与目标之间等主要关系的总和。生态策划以促进组织与当前所处环境的协调存在为目的,是实现战略的保证。

（3）资源融入策划。这是有关企业获取或借助资源的策划,包括资源发现、识别、开发、利用、转化等环节。资源融入一般从三个层面展开,即以资本为代表的资金,以品牌为代表的无形资产,以产品为代表的有形资产。资源融入策划是企业战略中规模扩张的基本保证,也是组织生态价值外在实现的主要方面。不能融入资源的生态是不良生态。没有良好的资源融入,企业生态也难以优化。

（4）管理策划。这是关于企业非人力资源与人力资源相配合的策划,包括机构设置、岗位设置、岗位标准、业务流程、保障机制等。管理策划是实现企业战略策划的重要手段,是调整企业生态的重要途径,也是将各类资源消化和转化为企业价值的过程。

（5）营销策划。这是关于企业产品、形象等组织价值在市场上实现的策划,包括产品定位、价格定位、渠道定位、促销定位等。营销策划是战略策划的主要手段,是企业与外部环境链接的界面,是企业资源融入策划的目的,是管理策划的最终检验。

2）根据对应行业组织类型进行分类

（1）企业策划。企业策划是指企业为提高自身知名度、美誉度进而达到推进各种商品销售、拓展市场份额而进行的策划。这也是最普遍的策划类型。

（2）事业策划。事业策划是事业单位为塑造自身形象、推进实施各项工作所进行的策划。比如大学为取得良好生源而进行的招生策划，红十字会为鼓励人们自愿献血而进行的策划等。

（3）行政策划。行政策划是指政府机关为推进实施各项工作而进行的策划，如政府进行的各种竞选策划。

3）其他分类

（1）按策划的范围划分。

①全程策划：解决相关企业或行业总体发展的系统策划。

②领域策划：解决企业或行业某个领域的策划。

③专项或专题策划：解决企业或行业某个环节或某个专题的策划。

（2）按策划的对象划分。

①战略策划：解决企业或行业"做什么"的策划。

②战术策划：解决企业或行业"怎么做"的策划。

③实施策划：解决企业或行业"如何做好"的策划。

（3）按策划的业务划分。

①调查类业务策划：解决市场现状调查、主题调查、可能性调查等策划。

②分析、判断类业务策划：解决现状分析、问题分析、假设分析等策划。

③实施类业务策划：解决实施计划、方案组合等策划。

（4）按策划的频度划分。

①周期性策划：在固定的时间间隔内定期进行的策划活动。

②重复性策划：对那些在组织运营中会定期或频繁出现的活动、任务或事件所过行的策划。

③一次性策划：针对特定事件或活动的策划，这些活动通常只发生一次，具有独特性和时效性。

（5）按策划的需求划分。

①委托性策划：上级安排或其他文化组织委托的策划。

②自主性策划：也可称为"先期策划"，是策划人预见性的可以交易的策划。

（6）按策划的性质划分。

①处方型策划：解决已发生问题的策划。

②开发型策划：开发面向未来的策划，类似于"自主性策划"。

③预防型策划：防止未来问题发生的策划。

④改善型策划:针对现状,寻求改善、提高的策划。

(二)策划的特点

1.目标性

任何策划都需要实现一定的目的,如广告策划中广告主追求社会效益与经济效益相统一的诉求。策划工作有着明确而又具体的目标性,目标是指策划所指向的对象和要解决的问题。确定目标作为策划活动全过程的首要环节,是策划的前提。例如,在进行公共关系策划时,着手研究组织应该树立什么样的形象,要考虑在公共关系工作中应重点解决什么问题及其解决的先后次序。在确定目标时,应尽可能把主观愿望与客观因素有机地结合起来,明确实现目标的约束条件。策划所确立的目标,可分为总目标和具体目标。总目标是指所有相关活动共同指向的最终目标,具体实践中,总目标可以视情况分解为若干个具体目标。

2.程序性

策划是一种程序,它是管理活动、决策活动和计划活动之前的一种制度化的程序。同时,策划本身也是一种科学程序,为了达到预期的策划目标,策划必须对未来行为的每一步骤、每一行动细节做好安排和设定,对活动的方向、方法、度和量等做出统一的规定和要求。只有这样,才能保证在未来的行动中不致出现仓促应付、随心所欲、偏离目标、各自为政、主次不分、张弛失控等弊病,从而确保相关活动科学有序地开展。

3.创新性

创新是策划的生命力,好的策划应当具有创新性,而不是简单地临摹或照本宣科。每一个组织都有其自身的行业特征、资源个性和环境差异,更有其不同的目标预期。因此,策划必须是一种创造性的工作,策划活动的全过程是策划者、主体目标、对象、策划方案相互作用的行为过程,也是应用创造学、思维学理论和开发创造力的过程。同时,策划是一种运用创造智谋的理性行为,是依据策划人员的创造性素质,遵循策划的基本原则,通过辩证的思维,达到一种"人无我有,人有我优"的境界。要将创造性思维方法贯彻到策划活动的始终,策划者不仅应当在策划全过程中从整体上使用创造性思维方法,对具体行动的每一个步骤、每一个细小环节的设计,也应广泛采用创造性思维方法。

4.变通性

《孙子兵法·虚实篇》曰:"兵无常势,水无常形,能因敌变化而取胜者,谓之神。"此处"神"即战术上的灵活性、变通性。成功的策划应当是根据活动实际情况变化而变化,而非一成不变。由于策划活动是一项复杂的综合性活动,它的成功与否要受诸多外界条件的影响。这就要求策划人员时时关注条件变化对实现目标的利害关系,以便随着环境的变化和方案的实施而进行适时适度的调整,包括范围的调整、程序的调整、手段的调整和目标的调整,使策划保持一定的弹性和灵活性,从而卓有成效地实现动态策划。

在瞬息万变的社会环境中,时间和速度是策划的重要因素。作战要讲究时机,策划也有一个时机问题,机不可失,时不再来,必须快速抓准。只有时机成熟,策划才能奏效,策划得过早或过晚,都会失利。这就要求策划者反应灵敏,因时而策,对不同的策划对象,因时而异,果断行策,随机策划。

二、策划的原则与方法

(一)策划的原则

1.客观性原则

任何一个策划,开始只作为一种想法留在头脑中,也许只是一种设想或文字的组合,尚未经实践检验。这一异想天开的主意在现实中可能顺利实现,也可能遇到不可克服的困难而宣告失败。因此,策划必须从实际出发,建立在对事实把握的基础上,建立在客观现实的条件基础上,而不能凭空捏造。尽管策划的创意有时带有很大的想象性和偶然性,但它们必须持实事求是的态度,有客观现实的依托。

2.可行性原则

可行性原则是指策划运用的方案在资源、技术、方法等方面具有可操作性,可达到并符合策划目标和效果。因此,可行性原则要求策划行为时时刻刻考虑方案的科学性、现实性,避免出现不必要的差错。

如何保证策划的可行性?首先,策划的创意要被思想文化意识、国家的法律法规、社会的道德规范、受众的接受程度和消费能力等因素所允许;其次,策划不能过于超前。过于领先决策者、执行者的认知,过于领先文化市场、超越道德底线,都存在受众难以接受甚至不被接受的问题。策划必须与现实生活的客观实际相结合,必须顺应潮流。

3.整体性原则

策划需要有整体性和系统性,如组织系统中的不同部门策划,都是完成组织目标不可分割的一部分。策划过程中的每一个环节,都需要服从策划的整体终极目标。从策划的过程即时间角度来看,有远期和近期之分,眼前的最优不一定就是整体的最优,眼前的利益可能会损害长期的利益,所以,策划项目时应进行全面的系统分析。因此,策划的整体性原则要求策划活动的各个环节、各个要素在总体目标的约束下相互协调、相互依存、相互促进,各种策略系统组合、科学安排、合理运用,构成一个严密的系统。只有这样,才能防止各子策略之间出现矛盾和冲突,才能克服项目运作中的随意性和盲目性,从而取得较好的经济效益和社会效益。

在整体性原则的指导下,策划对新加入组织系统的资源进行系统整合时,必须遵循整合后系统的收益大于整合前两个系统各自效益之和,即达到"1+1>2"的效果。同时,在引入其他组织合作时,不仅在物质上、精神上、文化上取长补短,还要在优势互补中共创双赢。

4.权变性原则

权变性原则要求策划要在动态变化的复杂环境中,及时准确地把握发展变化的目标、信息,预测事物可能发展变化的方向、轨迹,并以此为依据来调整策划目标和修改策划方案。首先,需要增强动态思维和随机应变的意识,并采取相应的预防措施。其次,需要时刻掌握策划对象的变化信息,保证信息资料真实、及时、可靠,把握策划的主动权。最后,当客观情况发生变化并影响到策划目标的实现时,应当及时对策划目标或手段进行调整、修正。

(二)策划的方法

策划活动是一项随机性和灵活性很强的创造性工作。古人云:"文无定法",策划亦无定法。但总结前人的经验并对成功策划案进行分析,我们可以发现,在策划过程中运用一些特定的方法,将有助于策划更好地展开。

1. 专家意见法

专家意见法又称德尔菲法(Delphi method),在 20 世纪 40 年代逐渐发展起来。专家意见法通常采用信函、电话或网络等背对背的通信方式征询专家小组成员的预测意见,经过几轮征询,直至专家小组的预测意见趋于集中,最后做出符合市场未来发展趋势的预测结论。传统上一般采用主观赋权的方法,事先确定综合评价指标体系中各项指标的权重,有关专家根据主观经验评判打分,然后计算排序,是一种定性评价方法。在此过程中,采用匿名发表意见的方式,即团队成员之间不得互相讨论,不发生横向联系,只能与调查人员建立联系,结合反馈意见重新修改问卷,最终各方意见趋于一致。

2. 头脑风暴法

头脑风暴法出自"头脑风暴"(brain-storming)一词,又称智力激励法,其特点是借助无限制的自由联想和讨论,产生新观念或激发创新设想。在群体决策中,由于群体成员心理相互作用影响,易屈于权威或大多数人意见,形成所谓的"群体思维"。群体思维削弱了群体的批判精神和创造力,降低了决策的质量。为了保证群体决策的创造性,提高决策质量,管理上发展了一系列改善群体决策的方法,头脑风暴法是较为典型的一个。实践经验表明,头脑风暴法可以排除折衷方案,对所讨论问题通过客观、连续的分析,找到一组切实可行的方案,因而头脑风暴法在策划实践中得到了较广泛的应用。

3. 系统分析法

策划讲求思维的缜密和逻辑的严密性,因此可以采取系统分析的方法,在明确策划目标的基础上,综合考量所占有的资源、所处的环境,在多种策划方案比较的基础上择优,以求更好地完成策划目标。策划尽管可以分为若干具体环节、具体步骤,但都应紧紧围绕总体目标展开,具体可以通过鱼骨图等方法进行策划目标的分解。

在具体的策划过程中,可以综合采取多种方法。例如,在环境分析和评估环节,可以采取 SWOT 分析法(即优势、劣势、机会和威胁分析),通过收集到的信息进行比较和权衡;在制订实施计划过程中,可以采取甘特图方法明确时间表、资源分配、责任分工等内容;在策划的执行过程中,可以采取质量评估方法,不断监控和评估进展情况,确保策划按照预期进行。

三、策划的步骤与程序

策划是集智慧谋略与科学程序于一身的活动,一个完整的策划周期应当由若干个不同阶段组成,不同阶段的工作对象、内容和目标等均有所不同。掌握策划的程序和步骤,有助于明确策划各阶段的中心工作,突出重点、抓住关键,保证策划活动的有序进行。一般来讲,一个完整的策划流程包括组织准备、战略规划、行动实施、评估四个主要步骤,根据策划类型的不同,其中又可分为若干具体程序。

(一)组织准备阶段

1. 成立策划组织

成立策划组织是策划开始前的首要工作,需要明确策划的组织架构,如策划小组的成员构成和大致工作任务分工、时间进程安排等。以影视广告策划为例,其成员主要包括客户专员、市场调查人员、策划创意人员、文案撰写人员、设计制作人员、摄影摄像人员、媒体公关人员等。

2. 明确策划目标

明确策划目标即明确此次策划活动将要达到的直接目的和最终目的。要明确策划目标,需要发现和分析策划对象亟须解决的问题。当然,策划的实现会受到现实条件、策划人员能力以及资金实力等许多因素的限制,因此策划人必须有效地确定对象和问题,对不可策划或难以解决物质条件的问题要予以回避。在找到问题后,要形成明确的策划主题,即抓住策划重点,并将其细化为具体问题。细分问题有利于更好地发现问题的真正症结,有利于选择解决问题的切入点。

3. 基本信息调查

周密的调查研究是成功策划的基础,它为制定策划后期的战略决策提供科学依据,如社会政治、经济、文化等环境因素的特点及发展趋势。对于一个企业或组织来说,进行一次调查需要花费相当大的人力、物力和财力,因此,每一次调查都应尽可能获取更多的信息。以企业产品或活动策划为例,一般来说,一次成功的策划,前期调查至少应包含五个方面的信息:①公众心理,即公众的偏好、认知、态度、情绪等基本的心理倾向;②主要竞争对手信息,即主要竞争对手的产品信息、销售信息、广告信息和已有的其他信息;③政策法规,即咨询公司或组织的法律顾问咨询或查阅相关的文献资料,以确保即将进行的策划在政策法规许可的范围之内;④公司或组织内部状况分析,主要明确公司或组织内部的资源状况和制度建设是否可以满足将要进行的策划活动;⑤活动场所调查,即在策划之前要对可能选择的活动场所进行熟悉,检查其中是否适合开展公众活动,是否存在安全隐患。

调查基本信息也应当根据策划需要而遵循一定的步骤,如明确调查目标,确定调查范围和对象,确定调查方式,制订调查方案,实施调查方案,整理调查数据,分析调查结果等。

(二)战略规划阶段

战略规划阶段是整个策划的核心和主体,需要基于前期分析研究的成果做出决定性、战略性的选择,并形成可执行的具体计划。

1. 策略选择制定

策略是为实现战略目标综合运用各种可能的方式和手段,有效组合成系统化的活动整体,如产品、价格、销售渠道、促销活动、广告、企业公共关系、营销要素的组合策划等内容。该阶段工作成功与否,将直接影响到整个策划方案的质量和可行性,以及本轮策划工作的成败。同时,本阶段的工作又具有较大的难度,需要策划人员付出更大的智慧和努力。因此,科学的、严谨的工作态度是开展本阶段工作的基本指导原则。在此阶段应做好以下几项具体工作。

(1)对信息的收集与整合。这是对上一阶段所得到的信息进行充分的研究和收集,从而为下一步制定具体实施细节准备数据环境。同时,还要对已有信息进行二次开发,即深入探讨已有数据之间的相互联系,把零散的、单个的数据进行有机整合,以更好地满足制订策划方案的需求。

(2)策划方案的构思。该阶段是充分利用已有的信息、知识和经验,积极发挥策划者的创造性,大范围地构思各种可行方案的过程。构思时应保证方案齐全,各具特色,针对一个问题至少要有两个或两个以上的策划方案,每个方案都要尽可能地考虑到多方面的情况。同时,还必须保证每个方案都有自己的特色,即方案的独立性。策划方案的独立性要求策划人要有不同的策划思维和策划手段,这是策划方案备选择优的重要保证。

(3)方案可行性论证。充分利用经验判断法、类比评判法、专家论证法和方案试行法等对诸多方案进行可行性论证,遵循策划的可行性原则、价值性原则、系统性原则、导向性原则等,选取最终方案。

2. 形成策划方案

策划方案是对策划创意与策划行动的书面表达,而策划文案是将已通过可行性论证的策划方案用简练、具体的文字形式表达出来,写成规范的、可进行具体操作实施的策划方案书。一份优秀的策划方案需要有创新的观点、论点,完整清晰、具有说服力的论证过程,以及严谨翔实的分工和执行过程。具体到文字表达上,则需要做到:文字简明扼要、逻辑合理清晰、主题鲜明,同时还可以辅以必要的视觉化说明,如图表、实物照片、设计模型等。具体来看,一份完整的策划方案应当包含以下几个部分。

(1)封面。策划方案的封面应力求一目了然,写明策划项目的名称、策划主体(策划人或机构)、日期、编号等信息。

(2)序言/前言/内容提要。应在正文之前简要说明本次策划的目的、价值、必要性和可行性,以及主要的策划方法和步骤等,文字简练、清晰明了。

(3)目录。通过目录让客户或受众对策划的整体结构有所把握,帮助其更清晰地了解策划逻辑和思路。

（4）正文内容。这一部分是策划方案的核心，是最重要的部分，必须对策划的全过程进行细致而有条理的叙述。主要内容大致包括：背景分析、策划目标、自身优劣势分析、具体执行方案、资源需求、宣传计划等。根据策划类型的不同，正文部分也应有不同的内容架构和侧重点。

（5）时间进度表。将策划活动的全部过程做出时间规划，标明时间节点及工作要求、方式、注意事项等，既便于操作管理，又便于检查和反馈。

（6）任务分工表。这一部分主要是注明人员构成，担任的职务，以及具体工作内容，目的是确保分工合理、职责分明，有助于后期策划的实际执行。

（7）经费预算。策划是一项复杂的系统工作，对策划的实施所需要的人力、物力和财力要进行周密的预算，力求做到计划性强、开支项目明确，以最小的支出获得最大的收益。

（8）前景预测及效果评估。在策划方案结束前，还需要对本次策划实施后预期达到的效果、可能造成的影响及其评估方式做出说明，对可能产生的经济效益或社会效益进行预估。

（三）行动实施阶段

此阶段的核心就是如何将策划任务落实在具体的运作中。实施策划方案应制定相应的实施细则，要求有明确的组织保证、人员保证、财务保证和措施保证，还要有明确的实施程序和规则，以保证目标实现过程的顺利进行。

1. 要有监督保证

为了有效实施策划方案，从上到下各环节的责、权、利必须明确，为此要制定监督保证措施，尽量减少各环节出现差错的可能性，或者即便出了差错也能及时发现问题并予以改进。

2. 要有防范措施

在策划方案实施过程中，存在着许多不确定的因素，无论方案考虑得多么周到，无论在选择方案时做过何种论证和修订，实践中也有可能会发生主观愿望和客观现实的矛盾，有时甚至不得不停止执行原方案。所以，必须有防范意识和防范措施，提前做好备用方案。

3. 要有评估措施

策划人员应及时对各项措施的执行效果进行评估。由于策划过程中主观推测与客观现实之间的差异性，策划方案在实施过程中出现偏差是难免的，因而需要对执行情况及时进行评估，以便对方案进行必要的调整或修正。

4. 要有反馈修正

就策划过程来说，当策划方案实施并得到结果时，策划就此结束。但对策划人来说，这并不意味着策划结束。策划结果出来后，一方面，策划人要对策划经过和结果进行分析和复盘,总结经验和教训,为下一次策划提供借鉴;另一方面,策划人应做出一份策划总结报告书,及时提交给上级或委托方。其中包括策划效果预测与实际策划结果的对比分析等内容,分析差距,以利于后续更好的修正和优化。

(四)评估反馈阶段

策划效果是检验一项策划是否成功的重要环节。由于主客观的差距,策划方案在实施过程中偶尔会出现偏差,因而需要对执行效果进行及时评价,以便迅速形成反馈,这对后续工作具有借鉴和指导作用。

1. 前后对比法

前后对比法即通过实施策划方案前后传播效果和经营业绩的对比来确认策划方案的效果。

2. 单因素变动法

单因素变动法即通过对影响企业业绩的诸多策划因素进行单因素的对比实验分析,来测定策划方案的实施效果。

策划方案的实施并不是一次性任务,而是一个连续的甚至是循环往复的过程。企业在执行策划方案时,必须根据策划前后在企业资源、竞争对手、消费者以及宏观环境等方面的整体变化,建立及时有效的反馈机制,灵活变通地运用市场策略,贯彻“随机制宜”的作战思想,保持一定的灵活性。

四、创意与策划的联系和区别

创意与策划在内涵、特点和作用上存在明显的区别,但相互之间又存在紧密的联系。在文化创意策划过程中,两者相互依存、相互渗透,是成功开展文化创意策划不可或缺的组成部分。

首先,创意与策划存在明显的区别。创意立足于能够独立产生新颖、有趣和有价值的想法,它更侧重于思维的灵活性和创新性,可以是一个具体的点子、一个独特的设计或一种新颖的表达方式,是创造新事物或新形象的思维方式,就其本质来说是一种辩证思维能力。创意意味着产生并构想过去不曾有过的事物或观念,或者将貌似无关的两件或更多的事物或观念组合成新的事物或观念。因此,创意从本质上来讲,是一种创造性思维。而策划侧重于针对某一特定问题或目标进行构思、规划、设计、比较等一系列行为过程。它更注重严谨、敏锐的思维触角,强调逻辑思维和整体感觉,是对创意进行系统化、程序化的实现过程。

其次,创意和策划彼此紧密相关。创意为策划提供新的想法和灵感,是策划活动的基础和灵魂。创意能够打破常规,推动创新,为品牌或产品注入新的活力和特色。而策划将创意转化为具体的计划和行动步骤,确保创意的实现和落地。策划还包括对资源的调配、风险的评估、进度的监控等,以确保活动的顺利进行。

最后,创意与策划相互依存、相互渗透。没有创意,策划就失去了灵魂和动力;没有策划,创意就难以转化为实际成果。两者相互补充、相互促进,共同推动文化活动或文化项目的成功实施。策划过程中需要不断挖掘和激发新的创意,而创意的实现也需要策划的支持和推动。因此,两者在实际中往往是交织在一起,难以分割的。

第二节　文化策划的含义、原则与程序

一、文化策划的含义

策划在其自身的发展过程中,科学性不断加强,与各门学科的关系日益紧密,这是策划发展的必然趋势。策划在多个领域都有广泛的应用,如市场营销、项目管理、文化传播、公共关系等。有效的策划能够整合资源、提高效率、降低风险,为个人或组织创造更大的价值。

文化活动是人类社会生活的一项重要内容,文化的发展程度代表着社会文明发展的水平。成功的文化策划,能够弘扬民族文化,提高社会文明程度,促进社会进步,有利于社会的稳定与发展。因此,将策划与文化有机融合,能够更好地发挥文化对社会的推动作用,使历史文化古为今用,在当代社会创造其特有的价值。策划学与文化学的结合是人类文化发展的必然结果。

文化策划是指策划人通过对文化环境的深入理解和市场调查分析,以科学、合理、有效的方式推动文化活动顺利进行,同时预测文化活动可能产生的效果和顺利开展的程度。这一过程以实现特定目标为导向,旨在将文化元素融入社会生活,创造出独特的文化体验,从而更好地满足当今社会人们的精神文化需求。

二、文化策划的原则

尽管文化策划的类型、表现方式等各不相同,但在具体的策划中,仍然需要遵循一些基本的原则,以确保文化活动或项目能够顺利、有效地进行,更好地达到预期的目标和效果。

(一)文化策划的主题原则

主题原则是指在文化策划过程中,要确立一个清晰、明确且贯穿始终的主题。这个主题既是文化策划活动的灵魂,也是连接各个策划环节的纽带。它指导着后续各项策划活动的方向和目标,起到提纲挈领的作用。在文化策划的过程中,主题应具有统一性、连贯性的特点,同时还应具有针对性的特点,能够针对特定目标受众进行,从而能有效提升文化策划的有效性。主题原则同时也提醒我们在策划过程中要关注受众的需求和期望,以及社会和市场的潜在机会和风险,从而使文化策划活动更加符合时代的需求和人们的期待。

(二)文化策划的市场原则

文化策划不仅需要有好的主题,还需要紧密结合市场,否则主题就会成为无根之木、无源之水。市场是文化策划落地生根的关键,只有将好的主题与市场需求相结合,才能让策划真正落地,进而生根发芽,最终枝繁叶茂,取得成功。文化策划要以市场需求为导向,以消费者为中心,注重文化特色和品牌建设,同时考虑项目的可行性和风险控制。在文化策划的初期,要结合广泛深入的调查,了解消费者需求偏好,紧密围绕消费者需求展开。同时要对市场竞争环境展开系统分析,通过与竞争对手对比分析,了解各自优劣势,从而扬长避短,突出策划的差异化优势和特色。随着策划的展开,应密切关注市场动态和新的消费趋势变化,不断调整和优化策划方案,以期提升策划效果。

(三)文化策划的注意力原则

注意力原则强调在文化策划过程中,要关注并吸引目标受众的注意力,以确保文化产品或活动能够引起广泛的关注和参与。注意力是一种宝贵的资源,需要被有效利用。策划者应该通过精心设计的文化策划方案,将受众的注意力转化为对文化产品或活动的兴趣和参与。策划者首先要通过新颖独特的主题、创新的形式以及引人入胜的文化内容,迅速吸引受众眼球;其次需要关注受众在参与文化产品或活动过程中的感受和需求,确保他们能够获得良好的体验。这包括提供舒适的环境、便利的参与方式、有趣的互动环节等,确保文化产品或服务能够引起广泛的关注和参与。

(四)文化策划的整合原则

文化策划的整合原则强调在策划过程中,将分散的资源、元素和策略等进行有机结合,形成一个统一、协调且高效的整体,以便更好地实现文化策划的总体目标。文化策划需要具备坚实的资源基础,包括人力、物力、财力、信息等各种类型的资源,因此进行策划首先要进行资源的盘点、梳理、整合,结合策划的目标和需求进行资源的优化配置。在此基础上,应根据文化策划的主题,对所涉及的文化元素进行融合,如策划地域特色文化节,就需要充分考虑地域特色的历史文化、民俗文化、生态文化等不同类型的文化元素,然后通过整体性策划来凸显独特的地域文化特色和优势。

(五)文化策划的借势原则

借势原则强调的是在进行文化策划时,要巧妙地借助外部有利因素或资源,有效提升文化策划的关注度、影响力和参与度,如社会热点、时事背景、名人效应、节日氛围等。文化活动与这些"势"相结合,更具吸引力,更容易引起公众的关注和参与。例如可以围绕某个热门电影、电视剧或网络流行语策划相关的文化活动,吸引目标受众的参与;结合重要时事或节日等,策划特定文化主题的活动;邀请知名人士参与文化活动,吸引关注者参与;等等。借势要注意把握好时机,要巧妙地将文化策划与这些外部因素或资源有机结合。

三、文化策划的程序

文化策划是一个系统性工程,按照一定的科学程序进行策划也就成了策划成功的必要条件。因此,策划要明确先做什么,后做什么,按照一定的步骤、程序展开,在符合客观规律的前提下去做。科学的文化策划程序应包括制定目标、设计方案、选择方案、实施方案几个前后关联的步骤,从图2-2中可看出四者之间的关联性。

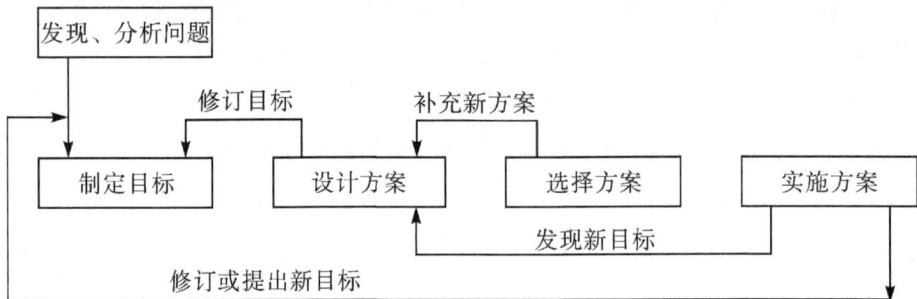

图2-2　科学的文化策划程序

(一)制定目标

目标是行动方向的指南,只有根据实际情况选定合理又合适的目标,才能进行以后的策划步骤。制定目标是整个策划过程的起点,而制定目标本身也是一个策划过程。

1. 发现问题,分析问题

问题中潜藏着机会,发现并解决问题实际上就是抓住了机会,在文化策划中这一点尤为重要。现实中的问题是客观存在且多样的,但问题的发现需靠敏感的人捕捉,有的人视而不见,有的人却能敏感地抓住。爱因斯坦曾经说过:"提出一个问题往往比解决一个问题更重要。"善于发现问题十分重要,有了问题才能围绕其展开研究,又避免了工作的盲目性。对问题的敏感度是一个文化策划人员的基本要求,在广泛搜集信息资料的基础上,能够有效地通过信息资料的整理,从中发现问题,识别潜在的机会。

发现问题并不等于可以利用它,事物之间的联系是广泛的,策划者必须从纷繁复杂的问题中用战略的、全局的观点分析出矛盾的根本点,从而找出问题产生的原因。

2. 明确任务,制定目标

任务是所要解决的问题,目标是达到的要求,目标是在明确任务的基础上制定的。在这里,目标的重要性自然不言而喻,因此制定目标应注意以下几点。

(1)目标要明晰。明晰是指目标是具体的、确定的,绝不能含糊。

(2)目标要可行。可行性是指制定的目标是建立在对实际条件充分论证的基础上,即目标在实践中既可操作又可实现。

(二)设计方案

设计方案是策划的第二个阶段,也是关键的一个环节。设计方案是在分析问题、明确目标的基础上,充分利用已经掌握的信息、知识和经验,借助策划者的创造性思维活动,大胆进行策划方案的构思设计。构思设计的过程中要充分考虑以下几个方面的因素。

1. 现有条件、基础

设计的方案应实事求是,不能盲目追求不切实际的目标。当然,在设计时也要尽可能挖掘内部潜力,尽可能充分合理地利用现有条件和能力。

2. 设计的创新

构思的大胆与创新是策划的核心要素。策划者若能勇于突破常规、激发创新性思维,便为打造出卓越的策划方案奠定了基础。成为一名具备创造性思维的策划人,通常应具备下列条件:

(1)敏锐的观察力。利用敏锐的观察,策划者能够牢牢把握目标受众的行为习惯、文化偏好和兴趣点,这是有针对性、有吸引力的策划方案的基础。敏锐的观察力也有助于策划者迅速捕捉市场的新趋势、新动态,这样能够在策划过程中不断融入新鲜的时尚元素,让策划更具时代感。

(2)活跃的想象力。想象力是文化策划方案的核心。一个富有想象力的策划方案能够打破传统框架,创造出新颖、有趣的活动和内容,并以一种更具参与度和吸引力的形式展现,进而高效地吸引目标受众的关注和参与。

(3)思维的独特性。思维的独特性赋予了每个策划方案的独立性和不可复制性。在设计和执行文化策划方案时,策划者应该充分发挥敏锐的观察力和丰富的想象力,创造出独特、有趣、富有吸引力的活动和内容,让蕴含着独特思维的文化策划成为连接人与文化的桥梁。

3. 方案要齐全且具有独立性

设计出的方案要充分考虑多种可能发生的情况。因此,方案不可能是唯一的,应针对同样一个问题至少准备两个或两个以上方案,每一个方案都有自己独特之处,这种独特不仅表现在实际情况的出发点不同,也有思维的独特性,正是从这一点上说每个方案都具有独立性。

若干个策划方案还需借助经验判断法、类比评判法、专家意见法等多种方法进行可行性论证,选取最优方案。

4. 形成策划书

策划书是将已经通过可行性论证的策划方案用简练、具体的文字表达出来,形成更加规范,更具有可操作性的策划方案书。策划书的结构主要包括以下内容。

(1)封面。封面首先应包含策划书的名称,该名称必须简单明确,立意新颖。此外,封面还应注明策划者的姓名、单位、日期等信息。

(2)序文。序文应简要说明本次策划的目的、价值、必要性等基本问题,还可以将策划主要步骤进行概括性介绍。

(3)目录。目录务求让客户或目标受众读过之后可以了解策划的整体结构和主要逻辑思路。

(4)宗旨。策划的必要性、社会性、可能性等问题的具体解说都包含在宗旨之中。

（5）内容。内容是策划书中的主体部分，包括策划缘起、背景资料、问题点、创意、进度安排等。具体内容因策划种类不同有所变化，但必须要重点突出，具有可操作性。

（6）预算。策划是一项复杂的系统工程，需要花费相当的人力、物力和财力。因此，必须进行周密的预算，将各种花费控制在合理范围内，以获得预期的经济效益。为方便起见，最好绘制表格，列出总目和分目的支出内容，既方便核算，又便于以后查对。

（7）时间进度及人员分配。时间进度是把策划活动的全部过程拟成时间表，便于进度检查。人员分配用于明确各项具体活动的人员安排及具体责任。

（8）策划所需物品及场地。在策划方案实施过程中，需要提供哪些场地、何种场地，需要提供何种方式的协助等，均要加以注明。

（9）策划效果预测。借助科学客观的分析方法，对策划预计达到的经济、社会等方面的效果进行合理预测。

（10）风险等其他注意事项。为保障策划方案的顺利实施，潜在的风险因素以及应对预案也应提前制定。同时对其他注意事项也应予以注明，如需要获得相关部门的支持协作等方面。

（三）选择方案

在选择策划方案时，策划团队需要考虑多个因素以确保最终的选择能够符合目标、资源限制和预期效果。

（1）评估策划方案的可行性。其具体包括资源评估、时间管理、风险评估等方面。其中资源评估是检查不同方案所需的人力、物力、财力等资源是否充足，并评估是否具备必要的专业技能和团队支持；时间管理则确保方案的时间规划科学合理，充分考虑准备阶段、执行阶段以及后续跟进阶段的时间需求；风险评估是分析不同方案所面临的潜在风险和挑战，以及可以顺利达成的可能性。

（2）考虑长期影响。在可行性分析的基础上，还应充分考虑不同策划方案实施后的长期影响，诸如对品牌形象和声誉的潜在影响，考虑方案对客户关系和忠诚度的影响，以及社会文化和环境的潜在影响，等等。

（3）广泛征求反馈和建议。可以综合内部讨论和外部咨询两种方式来进行，其中内部讨论侧重于与团队成员讨论不同方案的优缺点，集思广益；外部咨询侧重于寻求行业专家或目标受众的反馈和建议，以便更全面地了解方案的可行性和吸引力。

（4）做出决策。综合考虑以上因素，权衡利弊，选择最符合目标、资源和预期的策划方案。同时为选定的方案分配任务和责任，确保团队成员明确自己的职责和目标。

（四）实施方案

这是策划过程的最后一步。选定了准备实施的方案，应制定相应的实施细则，保证目标实现过程的顺利进行。要保证方案的正确实施应做好以下三个方面的工作。

1. 监督保证措施

科学的管理是从上到下各环节责、权、利明确，只有监督保证才能使各环节不出差错或即使出差错也能及时改正。

2.防范措施

在事物发展的过程中有许多不确定因素,因此需要根据经验或一定的预测手段尽可能全面地预测,并采取相应措施才能把损失减到最小。正因为许多因素在制订方案时考虑不到,所以应制订几套方案以作防备之用。

3.评估措施

策划效果评估是企业决策和发展的重要工具,因为评估策划效果,可以了解策划的价值和影响,从而为未来的决策提供参考依据。评估的标准格式包括评估目的、评估指标、评估方法和评估报告。科学的评估方法和详细的评估报告,可提供客观、全面的评估结果和建议,从而为企业的发展和决策提供支持。

小资料

"非遗里的西安年"浓浓年味最中国
4大板块50余场非遗活动伴您欢喜迎春

作为2024年西安市新春文化旅游活动的6大主题之一,"非遗里的西安年"包括新春非遗文化宣传展演等4大板块50余场非遗活动。西安市文化和旅游局围绕文化、艺术、匠心、探索、人文主题,整合西安市非物质文化遗产资源,串联景点及活动,发布了5条非遗旅游线路供市民游客参考打卡。这5条非遗旅游线路分别为:

寻梦长安·文化之旅:大唐芙蓉园(观赏西安鼓乐 聆听亘古回响)——西安市明清皮影艺术博物馆(体验依皮成形 感受借光树影)——西安半坡博物馆(探寻史前文明 欣赏陶埙艺术)。

文脉长安·艺术之旅:西安中国书法艺术博物馆(观无言的诗 赏无声的乐)——西安书院门(满目碑刻题记 琳琅诗乐画舞)——茯茶镇(体验制茶之趣 品鉴砖茶之味)——诗经里中国古琴博物馆(丝桐合为琴 内有太古声)。

古韵长安·匠心之旅:大明宫国家遗址公园(观千官之宫 赏非遗精粹)——北院门高家大院(赏皮影剪纸非遗项目)——白鹿仓滋水非遗大集(汇聚三秦非遗精华 体验关中民俗文化)。

漫步长安·探索之旅:西安市非物质文化遗产博物馆(非遗活态传承 传统技艺展示)——西安饭庄陕菜文化体验博物馆(诠释多元的西安饮食文化)——易俗社文化街区(游览中国秦腔艺术博物馆 现场演出中感受秦腔艺术魅力)——永兴坊(非遗演出 美食体验 非遗美食博物馆)。

回望长安·人文之旅:周至起良蔡侯纸博物馆(古法造纸故里 体验传统手工造纸技艺)——关中民俗艺术博物院(明清民居 古建瑰宝)——白鹿原影视城(探寻民间非遗

品尝特色小吃）。

✏ 本章小结

　　策划是个人、企业、社会组织为了达到一定的目的,在充分调查市场环境及相关联的环境的基础之上,遵循一定的方法或者规则,对未来即将发生的事情进行系统、周密、科学的预测,并制订科学的、可行性的方案的过程。

　　策划以目标为起点,通过制定适宜的策略以及详细的作业计划,以求达成目标。文化策划是指策划人通过对文化环境的深入理解和市场调查分析,以科学、合理、有效的方式推动文化活动顺利进行,同时预测文化活动可能产生的效果和顺利开展的程度。一份精心设计的文化策划书能够为策划目标的顺利实现提供有力保障,在制定过程中,应紧密围绕策划目标,优选最佳方案,并实施对策划效果的全面评估。

💡 思考题

　　1.策划的内涵、类型与特点是什么?

　　2.策划的原则、方法与步骤包含哪些?

　　3.文化策划的含义、原则与程序是什么?

第三章
文化产品的创意设计

学习目标

通过对本章的学习,学生应了解或掌握如下内容:
1. 文创产品的概念和特征。
2. 文创产品创意设计的类型。
3. 文创产品创意设计的步骤。

章首案例

文创产品里的敦煌元素

莫高窟是一座精美绝伦、无可比拟的历史画廊,参观者为之震撼。与此同时,瑰丽多姿、璀璨夺目、内涵深邃的壁画,以其多姿多彩的艺术表现形式,成为后人在进行艺术创作、设计构思时取之不尽、用之不竭的灵感源泉。敦煌的大漠风景和壁画元素经过文创设计,从遥远的西北大漠跃入寻常百姓家,这些散发着敦煌气质的产品以"润物细无声"的方式把敦煌的厚重历史与文化悄然渗透进了普通百姓的生活。

敦煌风物——拼图

《鹿王本生图》创作于北魏,是中国现存最早、最完整的连环画。本生故事画是以表现"舍己救人"为题材的作品,在壁画中占有突出的地位。用拼图的方式"创作壁画",让你在愉快的手工制作中直观地了解历史文化,提升探索知识的兴趣,并爱上敦煌文化。

萌宠精灵——小飞天

"飞天"是敦煌石窟的形象大使,是守护莫高窟的精灵,也是敦煌艺术的标志。

敦煌莫高窟几乎每个窟都画有飞天,不仅数量多,延续时间长,而且造型多样。飘曳的衣裙、飞舞的彩带,是飞天形象的标配,以飞天为灵感的各种文创产品,正在以它独有的美感装点现代生活。

藻井元素——纪念本

藻井是敦煌图案中的精华,花卉、动物、众神装饰其间,藻井艺术堪称美的代名词。翻开一页页纸张,绚丽的藻井图案跃然纸上,将千年的美丽凝聚于一册之中。石窟艺术的精华,在你的纸笔间跃动。方便携带的纪念本,既是收藏的佳品,也是赠送亲友的不二之选。

印象酒泉之萌飞天小夜灯

小夜灯以莫高窟壁画"反弹琵琶"为原型,通过设计师再创新,憨态可掬的卡通形象头束高髻,手持琵琶,神态悠闲雍容,身披璎珞,颈挂佩饰,下穿长裤,翩翩翻飞,天衣裙裾如游龙惊凤,摇曳生姿,项饰臂钏在飞动中叮当作响,让人爱不释手。

《留·念敦煌》少儿文创套盒

这套《留·念敦煌》中华艺术宝盒,从儿童的视角,用孩子的语言和学习方式,挖掘并转化敦煌莫高窟文化的宝贵资源,让孩子去接近和探索这座艺术宝库,学习和传承中华优秀传统文化。

莫高印象——香炉

在神秘亘古的时间轴里,身披彩衣的灵鹿从漫漫长河的罅隙间一跃而出。香炉为硅青铜、非洲酸枝材质,创意来源于莫高窟第257窟《鹿王本生图》(敦煌莫高窟壁画同类题材中保存最为完整、完美的连环画和最具代表性的壁画之一)。莫高印象香炉按照春秋晚期的"失蜡法"铸造,首先以易焰化的石蜡制成蜡模,其次用细泥浆多次浇淋蜡模,使之硬化后形成铸形。

第一节　认识文创产品

一、文创产品的概念及特征

(一)文创产品的概念

文创产品(全称为文化创意产品)是源于文化主题,经由创意转化而形成的具备市场价值的产品。文创产品是创意人用智慧、技能和天赋,借助现代科技手段对文化资源、文化用品进行创新和提升,通过知识产权的开发和运用,创造出的高附加值文化产品。这种文化产品不仅具有市场价值,还蕴含丰富的文化内涵,是文化与创意的结合,既具有深厚的文化底蕴,又具备市场竞争力。从产品最终形态来看,文创产品包含两个相互依存的部分:文化创意内容与文化创意载体。进行文创产品开发前一定要注意其所包含的两个相互依存的部分,以及它的开发特点。

文创产品不仅限于物质化产品,还包括能够满足人们需求的非物质形态的文化服务产品。狭义上讲,文创产品是指那些符合文化主题、创意转化和市场价值三个特点的物质化产品;而广义上,文创产品还包括同样符合这三个特点的物质实体和非物质形态的服务产品。文创产品的开发通常涉及将文化元素通过创新的方式融入现有产品或创造新产品,如文化旅游纪念品、特色办公用品、个性化家居日用品等,这些产品不仅具有实用功能,还常具有审美价值和收藏价值。

(二)文创产品的价值

文创产品具有丰富的价值内涵,不仅能够满足人们的物质需求,还能通过传递其所承载的文化内涵,满足人们的精神文化需求。具体而言,文创产品的价值体现在以下几个方面。

(1)经济价值。文创产品作为一种特殊的商品,具有显著的经济价值。它们可以吸引消费者的关注,激发购买欲望,形成现实消费从而产生经济效益。此外,文创产品的开发和销售还能带动关联产业的发展,如艺术设计、文化用品制造及销售等,形成产业链效应。

(2)文化价值。文创产品是文化的载体,能够传承和弘扬传统文化,让人们在消费的过程中了解并感受传统文化魅力。通过创意设计,文创产品可以传达出特定的文化价值观和文化传统,使消费者在使用或观赏的过程中,能够深入了解文化的内涵和精髓。同时,文创产品还可以推动文化的创新和重构,为文化产业的发展注入新的活力。

(3)情感价值。文创产品可以成为消费者之间交流和互动的媒介。通过分享和讨论文创产品,人们可以建立更紧密的联系,增强社交体验。同时,文创产品也可以作为礼品赠送他人,表达情感和友谊。

(4)艺术价值。文创产品往往融入了艺术元素,具有较高的艺术价值。文创产品通过独特的设计理念和表现形式,展示了艺术的力量和美感,满足了人们对艺术的追求。

(5)教育价值。文创产品可以作为教育的辅助工具,帮助人们了解历史、文化、艺术等方面的知识。通过观察和体验文创产品,人们可以更加直观地感受到文化的魅力,提升文化素养。

(三)文创产品的特征

由于文化、创意和高科技元素的植入,文创产品具有价值和使用价值的不确定性,流通过程的共享性和重复利用性,生产过程成本的复杂性,使用过程的增值性和知识产权的保护性等特点。

1. 价值和使用价值的不确定性

文创产品的特点及其生产制作不同于一般产品,体现在其价值和使用价值具有不确定性的特征。从消费者的角度来看,文创产品为消费者创造的产品价值,包含功能价值和观念价值两部分。其中,功能价值主要是指物理功能,是商品的物质基础;观念价值则是商品中包含的能够符合一部分社会群体精神追求和文化崇尚需求并产生共鸣的无形附加物,是文化的附加观念。

文创产品的价值更多地依赖于消费者个人的精神和文化偏好,不同的需求偏好者对同一种文创产品可能会从不同的需求角度出发,对其文化价值、艺术价值、娱乐价值或者商业开发价值做出不同的价值评价,而且只有在认同这种文创产品价值之后,消费者才会做出购买决定。一方面,这种依照消费者主观标准对文创产品进行评价的特点,使文创产品的价值具有不确定性;另一方面,文创产品的使用价值具有潜在性和不确定性,部分文创产品是文化资源与创意结合,以非物化形态存在的文化观念、内容、符号等。

文创产品围绕文化资源内容展开创意开发,所以内容是核心价值创造的中心,具有高创意内容价值的文创产品才是真正的文创产品,才能在文化市场中占有一席之地,才能真正凸显出文创产品的特点。文创产品的高创意内容价值可以体现在其知识性、创意性、数字化等方面。在市场交易过程中,其核心竞争力表现为知识产权的价值附加性、创意效果的吸引能力和较强的产业融合能力等。创意内容价值展现了文创产品的本质,文创产品的大多数特点也是基于其创意内容价值而体现的,因此,具有较高价值的创意内容是文创产品传播、扩散的基础,也是整个文化创意产业链中的价值核心。

消费者购买文创产品是因为其所具有的审美价值、思想、内容、愉悦功能等能满足消费者精神文化的需求,如观看一部电影,消费者可以直接获得精神上的满足感及视觉上的愉悦感等。而对一部电影的版权使用则是看不见摸不着的,该电影版权本身的使用价值是潜在的,电影的使用价值只有通过版权交易、电影的发行才能体现。因此,文创产品的使用价值是潜在的、不确定的。

2. 流通过程的共享性和重复利用性

拥有知识产权的文创产品可以在同一时间内分别由若干人使用,与他人共享,这就是文创产品流通过程的共享性和重复利用性特点,这是大多数传统商品交易过程中不具备的。如一个音像产品、一项技术,版权人和专利权人既可以自己使用,也可以同时转让给他人使用,或者由若干使用者同时共享这项专利。这种知识的独享和共享行为并不会降低文创产品的价值,也不会影响版权产品和专利技术的质量,这就是文创产品及服务的非排他性特征。

无论是在创意阶段还是在制造阶段,抑或是营销阶段,文创产品的整个生产营销流程都离不开与其他产业的有机融合。这种融合是为了能够更好地体现出产品的创意性,是为了让产品能够获得更好的市场表现。文创产品产业融合是将文化创意进行辐射和扩散,是将文化内容渗透进其他产业的过程。这一过程实现了内容和载体的组合与分离,并为文创产品的发展拓展了思路。从生产链的角度来讲,较强的产业融合能力是延长产业链、促进衍生品成长的"胚土"。进行有效的产业融合有助于推动相关产业的同步发展。

文创产品还可以进行重复使用及重复生产,因而易于形成规模经济效应,能有效降低社会交易成本。文创产品是对文化资源的再利用和再开发创造,是体现个人创造价值的创造性劳动成果。因此,同一文化资源题材可通过创意创造出不同的精神产品。如相同的历史故事,可以创作成电视剧、小说等不同形式的文创产品,也可以由不同的创作者从不同的视角,在不同的阶段对其进行不同的演绎,形成不同的文创产品。

3. 生产过程成本的复杂性

文创产品作为一种特殊的知识产品,其生产过程是一个复杂的脑力劳动过程。与一般物质产品的生产不同,决定文创产品价值量的主要是精神生产劳动投入量。由于精神生产劳动具有独创性、不可比拟性,无法以社会必要劳动时间作为确定价值量的唯一标准,因而文创产品生产过程成本具有复杂性。文创产品价值链增值能力呈现出典型的先期研究与开发附加值高,中期生产制造利润低,后期营销利润高的"微笑曲线"特点,同时显示了文创产品研发成本高,制造成本低,复制成本几乎为零的特点,这种成本复杂性给文创产品定价带来了一定的困难。文创产品在未被生产出来之前,市场对它的需求是难以判断的,具有高风险性和不确定性。这就决定了文创产品难以采用以生产者为导向,以费用为基础的成本定价模式,而适宜采用以消费者为导向,以价值为基础的差别定价模式。

4. 使用过程的增值性和知识产权的保护性

传统产品的使用过程本质上是其价值的消耗过程。然而,文创产品知识共享和重复利用的特殊性,以及其产业链各环节的相互联系,使得文创产品的使用过程与传统物质形态产品截然不同。文创产品不仅不会像传统产品那样消耗其价值,反而在一定条件下可转换为其他的使用价值,并带来大量的增值价值。当文创产品通过合理有效的方式应用于具体的工艺生产过程中,其使用价值不仅能够完整地转移到新产品中去,还可能催生出其他新的产品或对原有产品进行革新,从而在相同的条件下创造出更多的价值和财富。

文创产品无论价值有多高,因其边际成本较低的特性,如果缺乏知识产权的有效保护,产品将面临被随意复制的危险,产品的价值就不能得到应有的体现。文创产品交易的内容与一般传统商品交易内容的不同之处是蕴含在文创产品里的知识产权交易内容。其知识产权交易内容具体涉及文化创意产业不同领域的创意符号、创意要素、创意使用权、创意所有权等的交易,还有特定的文创产品的著作权、专利权、商标权等交易内容。

文创产品的价值是由文化内容价值与硬件载体价值组成的,其中,无形资本是文化创意产品的价值核心。虽然如此,无形资本并不能有效地削减文化创意产品的造价,反而在一定程度上决定了文创产品的大部分成本。艺术家在进行文化创意产品生产时要对所使用的文化资源进行剖析和解读,从而进一步将其与个人或时代的审美特点结合起来,这一部分工作所需要的时间成本、沟通成本、资料成本是巨大的。同时,无形资本获取的不确定性很大,其风险也相对更大。所以文创产品的初始造价往往是较高的,但是一旦开发完成,其传播与复制的成本就相对较低了。

在文创产品的营销阶段,文创产品中所包含的文化创意内容一旦传播开来,其传播速度往往比一般商品要快。文创产品本身所包含的内容价值高,通过快速的流行和传播,其高附加值的特点就更加凸显。但是文创产品的风靡程度通常取决于其文化创意内容。创意内容的普遍性及其产品内容本身的定位是否能得到目标消费群体的认可等问题都将影响文创产品在市场中的表现,这又使得文创产品的经济风险相对较高。随着时间、空间的变化,在不同地域、不同时机,不同的消费者会对同一文创产品做出不同的选择,社会环境、文化差异时刻在影响着人们对文创产品的审美消费,多重不确定的因素也增加了文创产品在产业链各个环节中的风险。

二、文创产品的基础是文化

文化是文创产品生成的基础。文创产品以文化为内核,通过设计者的创意将文化元素与实用品或艺术品相结合,从而满足消费者的精神与物质需求。文创产品是文化的衍生品,不同历史时期所积淀流传下来的优秀传统文化,经过创新性的再加工,不再只是精神产物,而是可以走进我们生活的具体产品。以荣获第二届国潮文创设计大赛最佳作品奖的"豫园戏台－榫卯积木"为例,该作品是一款益智类拼搭玩具,作品运用榫卯技艺,在细节的处理上使用了传统榫卯连接结构,并结合了豫园戏台的场景元素,特别研发以豫园戏台为主的古建筑榫卯积木场景。在场景中可加入榫卯积木人仔,还可以自由组合拼搭,理论上可以进行无限的延展,打破了传统古建筑的固定样式,结合其他通用榫卯构件,还可以让玩家创造出自己心中梦想的建筑殿堂。作品参考了宋代《营造法式》、清工部《工程做法则例》,最后选择以北方的抬梁式构架法优化结构件,使台明、梁、柱、枋、檩、椽、瓦等通过模块化的设计更具通用性,符合 DIY 的拼搭逻辑,并借助这些通用结构件让玩家可以实现自由拼搭创作,因此是将传统建筑文化与现代产品相结合的成功尝试。文化作为文创产品的基础,具体体现在如下几个方面。

(1)文化赋予文创产品独特的内涵。文创产品不是简单的商品,而是承载着特定文化意义的载体。这些产品通过独特的设计、形状、色彩等,展现了文化的精髓和特点,让消费者在使用或欣赏的过程中能够感受到文化的魅力。

(2)文化为文创产品提供创意源泉。文化的丰富性和多样性为文创产品的设计提供了无尽的创意空间。设计师可以从历史、传统、民俗、艺术等各个文化领域汲取灵感,创造出新颖、独特的产品。

(3)文化提升文创产品的市场价值。具有文化内涵的文创产品往往更能吸引消费者的关注和喜爱,从而提高其市场价值。同时,文化元素也能为产品增加附加值,使其更具竞争力。

(4)文化促进文创产品的传播与交流。文创产品作为文化的载体,在销售和使用的过程中,也起到了传播和交流文化的作用。它们可以帮助不同文化背景的人们更好地了解和认识彼此的文化,促进文化的多样性和包容性。

因此,文创产品的基础是文化。只有深入挖掘和提炼文化的精髓,才能创造出真正具有市场价值和文化内涵的文创产品。同时,文创产品的发展也反过来促进了文化的传承和创新,为文化的繁荣和发展注入了新的活力。

三、文创产品的核心是创意

文创产品的核心是创意。只有具备创意的文创产品,才能在激烈的市场竞争中脱颖而出,赢得消费者的青睐。同时,创意的不断涌现和更新,也为文创产品的持续改进与发展提供了源源不断的动力。

文创产品不仅仅是文化元素的简单堆砌或复制,而是通过设计师的巧思妙想,将文化精髓与现代审美、实用功能相结合,创造出独特且富有吸引力的产品。创意在文创产品中发挥着至关重要的作用。首先,创意能够打破传统思维的束缚,为文创产品带来新颖独特的设计理念和表现形式。这使得文创产品能够在众多商品中脱颖而出,吸引消费者的目光。其次,创意能够深入挖掘文化的内涵和价值,将其以全新的方式呈现给消费者。通过创意的转化,文化元素不再只是历史的记忆或传统的符号,而是成为具有现代感和时尚感的艺术表达。最后,创意还能为文创产品注入情感共鸣和人文关怀。通过设计师的创意构思,文创产品能够触动消费者的内心,唤起他们对文化的认同和共鸣,从而增强产品的情感价值和市场吸引力。

创意作为实现文化价值和产品价值的主导力量,其最大的意义在于对文化的转化。它将物质文化与非物质文化,或者是其他分类方式中不为人了解的文化以有趣的、消费者能够欣然接受的方式进行传达,使传统文化得到传承。以千里江山图团扇为例,其设计灵感来源于北宋画家王希孟所绘制的《千里江山图》,并巧妙地将苏绣非遗元素融入。精湛的苏绣工艺,让每把团扇的扇面都成为独一无二的艺术品,实现了"千人千面"的独特效果。当消费者将这样的团扇作为汉服的配饰佩戴时,原本静止的《千里江山图》仿佛被赋予了生命,与当下的壮美河山相融合,展现出传统艺术与现代生活的完美结合。

第二节　文创产品创意设计的类型

一、源于传统文化的文创产品设计

所谓传统文化,是由文明演化汇集成的一种反映民族特质和风貌的文化,是各民族历史上各种思想文化、观念形态的总体表现。传统文化拥有厚重的历史文化底蕴,饱含着丰富的人文关怀和深邃的思想精神,能够展现不同历史时期人们独特的审美价值及艺术追求,对新时期我国文化的传承和发展产生了深远的影响。将文创产品与传统文化有机融合,能够有效推动传统文化"活化",让传统文化跨越千百年的时光长河,融入当代年轻人的时尚潮流,在现代绽放出璀璨光芒。文创产品在走向大众视野的同时,也在赓续优秀传统文化,筑牢我们的文化自信。

"文"是根本,文创产品设计应植根于优秀文化。对于文创产品,文化是内核,我们只有立足于传统文化,进行立象尽意,才能将文化产品最大赋值。例如三星堆的系列文创产品,创造性地将金面具、青铜神树、象牙等进行缩小版还原,满足了人们对古蜀文明的好奇心。故宫文创产品口红,将宫廷纹饰与深宫墙柳相融合,表达了祥瑞美好的意蕴。做好优秀的文创产品,就要不断将优秀文化提炼成鲜明的文化符号,将五千年文明淬炼成物,用精神文化满足人们的美好追求。

"创"是生命,文创产品设计应以创新为力量源泉。人们通过文创之力可以推动数千年深厚的历史文化以创新的形式呈现出来,打破固有的刻板印象,让传统文化"活"起来。河南博物院创新性地推出盲盒考古文创产品。游客可以带上一双白手套,拿上一把洛阳铲,模拟考古现场一点点挖掘藏在泥土中的文物,亲身体验考古的乐趣。这些文创产品的"破圈",让文物不再以冰冷的形象呈现,不仅赢得了年轻消费群体的喜爱,也让文物搭乘创意的快车实现更加广泛的传播。

"文化自信"是发展动力,文创兴起的背后是文化自信的体现。伴随着祖国的强大崛起,积累了五千年的传统文化与新时代碰撞,迸发出新的活力。2021 年河南卫视春晚的《唐宫夜宴》舞蹈节目抖音相关话题在短短一周的时间播放量就超过了 2 亿次,故宫文创产品年均收益早已超过 15 亿元,各大博物馆成为假期旅游的标配……越来越多国潮文化的兴起,文创产品的不断"出圈",让年轻群体能够更好地领略中华优秀传统文化的魅力。年轻群体对文创产品的热衷,也折射出他们对中华优秀传统文化的深厚认可和强大的民族自信心。在新时代的背景下,越来越多的优秀传统文化借助文创产品得到了更好的传承与发展。文创产品在守正中创新,助力文化繁荣发展,也为伟大民族精神铸魂。

(一) 以物质文化为创意来源的文创产品设计

物质文化元素具有有形的物质载体,如园林建筑、景观、服饰、历史文物等,因此人们能够较为容易地感受和捕捉其中所蕴含的传统文化信息。源于物质文化的文创产品的设计难度并不高,因为其本身的造型和图形就是设计师取之不竭的创意设计来源。然而,大多数物质文化都曾是和古人日常生活息息相关的实物,作为设计师要思考的是如何避免把它们从实用性物品变为视觉化的物品,要让它们在现代生活中继续以日常用品的形式存在,让其继续成为人们的生活习惯,从而自然而然地实现文化的传承。

下文以江南园林元素为例,详细介绍文创产品的设计。江南园林历史悠久,无论是造园技艺还是意境呈现(如苏州的拙政园、留园,无锡的寄畅园,南京的瞻园等),都独具中国传统园林之美。审视江南园林元素,亭台楼阁、叠山理水,无不彰显寄情于山水的古典园林文化特色。通过提炼和转化江南园林元素符号,赋能文创产品设计与文创品牌塑造,可以激发游客的情感共鸣,促进江南园林文化的广泛传播。

1. 进行物质文化元素的分类归纳

江南园林被称为技术与艺术、造景与意境相融合的建筑艺术,其园林元素大致可以分为三大类:一是门元素。江南园林中的门造型,一种为独立的门,以单体建筑形式存在;另一种为建筑内部所包含的门。从门的布局上看,分为宅门和院门。门的运用往往与园林其他景观相衔接,并通过路线转换,串接整个园林。二是窗元素。在江南园林中,窗元素可谓独具特色,如最常见的漏窗,外形有五角、八角、梅花、套方、双环、月洞、扇面等之分。在不同的园林空间,窗的功能也各不相同。狭小的园林空间,利用漏窗来增进空气流动和增加采光度;宽阔的园林空间,漏窗则起到观赏作用。另外,不同漏窗的外形特征,与周围的假山、树木、亭台等相融合,传递出不同的园林文化艺术风范,也增添了江南园林的意境审美。三是亭元素。江南园林中的亭多为木结构,由屋顶、亭身、基座等部分构成。亭的顶部往往造型独特、引人注目,成为园林艺术的重要景观。由砖瓦与木材建成的亭,青砖与红柱映衬周围的山水树木,赋予园林别具一格的艺术情趣。亭与水、桥相连,为园林提供了观赏地点。亭在水中的倒影,让园林景观虚设相交,增添了园林的怡情之境。

2. 提取有代表性的文化符号

江南园林元素的代表性文化符号可以归纳为六类:

一是自然符号,如拟日纹、十字纹、冰裂纹等。拟日纹象征光明,传达光辉之意;十字纹寓意静止,象征忠诚;冰裂纹象征高洁,寓意自然天成。

二是植物符号,如梅、兰、竹、菊被称为"四君子",彰显人的高洁品格。不同的植物纹样,蕴含丰富的文化意义。

三是动物符号,如龙纹、蝙蝠纹、龟背纹、鸳鸯纹、鹤纹等。在传统纹样中,瑞兽被寄寓祥福之意。在江南园林中,花窗上的动物纹样更多,寓意更丰富。

四是器物纹。日常用品中,一些器物具有喜庆、纳福、迎祥、辟邪之意,如灵芝和云纹预示喜庆、如意,花瓶纹象征平安,方胜纹象征辟邪等。

五是文字符号,如"福、禄、寿、喜、财"等,表示美好的寓意和向往,常用于园林艺术中。

六是建筑符号。江南园林中的山水建筑朴素、淡雅,传达美的意境。除了青砖黛瓦、挑檐脊兽,还有亭、阁、轩、榭、廊等,都是构成园林艺术的重要部分。

3. 文化符号应用于文创产品设计的策略

(1)挖掘园林花窗元素,增添文创作品艺术气息。花窗是江南园林最具特色的元素之一,其在结构、图形上,形态多,表现力强。围绕花窗多样的造型,将之应用到文创包装设计中。利用醒目的书法字体与花窗图形相结合,制作成包装材料。例如,梅花形、海棠形花窗适宜方形包装盒体,扇形花窗适宜扁长形包装盒体,贝叶形适合窄长形包装盒体。另外,在花窗造型与文创产品设计中,还可以利用漏窗、洞门元素作"框",将自然景色、人文图纹纳入其中,获得视觉上"移步换景"的表现效果。

(2)利用假山石肌理和色彩,增添文创作品的意境。在江南园林艺术中,假山石是一种独特的表现手法。在文创设计产品中,可以利用线描法勾勒假山石的造型,利用拓印等手法增强假山石的质感和层次,利用造园叠石手法增强文创作品的国画艺术特色。假山石的纵横肌理,具有天然的质感表现力。将现代艺术设计理念与假山石形态、肌理、色彩巧妙融合,让文创产品焕发出独特的园林意境之美。

(3)利用花木搭配,传递吉祥的寓意内涵。在江南园林中,各类花木的布置,让每个季节都有独特的花卉草木来装扮园林景观。花木与山水相融,与建筑相衬托,能够打造出富有诗情画意的人文意蕴。苏州拙政园的荷花独具特色,表达出"可远观而不可亵玩"的文化寓意。狮子林的花台、牡丹丛植、石笋等,一到春天,呈现出一派"玉堂富贵"。网师园的玉兰、金桂,具有"金玉满堂"之意。留园五峰馆的古松、假山上的仙鹤,传递"松鹤延年"的吉祥寓意。在文创产品设计中,常运用花木写意画或插画的方式,表现吉祥、美好的寓意。

(4)利用名家墨迹,增添文创作品的美感。在江南园林艺术中,诗、书、画是重要元素。在苏州园林中,利用书条石上的摹刻书法,来增添园林的书香气韵;将名家书法、诗词、图画等镌刻于青石上,镶嵌于园林廊壁上。同样,在园林的门头上,匾额、楹联、砖刻、摩崖、碑刻等更赋予园林"书卷气"。设计师在文创作品中,可以通过融入名家墨迹等方式,既保留园林书法艺术特色,又契合现代多元设计理念。运用凹凸或 UV 烫印工艺,将书条石碑刻的艺术手法融入文创包装主题中,使包装呈现出鲜明的立体感。

(二)以非物质文化为创意来源的文创产品设计

传统文化中还有相当一部分不具备物质形态的载体,但是却与人们生活紧密相关,具有一定的历史、艺术、精神等价值的文化形式,如各类民俗活动、表演艺术形式、传统知识和技能、民间文学等。随着当前现代化进程的加快,许多非物质形态的传统文化逐渐失去生存的根基,面临失传的危险。将非物质文化元素与现代创意相结合,不仅为当代创意注入了新的文化内涵,丰富了创意的来源,而且也是加强非物质文化遗产保护与传承的重要途径。借助现代创意技术和面向市场的商业机制,开发出既具有时代生活气息,又兼具技艺与内涵的文创产品,不仅能在保护与传承的基础上,以新颖的形式展现非物质文化本身的文化价值,还能通过经济效益与社会效益反哺非物质文化的保护,促进其可持续发展。

1. 非物质文化元素与文创产品设计的融合方向

一是走个性化路线。当前人们的认知和审美发生了很大的改变,尤其是体验经济的兴起,更让个性化的消费需求成为可能。将非物质文化元素融入文创产品,通过形式、内容与功能的创新组合,能够使非物质文化的深厚内蕴更加契合大众的个性化需求。这不仅为文创产品注入了新的生机与活力,也确保了非物质文化在传承过程中保持鲜活的吸引力。

二是重视互动性设计。文创产品设计的互动性追求是当前的消费热点,若能将消费者带入其中,调动其好奇心,促使其主动参与进来,有利于提升消费者的体验,达到身体和精神的愉悦。在将非物质文化元素融入文创产品设计过程中,可以多采用互动性设计。但鉴于设计会给产品带来多重含义,所以非物质文化语境的把握十分关键,力图在互动中实现正确的文化价值及内涵的传达。

三是重视新技术的采纳。美好的事物总能够吸引人的视线,非遗文化与文创产品设计的结合同样需要美的展示。利用现代技术手段,能够给非物质文化文创产品带来更加完美的呈现,全面提升消费者的视觉体验和认知体验。比如,借助计算机图形处理技术与非物质文化元素结合,形成逼真的三维场景,能够更好地提升消费者的感知体验,促进更深层次的文化交流。

2. 非物质文化元素与文创产品设计的融合路径

非物质文化元素是文创产品设计的有效素材,给设计师提供了广阔的设计空间。可以说,深入剖析和应用非物质文化元素是文创产品设计的科学化尝试,能够更好地提升文创产品的艺术价值和内在蕴意。

(1)从形态层面分析。对文创产品而言,其外在的形态是消费者第一印象中至关重要的因素,其好坏直接决定着产品能否吸引消费者的眼球。从这一层面看,将非物质文化元素融入文创产品设计中,首要考虑的因素便是形态。鉴于非物质文化元素的多样性、丰富性,文创产品设计的素材也逐渐丰富,这就给设计师提供了多元的设计思路和灵感来源,无论是日常的手机壳、笔记本、餐具、服饰,还是文创产品的虚拟化展现(如广告片、平面设计作品等),都可以作为一种文化意识的体现。一方面,非物质文化元素如泥人泥塑、安塞腰鼓、东北秧歌、剪纸、壁画等,都可以采用实体化的形式体现;另一方面,非物质文化元素还要充分发挥自身的价值,赋予文创产品以恰当的表现形式,让文创产品的形态拥有更加深刻的艺术内涵和文化价值。

一是延续传统的工艺和材料。很多非物质文化都是传统生活与生产的体现,是劳动人民智慧的结晶,尤其是手工刺绣这样的精工细作,远非机器操作所能比,能够给人带来温暖和情感认同。设计师在设计基于非物质文化元素的文创产品时,可以将这类非物质文化元素所使用的工艺和材料进行延续,保持手工的温度和精致,这样设计出来的文创产品能够在细节之处体现一种无可取代的珍贵,是保持自身文化底蕴和审美内涵的有效尝试。

二是进行各种细部的提炼创新。非物质文化元素在文创产品设计中的应用只要能够保持其内在的核心部分不变,完全可以进行适当的艺术创新和修改,具体应与文创产品的类型和需求相符合。比如,将原本体量较大的非物质文化元素形式进行等比例缩小,或者换成其他更符合产品特性的材料,但要保留其中的精髓部分,如此不仅能够节约不必要的物料和工时,还能保证内在的文化内涵不被破坏,更能够便于消费者购买和携带。还可以对非物质文化元素形式中的精髓——图案和造型进行提炼,如象征多子多福的石榴与鱼等,都可以结合设计手法巧妙地融于明信片、记事本、钥匙扣等产品上,有利于消费者从中体会人们对美好生活的向往。另外,非物质文化有着多面性,不同的文化类型有着不同的内涵,并且在视觉层面就已经有了鲜明的差异化特征,但在不同的基础上也存在一定的共性(如色彩),这就给设计者提供了提升文创产品视觉张力的机会。设计师可以将非物质文化元素中应用最多的红色和黄色等较为鲜亮的色彩应用于文创产品中,使这些色彩与其他的设计元素相辅相成,更好地表现内容和内在蕴含,从而使设计主题变得更加鲜明、生动。

(2)从意蕴层面分析。外在的张力表现配合产品意蕴层面的艺术化表达相得益彰,能够获得更好的艺术设计效果。所以,在设计了文创产品的外观形式后,其内在意蕴也是不容忽视的重要方面。在这一点上,设计师应深入探究非物质文化遗产的历史底蕴和历史价值,对其结构和来源进行分析,从而更加科学地赋予文创产品鲜明的艺术特性,为消费者更加深刻地认识非物质文化遗产提供平台,也为文创产品的价值升级提供更多的可能。例如,昆曲就是很有代表性的文化形式。在其悠久的发展历程中,积累了极为丰富的文化元素。它不仅诞生了《牡丹亭》《西厢记》《桃花扇》等经典剧目,还涵盖了极具特色的乐器、服装、头饰和妆容等元素。这些元素不仅具有很高的辨识度,更蕴含着深刻的文化内涵。设计师在进行文创产品设计时,可以将这些独特的非物质文化元素进行提炼和艺术化融合,甚至可以进行一定的变形和重构,让昆曲中的文化元素与当前的艺术符号进行巧妙的共融,在传统与创新中实现内蕴的升华。

(3)从实用性层面分析。文创产品的设计除了对美的追求,还有着很强的实用性追求。第一,日常生活型文创产品设计。设计师在设计过程中可以提取非遗文化中的各种元素符号,结合实用性功能使之赋予文具、餐具、梳子、粉底、口红、筷子、书签等产品中,让文创产品不仅在美观性和艺术价值方面得到落实,还能够以强大的实用性取胜,从而满足人们的日常生活需求。鉴于现实生活中各种实用性需求的升级和丰富,设计师在这一方面应积极总结经验,不断进行更新和更有效的尝试,大胆从生活中搜集有效的素材,在潜移默化中实现非遗文化在当代社会的传承。第二,体验型文创产品设计。人与产品的交互是文创产品设计的趋势,尤其在融入非物质文化元素的过程中,设计师也应从体验型设计中探索更加合理有效的应用方式,既可以是感官层面的交互,也可以是行动层面的交互,还可以是精神层面的交互。无论哪一种交互形式,只要能够强化产品的文化主题,让消费者对产品有更加深刻的认识,并能够在实际的参与中唤起文化记忆,获得身体和精神的愉悦,就是体验型设计效果得以实现的保证。

(三)以文创产品推动传统文化创造性转化、创新性发展

(1)多维度创新让文创产品"活起来"。文创产品既是文化的载体,也是人文历史的生动呈现,文创产品的材质、工艺、设计都需要体现特定文化元素,而这些层面的呈现无一不需要创新助力。别具匠心的设计和创意一方面要接地气、聚人气,如文化创意创新必须扎根人们的生活,充分体现特定时空的文化特色,以具有浓郁生活气息的创新形式凸显文化内涵;另一方面要做到活用传统、立足现代,文创产品应凸显文化特色,提升产品辨识度,同时让新技术、新材料在文创产品中得到广泛应用,打造出形象鲜明、颜值出众的时尚文创产品。

(2)多角度挖掘让文创产品"厚起来"。优秀的文创产品,是对传统文化的生动诠释,是对中国故事的生动讲述,是对文化内涵的艺术呈现与社会价值观的准确传递。文创之

所以广受欢迎,一方面是由于它生动的外在形式,另一方面则在于它融合了历史的厚重感与现实的生命力。应将传统文化作为文创产品的基石,多角度挖掘独特底蕴的宝贵资源,寻找文创设计中传统文化与现代文化的结合点,探求现代审美与传统文化精神和价值的契合点,并将其转化为文化产业发展的动力源泉,让人们通过文创产品感知历史,凝聚共识。

(3)多形式呈现让文创产品"潮起来"。虚拟现实、增强现实等技术已经成为增强文创产品文化承载力、展现力和传播力的重要手段。文创产品的载体在数字技术不断发展的当下日益丰富,消费场景不断拓宽。将文创产品延伸到日常用品设计中,融入漫画、数字展览等内容创作当中,让文创产品的形式不再局限于实物。在非同质化代币、数字藏品等领域加快探索文创产品开发,在丰富呈现形式的同时充分利用博物馆等资源,让更多专业过硬的设计师、策展人等文化人士参与到文创产品的设计、制造、销售等过程中,不断迭代产品和服务,来满足市场的实际需求和潜在需求,进一步激发文化创新创造活力。

二、博物馆文创产品设计

近年来,博物馆等文化事业单位依托馆藏资源开发各种文创产品,在推动中华优秀传统文化创造性转化、创新性发展的同时,满足着人们高品质的文化消费需求。博物馆文创产品从本质上来看,仍然是一件用于交换与流通的商品。无数对博物馆、传统文化感兴趣的人,组成了博物馆文创产品庞大的潜在消费群体。如今,博物馆的文化需求全面升级,逐步朝虚拟化、年轻化、时尚化方向发展,借助创意手段,赋予博物馆文物全新的表达方式,文物与公众的距离不再遥远,而成为贴近公众的可观、可感之物。

(一)博物馆文创产品开发设计的必要性

1. 传播弘扬传统文化

博物馆通过深入挖掘丰富文化资源,设计出传统文化元素突出、符合时代审美、贴近观众实际需求的文化创意产品,并将文物背后的文化魅力、人文情怀和艺术神韵播种到社会公众心中,滋养当代中国人的精神世界,提振当代中国人的精神力量。同时,文创产品也是面向世界发出中国声音、讲好中国故事的有效渠道。2023年7月,"中国百家博物馆2023文创产品展览会"在大连旅顺太阳沟启幕。本次展览会以"文博赋能 文创未来"为主题,汇聚了全国110家博物馆的最新文创产品。通过实物展示、视频展播、数字化等形式,展览生动地呈现了文化资源、旅游资源与创意设计产品的有机结合,同时也有力地推动了中华优秀传统文化的传播弘扬。

2. 缓解资金短缺,促进博物馆发展

文创产品经营所得可以有效提升博物馆自身的造血能力,为博物馆公益事业健康可持续发展提供资金补充。目前大多数国有博物馆的运行经费仍然主要依赖政府拨款,来源单一,增量非常有限,难以满足长远发展的需要。面对资金困境,博物馆开发销售文创产品能获得一定的经济收益,对于解决事业发展资金困境、减轻对财政拨款的依赖具有现实意义。

在文创产业方面起步较早的台北故宫博物院尤为注重授权行销,2019 年的授权及销售收入达5.7 亿新台币,文创产品已成为台北故宫博物院的重要收入来源。北京故宫博物院 2018 年文创产品收入超过 15 亿元。放眼世界知名博物馆,文创收入是博物馆资金来源的一大支柱,我国博物馆文创产品的市场前景可期,对博物馆资金来源的贡献率有待进一步提升。

3.促进博物馆形象的提升,更好服务社会

博物馆拥有博大精深的文化文物资源,但如果这些文化文物资源只是以静态陈列的方式保存和传承,它终究只是躺在博物馆里的冰冷文物,离现实社会的距离会越来越远。只有当文化与创意联姻,经典与时尚相遇,这样的文化遗产才是活态传承的,才是有生命力的。翠玉白菜是台北故宫博物院的镇院之宝,因其太名贵,所以人们只能隔着防护玻璃远远地观赏它而不能亲近它。可是,当经典遇见创意,翠玉白菜系列的雨伞、台灯、挖耳勺、笔筒等文创产品如雨后春笋,生机勃发,翠玉白菜以及所承载的文化内涵已经以另外一种方式真实地存在于我们的生活里,并促进着社会多元文化认知的发展。博物馆的形象可以通过文创产品设计得到体现,这些文创产品对于博物馆各类藏品可以视作一个生命的延续,是普通公众与博物馆馆藏品之间的重要情感连接纽带,博物馆服务社会的功能也可以通过文创产品的提供有效展现出来。

(二)博物馆文创的发展历程

第一阶段:发展初期,为了满足文物爱好者的收藏需求和普通游客的旅游纪念需求,博物馆主要以馆藏珍品的仿制品、复制品、明信片、邮票等为主,大部分产品是对博物馆文化元素的简单复制,并没有过多加入创意元素。这种文创产品更像是旅游纪念品。

第二阶段:随着公众消费需求的攀升,博物馆文创开始逐步加入文化元素和创意元素,更加注重文创产品的美观性和实用性。这一阶段,创意成为产品的主要卖点。在这个阶段,最开始广泛引起公众关注的是 2013 年台北故宫博物院推出的"朕知道了"胶带,类似的还有各种便签、帆布包、冰箱贴、笔记本等具有亲民价格和使用价值的商品纷纷涌现。这个阶段博物馆文创产品的同质化较为严重,各大博物馆纷纷推出图案不同但是商品属性和使用价值等基本相同的同类文创产品。在这一阶段还有一部分是走卖萌路线的文创产品,将可爱呆萌的形象与庄严肃穆的历史巧妙结合,形成巨大的形象反差,吸引消费者眼球。如故宫文创推出康熙、雍正、乾隆等帝王"萌萌哒"造型,以可爱的形象和亲民的价格广泛吸引了消费者。

第三阶段:博物馆文创进入"大文创"时代,更加注重创意元素与文化元素的深度融合,注重文创产品与其他业态的跨界融合。博物馆以无形文化产品为主,不断更新博物馆文创的内涵与外延,开拓文创市场的蓝海。如国家博物馆的《红楼梦》文化展,国博饮食文化中心以《怡红夜宴图》为灵感,设计了以宝钗、黛玉等八位女子为原型的八枚口味不同的果子,八枚各是八朵花型,令人赏心悦目,唇齿留香。此外,在这一阶段,博物馆还广泛寻求与其他行业进行创意融合,将博物馆文化元素与综艺节目、历史故事等相融合,打造出具有立体效果的文创产品。例如,2018 年底,故宫推出了一档大型综艺节目《上新了,故宫》。节目中,众多影视艺人与故宫专家携手,通过九期节目共同打造了畅心睡衣、日出而作日晷计时器等九件文创新品。该节目将故宫元素的表演、文物专家的科普和传奇历史故事串联起来,为文创产品赋予了深厚的情怀与独特的故事,使其成为自带流量的网红产品,迅速吸引了消费者的广泛关注。

(三)博物馆文创产品开发设计的经典案例

1. 故宫文创

故宫博物院年接待游客数量高达千万数量级,其知名度和影响力在国内博物馆中是首屈一指的。为了更好地保护文化遗产,故宫博物院对游客是限流的,而文创产品则很好地扩大了故宫博物院的文化传播广度。同时,由于故宫文创产品在传统文化、现代风貌与工艺设计方面的完美结合,又为现代文创产品的设计提供了很好的参考。

1)故宫文创产品设计的原则

(1)实用性。故宫文创产品在设计的过程中,始终秉承实用性的原则,因此受到了公众的广泛青睐。比如,"故宫文具""故宫金桂浮月马克杯""故宫一次性口罩""故宫松竹梅食具""故宫紫禁乾坤笔记本""故宫金羽漫香香氛"等,都是日常生活中常用的产品,实用性强,使用价值突出,同时又具有宫廷文化特色,能很好地传播传统文化(见图 3 - 1)。

图 3 - 1　故宫文具

(2)创新性。故宫文创产品在创新性上一直是比较突出的。早在 2013 年,北京故宫面向社会公开征集文化产品创意,举办了以"把故宫文化带回家"为主题的文创设计大赛,并且不断推陈出新,在传统文化中融入时尚元素和科技元素,为文创产品注入了生机和活力,吸引了众多受众的眼球。

(3)特色性。随着各大博物馆争相推出文创产品,许多文创产品出现了千篇一律、同质化的问题,缺乏特色是文创设计的瓶颈,是影响文创设计发展的重要因素。故宫文创产品设计广泛选取故宫博物院的特色文化符号与文化内涵,将其渗透到工艺品中,赋予工艺品以文化特色,同时又结合了时下最流行的时尚元素,大大刺激了消费者的购买欲。

2)故宫文创产品的产品元素与产品类型

故宫文创产品的元素主要涵盖了宫廷元素、书画元素、建筑元素和吉祥元素等。

（1）宫廷元素。紫禁城给人一种高高在上、距离民众生活遥远的感觉，这种陌生化的心理又催生了公众渴望走近它、了解它的心理需求。故宫文创产品恰恰符合了人们的这种心理需求，其在文创产品设计过程中巧妙运用了很多宫廷元素，使故宫文化走向了普通公众生活。比如，故宫文创产品"千岁杯"，产品设计灵感来源于故宫博物院珍藏的清朝点翠嵌珠后妃朝冠，以现代的设计手法，巧妙地将朝冠设计为杯盖，而杯身则有着女子面部的轮廓。该产品将宫廷冠服礼仪与现代生活巧妙结合，既有趣，又具有浓郁的宫廷风。

（2）书画元素。故宫博物院珍藏的许多书法画作也成为文创产品的设计元素。比如"千里江山镇纸"的设计灵感来源于故宫博物院藏《千里江山图》，磅礴大气，配色经典高雅，将故宫中的书画作品展现给大众，拉近了大众与故宫文物之间的距离。

（3）建筑元素。建筑元素也是故宫文创设计中常用的元素。比如，"我在故宫看脊兽"系列明信片，产品设计灵感来源于故宫的脊兽，在明信片的背面还附带了故宫脊兽的相关介绍（见图3-2）。

图3-2　故宫明信片

（4）吉祥元素。在故宫文创产品的设计中，还会选择各种吉祥元素，如吉祥文字、吉祥图案等。故宫的文创产品"九环银佩丝巾"的设计灵感来自故宫博物院馆藏的银锁，丝巾选用了银锁、祥云等吉祥图案，寓意了吉祥与美好。

3）故宫文创产品对现代文创产品设计的启示

第一，应充分运用并把握优秀的传统文化。中华优秀传统文化历史悠久，在几千年的历史长河中熠熠生辉。传统文化不仅是值得传承和弘扬的经典，也是设计领域的文化根基和源泉。立足传统文化、运用传统文化、把握传统文化，能够为文创产品设计提供更多的创意与灵魂。故宫文创产品充分运用并把握了优秀的传统文化，在其中蕴含着丰富的宫廷元素、传统书画元素、吉祥图案元素以及传统建筑元素等，这些都是非常优秀的传统文化，符合中华民族的审美习惯。因此，在文创产品的设计过程中，应该对传统文化有一个更深入的认识和了解，要为产品注入传统文化的精髓，使产品更具文化底蕴。

第二，应体现审美性、文化性与实用性、功能性的统一。优秀的文创产品不能仅仅具有审美性、文化性，而忽略了实用性、功能性。只有四者统一，才能算得上是优秀的文创产品。为此,在设计的过程中应该充分提取传统文化元素,选择符合当代人审美的元素,进行提取、简化、拆解等,使其适应当代人的使用需求,从而更有效地实现优秀文化精神的传承与文创产品的打造。举例来说,故宫的荷包口红以故宫博物院藏品荷包为灵感,设计了玛瑙红、宝石红、珊瑚红、琥珀橘、豇豆红、琉璃紫这六种颜色,不同的颜色选用不同的吉祥图案,象征着"福、禄、寿、喜、财、吉"的美好寓意。而且这款产品的包装设计十分小巧典雅,古色古香,携带便捷。在设计的过程中,严格把控口红成分,确保不含孕妇慎用的成分,让消费者可以放心使用。

第三,丰富创意元素,扩大灵感来源。文创产品最忌讳的就是单一的创意来源,会使受众产生审美疲劳。故宫文创产品的创意元素有很多,比如建筑元素、吉祥元素、书画元素、宫廷元素等,而且故宫的文创产品种类非常丰富,灵感来源也是非常广泛的,就水杯这一种文创产品来说,就有很多不同的创意元素和灵感来源。如故宫文创福禄寿杯,将蝠、鹿、鹤三种吉祥动物图案进行全新的设计,饱含传统文化意蕴,传递出"福、禄、寿"的美好寓意。又如故宫宫廷随行杯,故宫资深的文创设计师分别选取了故宫博物院的9款文物、图案、景色附着在杯身上。此外,还有取材于《海错图》的"海错杯",取材于同治款黄地粉彩兰花纹的"玉瓷单杯·蝶恋幽兰",取材于乾隆御笔"福"字的"乾隆御笔福至杯",取材于故宫博物院藏的清朝点翠嵌珠后妃朝冠的"千岁杯"……丰富的创意元素,使文创产品更加多元,更加多样。

第四,充分考虑并满足公众的需求。《故宫文创记》中明确梳理了故宫博物院文化创意产品研发的十项原则,其中第一点就是"以社会公众需求为导向",还包括"以服务广大观众为宗旨"。可见,受众的需求是不得不考虑的重要因素。文创产品的受众是社会大众,因此在文创产品的设计过程中,必须要充分考虑受众群体客观、实际的需求,尤其是要考虑现代年轻人的需求,要迎合现代年轻人不同的审美趣味和文化需求。比如,故宫"荷包口红"设计了三种质地、六种颜色,能够更好地满足女性消费群体的使用需求。

第五,打造文创产品独特的品牌特色。当前,很多文创产品设计中存在的最大问题就是"千篇一律""千人一面",无法找到属于自己的特色,更无法打造自己独特的品牌,从而导致很多文创产品无法被人记住。其实,品牌本身就是一种无形的力量,能够通过品牌打造出自身的核心观众群体和核心文创产品开发群体,从而促进文创产品开发本身的发展。因此,对文创产品来说,必须要打造属于自己独特的品牌特色。故宫文创就具有很强的独特性,因为其以藏品研究成果为基础,文创产品的设计灵感都来自不同的藏品,这对故宫文创来说是独一无二的,因此也是很容易形成自身的品牌与口碑。

小资料

故宫文创开发"十大秘笈"

2016 年 6 月,在文化部关于推动文化创意产品开发工作新闻发布会上,前故宫博物院院长单霁翔公布了故宫文创的"十大秘笈"。

一是以社会公众需求为导向,研究人们的生活,做一些实用性强的东西。比如故宫元素手机壳每个月都有新产品,研发了几百种。又如电脑包、鼠标垫、U盘、女孩子喜欢的特色笔记本、纸胶带、钛金眼镜、香皂盒、筷子、云起如意领带、真丝被、棉被等,这些文创产品都能融入生活。

二是以藏品研究成果为基础,合理提取关联文化元素。故宫有180余万件(套)文物藏品,都是过去时代工匠精神的体现。比如"海水江崖"系列产品提取自寓意"社稷永固、江山一统"的织绣龙袍;"动意盎然"系列领带设计元素源自郎世宁绘画《弘历射猎图像轴》中飞奔的白色骏马。

三是以文化创意研发为支撑,一方面力求把握传统文化脉络,另一方面注重探索现代表达方式。比如故宫娃娃系列越做越多,卡通手机壳、学生卡通书签、曲别针式书签、钥匙扣。以紫禁城内生活的野猫为创意的"故宫猫"系列,2015年销售量很大。还有藻井做在伞上,撑起伞就像在太和殿藻井下面,打雷都不怕。

四是以文化产品质量为前提,带着博物馆的尊严进入市场。样品打样常规在四五次以上,往往每件产品都需历经数月磨合才得出品。"五福五代堂"紫砂壶是根据五个皇帝喜欢的五把紫砂壶研发的,作为国礼来使用。作为国礼的,还有《清明上河图》《千里江山图》文创产品。此外,故宫娃娃、朝珠耳机都获得了博物馆文创的奖项。

五是以科学技术手段为引领。2015年,故宫把英文网站做得更加强大,把青少年网站做得更加活泼,把全部藏品简目对社会公布。目前,自主研发并上线了8款应用产品,平均下载量上百万。例如韩熙载夜宴图App能够把古代书画立体起来,对人物角色进行了深度刻画,还可以听到当年的琴声,看到当年的舞姿;2015年年底端门城楼开放,并设计成了数字博物馆;"数字书法"临摹《兰亭序》,可以打分;"数字绘画"根据每一个鸟的叫声进行复原,点击它鸟就活了,可以蹦蹦跳跳,还能进一步点击研究鸟的羽毛。

六是以营销环境改善为保障。重视文创产品研发和市场营销,但不能商业化,特别是对古建筑环境和古建筑保护有害的临时建筑要全部拆除。御花园内的食品经营撤出了,在附近重新安排了更加舒适的用餐环境。把神武门内东长房全部重新规划设计,过去的故宫商店变成了今天的文化创意体验馆。

七是以举办展览活动为契机。人们看完展览,兴奋之余还希望把展览内容带回家,于是故宫每次都研发一些跟展览主题吻合的文创产品。比如2015年《石渠宝笈特展》,研发了屏风、刻船模型、扇子、漆盒,还有高仿书画小手卷。2016年准备的印度展,已经研发了60多种文创产品,比如长巾、妈咪包、非礼勿言手机支架、莲花杯盘、智慧灯具等。

八是以开拓创新机制为依托。由院内相关部门提出文化创意产品的设计方向及设计要求,与合作单位共同完成产品创意的实现,并在合作中加强与合作单位的沟通和引导。对合作经营单位的选择有严格的要求,制定了严格的准入程序,如对资质、经验、规模、研发能力、成本控制能力等皆有要求。目前为故宫提供文创设计和加工的企业达60余家。

　　九是以服务广大观众为宗旨。正在建设新的西区观众服务中心，开放以后198位观众可以同时在室内进餐。神武门外正在筹备两条文化长廊，实现不进紫禁城、不买门票也可以享受故宫的文创产品文化。App相关终端设计不断拓展，包括故宫淘宝、故宫微店、故宫商城，通过网络技术使人们便捷地找到故宫文创产品。

　　十是以弘扬中华优秀传统文化为目的。2015年故宫文化教育活动28000多次，大量教育进入小学、中学、大学以及社区，也让更多孩子来到故宫。2016年5月18日国际博物馆日，很多孩子在故宫里参加知识讲堂系列活动，可以手绘龙袍、画盘子、做皇帝的新衣、结彩、包粽子。让中国孩子玩中国的玩具，故宫开发布老虎系列、陀螺系列、拨浪鼓系列、风车系列、沙包系列，每次文创产品都反馈观众意见，根据他们的喜好不断改进。还有，2016年皇家加勒比国际邮轮和故宫签约了，未来希望故宫文创进入所有邮轮。

　　2. 敦煌文创

　　作为古丝绸之路重镇，"敦煌"二字在全国乃至世界，不仅是一个地理名词，也是一张具有广泛影响的文化名片。经过两千多年的积淀，敦煌文化成为各种文明长期交流融汇的结晶。特别是敦煌莫高窟藏经洞文物被发现以来，风靡全球、长盛不衰的"敦煌学"，成为丝绸之路上最负盛名的国际学术宝库。敦煌文化元素以独特魅力吸引全球目光，如今，敦煌文创又让敦煌文化遗产历久弥新，以更鲜活的姿态走向大众。

　　1）科技赋能线上体验

　　如果说一般的博物馆开发文创产品都是为了借由载体传播文化，让文化融入人们的生活中，那敦煌研究院文创产品的开发就是为了原汁原味地将世界文化瑰宝"永久保存、永续利用"。由于馆藏展品的特殊性，就算游客到了敦煌研究院也不能看到所有的洞窟和壁画。但是，为了让更多的人看到敦煌的每一卷、每一幅独一无二的壁画，敦煌研究院经过二十余年的数字开发，已经完成150个洞窟的数字化采集，120个洞窟的结构扫描，60多个洞窟整窟数字化处理，以及110个360度虚拟漫游全景节目等（见图3-3）。

图3-3　敦煌莫高窟数字体验

　　国家文物局指导，敦煌研究院与腾讯联合打造的全球首个超时空参与式博物馆"数字藏经洞"已于2023年正式上线。"数字藏经洞"可让用户近距离观赏洞窟里的壁画、彩塑和碑文等细节，仿佛身临其境。为还原莫高窟1600米外崖面原貌，以及毫米级高精度复刻莫高窟"三层楼"与第16窟、17窟,"数字藏经洞"通过数字照扫、三维建模技术,渲染了超过3万张图像,生成了9亿个超拟真数字模型。与此同时,小程序用户还可以通过人物角色扮演,"穿越"到4个不同时段,与洪辩法师等8位历史人物互动,"亲历"藏经洞的前世今生。伴随琵琶、筚篥、鼓等传统乐器演奏的旋律,用户将在故事化的互动中了解敦煌学知识,逐步揭开藏经洞出土文献的面纱,并最终进入数字展厅,参观现藏于敦煌研究院和法国国家图书馆、大英图书馆等机构的藏经洞出土文物。

2)丰富空间、沉浸感知

在距离莫高窟10多公里的莫高镇新墩村,有一个"莫高里工匠村",集敦煌文化讲堂、壁画书法研习、美术设计、彩塑制作教学、篆刻艺术、传统酿酒体验、农业生产体验等多种功能于一体。走进这个工匠村,大家可以通过工匠、工种、工法及莫高窟典型洞窟复制等古老非遗文化的多维展示,看到莫高窟泥塑的创造情景与技艺奥秘,还能现场动手体验彩塑艺术从扎骨架、泥塑到上色的全过程。随着莫高里工匠村日益成熟,有越来越多的研学团队在此沉浸式体验敦煌文化魅力。

敦煌文化以及丝绸之路西段的发展历程有许多以壁画、经卷、佛教、西域文化为元素的故事。而在众多的故事中,令人最想探究的是敦煌莫高窟的形成和发展过程,以及它掩埋在黄沙中百年后又是如何被发现的,而这是一个有着一千多年历史的故事。这个故事通过情境融入式演出——《又见敦煌》得以重新展现,成为一种无形的文创产品。

3)创意活化"带走"敦煌

木版画、骆驼玩偶、夜光杯,曾是游客在敦煌选择的"老三样"旅游纪念品。如今,走进敦煌市区的文创产品旗舰店,产品不仅种类繁多,设计创意也十分精巧。设计师将古老的敦煌文化与现代生活相结合,开发设计成一件件富有敦煌文化特色的文创产品,成为让游客能"带走"的敦煌。目前在敦煌市已逐步形成敦煌工美文创公司、甘肃丝路手信、敦煌书画院等多家文创企业竞相发展的格局,开发出四千余款敦煌文创产品。其中,敦煌工美文创公司自2016年成立至今,已开发设计出乐舞飞天、文墨玉关、一鹿有你、沙海灵驼等50个主题,3000余款敦煌文创产品,累计注册商标326件,获得外观专利200余件,成为敦煌市文旅、文创、文教、文娱乃至艺术创作等方面的翘楚。

为更好地拉近与年轻人的距离,敦煌研究院还广泛拓展合作领域。以游戏为例,敦煌研究院与爆款游戏"王者荣耀"四次合作,先后推出了四款敦煌系列皮肤,高度还原了敦煌莫高窟文化,细节和技能特效都十分精良,有效推动了敦煌文化的传播与弘扬。游戏玩家们对这四款皮肤评价很高,认为官方用心良苦。其中2018年敦煌研究院首次与王者荣耀的官方进行合作,共同设计并推出一款杨玉环的皮肤"遇见飞天"(见图3-4),这款皮肤是由敦煌研究院人员亲自进行模型指导,并且官方以三周年限定免费赠送给玩家们的一款皮肤,旨在能够为敦煌莫高窟文化进行宣传,让更多的人了解和认识敦煌莫高窟文化。其后又分别以敦煌莫高窟中的仙女反抱琵琶造型、《鹿王本生图》中的"九色鹿"造型、吕布遇见神鼓造型等为蓝本进行了"王者荣耀"游戏皮肤的设计和推广,在吸引年轻受众的同时,也有效推动了敦煌文化在年轻群体中的认可和接受。

图3-4　"遇见飞天"王者荣耀游戏皮肤

三、IP 引导的文创产品设计

文化 IP 是指具有文化价值、市场价值且可继承的文化产品、文化现象、文化形象及相关的知识产权。它通过资产化、商品化的方式,借助品牌、角色、故事情节等元素,将文化产品赋予商业化的属性,成为现代商业文化的一个重要组成部分。文化 IP 作为知识产权的一种,具有独立的价值和特征,能够将文化与商业有机结合,利用文化元素作为营销手段和盈利方式。此外,文化 IP 还可以跨越时间、空间和文化背景的限制,具有广泛的传播和吸引力,能够在不同领域、不同平台上进行多元化开发。

(一)由 IP 引导的文创产品设计

由 IP 引导的文创产品设计,是指基于某个具有强大影响力和市场价值的知识产权(IP),通过创新的方式将文化、艺术、科技等元素融入产品中,创造出具有独特文化内涵和艺术价值的新产品。这种设计方式不仅有助于满足消费者的精神需求,还能进一步推广和扩大 IP 的影响力。在文创产品设计过程中,IP 的选择至关重要。成功的 IP 通常具有广泛的知名度、深厚的文化背景和强大的粉丝基础。设计师需要深入了解 IP 的核心价值和特点,从中提取出能够代表其文化精髓的元素,并将其巧妙地融入文创产品中。具体来说,设计师可以从 IP 的角色、场景、故事情节等方面汲取灵感,将其转化为产品的外观、功能或互动体验等。例如在角色设计方面,设计师可以借鉴 IP 中的经典角色形象,将其应用到产品的外观设计或装饰图案中;在场景设计方面,设计师可以提取 IP 中的特色场景元素,通过色彩、材质等手法在产品中重现;在故事情节设计方面,设计师可以运用叙事手法,将 IP 的故事情节融入产品的使用过程或互动体验中,消费者在使用产品的同时能够感受到 IP 的魅力。

由 IP 引导的文创产品设计是一种富有创意和挑战性的设计方式。通过深入挖掘 IP 的价值和特点,并将其巧妙地融入产品中,设计师能够创造出具有独特文化内涵和艺术价值的新产品,满足消费者的精神需求,从而进一步推广和扩大 IP 的影响力。

(二)IP 文创产品设计经典案例

唐妞是陕西非常火爆的博物馆 IP 形象。2015 年,陕西省历史博物馆与西安桥合动漫科技有限公司合作设计了名为"唐妞"的 IP 形象,这个出生在博物馆里的唐朝胖姑娘自诞生之日起便圈粉无数。唐妞由漫画家乔乔以陕西历史博物馆文物唐代三彩女立俑为原型,以西安十三朝古都的历史文化为底蕴,将盛唐文化和动漫二次元进行结合,通过中国水墨手法打造出的极具传统文化内涵的民族动漫 IP 形象。

唐妞以其自身的历史文化 IP 优势,还推出了各类文创产品及伴手礼,其中唐妞公仔、团扇、抱枕等产品颇受好评。有别于市场上其他的卡通人物和其他动漫 IP,唐妞以历史情感为切入点进入动漫市场,用现代的方式讲述唐文化和历史故事,让古老的文明再现青春活力,重塑中国人文精神和民族自信。唐妞作为来自唐朝的"潮女子",也走在潮流的前沿。唐妞的形象不仅由公仔、抱枕、团扇、手机壳、冰箱贴、钥匙链等各种文创产品传播至寻常百姓家,还通过与西安地铁、奈雪的茶、支付宝口碑、滴滴、娃哈哈、中国邮政、雀巢等进行联名合作,给明星定制唐妞漫画等方式使其影响力逐步扩大(见图 3 - 5)。

图 3 - 5　唐妞 IP 形象

目前,唐妞是国内知名度和影响力较高的文化 IP,但要想保持长久的竞争力,还需挖掘自身潜力。唐妞的形象已经深入人心了,但唐妞背后的故事以及传统文化,却有待于进一步传播。设计团队进一步从以下三个方面着手,努力推动唐妞 IP 形象持续保持竞争力。

(1)创作趣味唐史《唐妞驾到》系列漫画。故事围绕现代漫画家二乔和来自唐朝的姑娘唐妞展开,以幽默诙谐的人物对话方式讲述唐朝的人、事和生活。令人惊喜的是,作者在流行的动漫元素基础上保留了中国传统的水墨美感,读者在学习唐朝历史的过程中能感受到中国式漫画的魅力。

(2)以核心产品为中心,开发多元产品。此前,唐妞的产品还属于基础系列,线下只在陕西历史博物馆售卖,还没有开设独立旗舰店。就像全聚德早已不是人们印象中的

"卖烤鸭的"，全聚德以他们的核心产品——烤鸭为中心，开发了一系列相关产品。如今我们看到的产品线中包括酱鸭、熏鸭、卤鸭掌、咸鸭蛋等一系列鸭产品，甚至包括绿豆糕、蛋黄酥等传统糕点。这种产品开发模式值得唐妞借鉴，应努力开发多元化系列产品。

（3）与西安本土的品牌合作。唐妞此前联名的品牌基本都是知名大牌，与西安本土品牌合作甚少。唐妞出生于西安，代表的唐文化也是西安的专属，通过加强与西安本土品牌合作，共同从西安走出去，加深自己的西安城市代表属性，更有利于形成独特优势。

（三）IP 文创产品设计的策略建议

新文创的消费空间和潜力非常巨大，吸引很多地方企业纷纷做起了文创的生意，但同时也暴露出了急功近利、产品差强人意等问题，长此以往，将会消耗消费者积累的认同感，大众对于文创积累的信心会被消减，新文创的生态循环也将会被破坏。此外，全民版权保护意识需要快速提升。新文创时代，对知识产权的保护仍需要各方的共同努力，侵权成本过低、版权意识淡薄，复制、抄袭现象已屡见不鲜，当某一 IP 成为爆款后，大量同质化 IP 迅速模仿，这对 IP 的创作积极性产生毁灭性打击。因此，文创 IP 相关知识产权保护仍有待进一步加强。

（1）关注 IP 承载的文化价值和传递的价值观。比如"胖脸吉祥"这一 IP 成功进入大众的视野并受到许多官媒的关注，源于其"以胖为美"的文化内核。这些从古画中走出来的胖胖的小侍女，借用唐朝古文化说出了现代女性对于独立和自信的追求，美可以有各种各样的，胖、瘦都可以很美，唯有自信才是最美的。大众接受了这种价值观，才会与 IP 产生更深的情感连接，后续 IP 中的文化价值才能更好地转换成商业价值。从 IP 出发，到宣传营销，再到授权合作，形成一种良性循环，这也是"胖脸吉祥"文创产品颇受欢迎的原因之一。

（2）多方跨界合作，连接多元主体。比如"熊猫滚阿滚"IP 就以可爱的熊猫形象赢得了很多品牌的喜爱，KFC、戴森、ZIPPO、沃尔沃、Jeep 等都与之达成过 IP 授权上的合作，贴合品牌内涵的形象和文化也让品牌多了一层潮流文化的滤镜。此外，新文创还强调要从内容升级为体验升级，而体验就是"内容 + 形式"，不但要有好的内容，而且要有好的形式。"熊猫滚阿滚"在香港 APM 商场登陆的"快乐开箱互动装置艺术展"就体现了观看"体验"的一种升级。利用科技的力量，艺术更加平民化和潮流化，是大众所期待的一种新文创场景之一。

（3）坚持长线战略，打造精品 IP。精品 IP 的培养和塑造一直以来都是一个长线的过程，前期需要投入大量的精力，但收入甚微。在这种情况下，对打造 IP 要多些耐心，在一开始就要预想到这样一个过程，与粉丝一同去成长。鹿想旗下的"敦煌境"系列 IP 的诞生过程，就是在同粉丝的一起成长中自然诞生的。起初，"胖脸吉祥"IP 被大家认可后，作者"焦响乐"对敦煌文化非常喜欢，就设计了一个玩游戏的小飞天，将传统的敦煌飞天壁画结合了现代年轻潮流元素，结果非常受年轻粉丝的欢迎。之后，在与粉丝的长期互动中，从圆脸小飞天形象发展到大飞天形象，粉丝对飞天形象和敦煌文化的接受度也越来越高。因此,可以说是作者和粉丝一起成长,共同打造出了美轮美奂、时尚潮流的敦煌精品 IP。

四、旅游景区文创产品设计

近年来,随着文旅融合的深入发展,旅游景区文创产品面临着巨大的发展空间,成为传承历史文脉、凸显景区特色的重要方式。景区文创产品作为游客二次消费的重要渠道,不但是景区营收增长的重要方式,也是提升景区整体品牌、价值和口碑的有效方式。优秀的旅游景区文创产品是培育旅游消费新热点,打造旅游消费新领域,传播旅游景区形象和文化内涵的重要途径。

旅游景区文创产品是指游客在旅游过程中可购买的体现该旅游目的地文化特色及意义的产品。这类产品可以借助生活中常见的物品体现该目的地独特性文化,如土特产礼品、手工艺品等。景区文创产品设计的核心是文化,可选风景、特产、文物、古迹、名人、名作等多样化的题材,借助创意创新赋予其内涵和新的灵魂。旅游景区文创产品同时要注意符合地域文化特征,让人能够通过产品色彩、造型等在视觉上就能直观联想到产品所代表的景区、地域及文化特色。旅游景区文创产品常见的类型有以下几种:

(1)日常生活用品类:凭借创意赋予日常生活中不起眼的普通物件以文化内涵,使其变得生动且有趣味性,如文具用品类、物品包装类、玩具类、伴手礼品等。此类旅游文创产品成本较低,价格亲民,方便携带,因此深受游客的青睐。

(2)工艺美术品类:对地方自然资源和文化艺术资源等进行复制和再现,它所反映的是当地的人文精神,是传承地域文化的重要媒介。常见的比如家居摆件、文物复制品等,多被用来装饰和美化家居环境,从而增添家居美感,体现主人的品位,具有较高的艺术欣赏价值。

(3)印刷资料类:常以画册、绘本、明信片、创意记事本等形式出现,是一种比较直观的文化传播载体,能让游客迅速获得相关文化资源信息,如目的地概况以及旅游建议等。

然而,随着旅游景区文创产品迅速发展,景区文创产品同质化问题也引发了不少担忧。2022 年,《中国青年报》的一份调查数据显示,53.6% 的受访青年觉得文创产品存在同质化问题。不少网友吐槽"各地纪念品长得都一样","文创最缺的就是'创'","有的文创是同一张脸,有的文创只是换了一张脸",等等。以文创雪糕为例,当年横空出世,的确圈了一大波"粉丝",不仅在网上引发刷屏,还吸引了广大游客到景区拍照打卡。然而,随着文创雪糕席卷各大景区,游客逐渐发现,雪糕只是变个形状,价格却翻了几倍,他们的态度也开始从追捧、盛赞转向吐槽、不满。如果辗转到相隔百里、千里的不同景区,看到的都是相似的文创产品,游客的满足感势必会大打折扣。从长远看,开发有创意和文化特色的文创产品,将会有效提升景区的核心竞争力。如今,游客更多地愿意为优质文创产品买单,为自己留一份文化记忆,把景区文化、博物馆文化带回家,或为亲朋好友带一份别样的礼物。

旅游景区文创产品设计需要注意以下要点:

1. 统筹安排，多部门协同

目前普遍存在一种错误的观念，就是将旅游景区文创产品简单归纳为单一部门、单一设计环节，这是导致景区文创产品设计不够深入、不够全面的重要原因。旅游景区文创产品开发的关键在于景区多部门协作，从景区的角度必须要充分调动景区的人力、物力、财力、营销等资源，为游客提供立体化的游览体验、情感体验，从而实现文化创意产品的创意转化。旅游景区文创产品的创意创新、文化变现、产品附加价值提升、产业链延伸等并非某一部门的任务，而应由景区统筹安排，实现跨部门整合协作、共同发力，才能实现文化新造、技术创新、营销模式创新、经营管理系统创新等。

2. 以游客为中心，以需求为导向

旅游景区文创产品开发的目的在于销售，应以游客为中心，以现实需求为导向。旅游购物市场形势在变，消费者群体也在变，而景区文创产品却一成不变，这是导致旅游景区文创产品滞销的关键因素。目前很多景区以销售传统工艺品为主，这些商品脱离了现代人的生活，千篇一律、陈旧刻板的设计形式难以让主流消费人群买单。这些商品只能将其定义为旅游纪念品，而非真正意义的旅游景区文创产品。旅游景区文创产品的开发设计最终还是要回归游客潜在需求，只有将产品与游客的潜在需求巧妙结合，开发设计出创意性强、实用性强的文化创意产品，满足游客潜在消费需求，这样的文化创意产品才能畅销。

3. 构建专属品牌形象系统

品牌是旅游景区文创产品发展的重大优势，品牌力是旅游景区文创产品的核心竞争力。没有品牌的旅游景区文创产品，产品的附加价值低，增值空间小，加上国内景区旅游购物市场不规范，大大降低了游客对品牌的信誉度。所以要提高品牌认知度，重塑良好的购物市场，旅游景区须构建系统化的旅游文化创意产品品牌，以品牌的力量推动市场规范化、诚信化，同时为游客提供景区官方指定的旅游景区文创产品销售渠道。

4. 文化 IP 重塑及孵化

"得 IP 者得天下"，旅游景区文化创意产品开发同样如此。在产品开发过程中应避免传统的多主题、全品类模式，小而美才是发展之道。从游客消费的心理角度来看，最希望买到的往往是景区最具地域文化特色并且其他景区无法购买的商品。品种越多、主题越多意味着越缺乏特色，所以景区旅游文化创意产品的开发须回归最核心的文化元素，这些文化元素需要具备广泛的认知度及一定的差异性，然后在此基础上进行景区的文化 IP 重塑。IP 重塑之后再逐步开发具有知识产权的多元化内容矩阵，从旅游景区角度来说，应有效利用 IP 元素进行文创衍生品系列开发，同时进行景区产品开发、景区游线开发、景区品牌重塑、景区住宿等，实现从单一到多元的过程，让 IP 真正意义上植入景区的相关经营领域。

5. 产品为王，单品引爆

产品为王是不变的丛林法则，旅游景区文创产品开发同样如此。部分景区面临着不知道如何提取文化元素的问题，面对已有的文化元素，不知如何与社会时尚的审美趣味同步,而等文创产品开发后,又没有后续的市场反馈和再升级,无法形成有影响力的文创产品系列。好的旅游景区文创产品须兼备以下特性:文化性、故事性、趣味性、创新性、实用性。旅游景区文创产品开始推出时,应先围绕景区核心的 IP 内容规划推出系列爆款产品,根据市场反馈再慢慢扩张畅销商品的产品线,一方面积累自主产品的设计经营经验,另一方面借此降低过快发展自主产品产生的成本风险,逐步形成以文化 IP 为核心,创新单品引爆市场,横向延伸产品线的文创产品开发模式。

6. 主题空间,一站体验

旅游景区文创产品销售与传统零售最大区别在于体验式购物特点。旅游景区店铺空间应注重景区文化与文化创意产品的融合,提升游客在精神层面的体验感受,强调游客对景区历史、文化、生活的体验感和参与感,让游客对景区的文化有全面的认识,才能提升游客对文创商品的购买率。国内景区纪念品商店给顾客的体验普遍较差,店铺与景区之间、游客与店铺之间互动太少。考虑到游览体验的整体性,旅游景区的旅游商品店铺空间应集最佳的地段、鲜明的主题性、文化的展示性、游客的参与性、商品的创新性于一体,才能充分调动游客的文化认同、情感认同。

第三节　文创产品创意设计步骤

台湾艺术大学设计学院林荣泰教授提出,文创产品设计基本上是一个将文化特性转换为产品特色的程序,并提出系统性的文创产品创意设计步骤,具体包括创意及设计定位,理解与感知,消费者及使用情境描述,设计规范建立,文化特质及意义的探讨,设计诉求的确立,概念发展、概念整合及构想,阶段性设计评价。在整个设计过程中,需要特别注意的是要将潜在的文化元素与造型意象应用到产品形态上,探讨文化与产品之间的连接关系,将所要转换的文化特质或产品特性以属性脉络的方式建立列表,以及整合设计的关键点后,利用文字或图像描述使其概念视觉化,并发展其概念,赋予适宜的产品造型等。其他学者也结合实践对于文创产品设计步骤进行概括总结,如胡飞扬在《文创产品设计》中将文创产品设计的创作程序概括为设计主题的确定、资料收集与整理、设计定位、设计深入、设计定稿几个步骤;张颖娉等在《文化创意产品设计及案例》中强调文化创意产品设计的基础是文化,设计的核心是创意,讲解了如何通过观、思、绘三个阶段完成文化创意产品的设计;等等。

本书认为,文创产品的创意设计是一个融合了艺术、文化和商业思维的综合性过程,其具体的创意设计步骤可以概括为以下几点。

一、市场调查与市场定位

文创产品设计之前,应首先广泛开展市场调查,了解消费者心理,通过分析目标受众的年龄、性别、兴趣、消费习惯来确保文创产品的设计能满足消费者的需求和期望。其次应进行竞品分析,了解市场上的同类竞争产品的情况,研究类似产品的特点、优点和不足,同时也可以发现市场的空白点和潜在机会。在市场调查的基础上,基于市场分析和目标受众,确定文创产品的独特卖点(USP)和市场定位,以便为后续的文创设计和市场推广提供明确指导。

二、文化元素的深入挖掘

文创产品的基础是文化,所以要深入研究产品相关的文化背景、历史、故事、符号等。文化历史和故事背后往往蕴含着丰富的情感和寓意,文化符号具有特定的意义和象征价值,能够为文创产品设计提供灵感和素材。在对文化进行深入挖掘的基础上,提取文化元素的核心价值和特色,确保设计的文化性和独特性,避免简单地模仿或复制传统元素,要在理解和尊重文化的基础上进行创新和发展。例如以中国传统茶文化为主题的文创产品,可以考虑选择"禅意"和"自然"作为设计的主要元素,结合山水图案和茶诗雕刻,展现茶文化的自然与诗意。

三、创意构思

创意构思是文创产品创意设计的关键一环,在创意构思环节鼓励采取头脑风暴、专家意见等多种方法,推动创意思维的产生。在创意构思过程中应深入了解文创产品相关的文化背景,识别文化中独特的视觉元素、符号和图案,尝试为产品融入一个引人入胜的故事,利用故事来传达文化价值,增强产品的情感连接。同时广泛结合不同领域的元素,如艺术、科技、时尚等,推动文创产品跨界融合。

随后应在多种不同的创意构思方案中进行筛选与组合,筛选出最具潜力和可行性的创意想法。接下来,对这些想法进行进一步的组合和优化,形成更为完整和成熟的设计方案。

四、设计草图与初稿

将创意构思转化为具体的设计草图,可以是手绘或数字草图,目的是将创意以视觉化的形式呈现出来,便于团队成员交流和讨论。在草图的基础上进一步细化设计,形成设计初稿。初稿应该包括产品的形状、颜色、材质、结构等方面的详细设计,同时在初稿阶段需要反复推敲和修改,确保设计的可行性和美观性。

五、用户反馈与迭代

通过线上问卷、线下座谈会邀请目标受众或潜在用户对设计初稿进行反馈和评价,并且用户反馈应涵盖多个方面,如产品的整体设计感、文化元素的呈现、实用性和易用性、价格接受度等。迭代设计是一个持续的过程,设计师应不断收集用户反馈,并根据反馈进行持续改进,直至产品达到预期的设计效果和市场接受度。

六、原型制作与测试

制作产品原型可以是 3D 打印、手工制作或数字模拟。3D 打印适用于结构复杂、需要精确尺寸和形状的文创产品；手工制作适用于结构简单、材料特殊的文创产品；对于以软件或 App 形式呈现的文创产品，可以通过数字模拟来展示产品的界面、交互方式等。

原型测试包括功能测试、用户体验测试等。在测试过程中，需要记录出现的问题和缺陷，并分析其原因，及时提出改进方案并修正原型。

七、品牌塑造与包装设计

设计品牌标识、字体、色彩等视觉元素，塑造独特的品牌形象，增强品牌的辨识度。其中品牌标识是品牌形象的核心元素，它应该简洁、易识别，能够体现产品的独特性和文化内涵。字体和色彩是品牌视觉识别的重要组成部分。字体的选择应该与产品的气质和品牌形象相符，而色彩则需要考虑到目标市场的审美偏好和文化背景。

设计包装，确保产品在视觉上吸引消费者，同时传达产品的文化和价值。在包装设计方面突出文化元素，通过运用传统元素、民族符号等方式将产品的文化内涵巧妙地融入包装设计中，使产品在视觉上更具吸引力。包装设计还需要考虑到消费者的使用体验。包装应该便于携带、开启和使用，同时还要确保产品在运输过程中的安全。此外，在包装设计上还应力求创新和个性化，能够尝试运用新材料、新工艺或新技术创造出独特的包装效果，使文创产品在激烈的市场竞争中脱颖而出。

八、营销推广策略

营销推广可以采取线上线下相结合的方式综合进行。其中线上营销推广可以通过社交媒体推广、电商平台推广、线上广告投放等方式进行；线下营销推广可以采用线下实体店铺推广、展览和活动、跨界合作以及口碑营销等手段，实现全方位、多角度的营销推广。通过不断的实践和优化，不断提高文创产品的知名度和市场占有率。

九、持续改进与优化

在将文创产品推向市场后，应持续收集用户反馈和分析数据，了解文创产品的市场接受度和用户满意度，为文创产品的后续优化提供有力的依据。数据分析有助于制定更加精准的优化策略，更好地满足用户需求，提高文创产品的市场竞争力和用户满意度。

十、版权保护与知识产权管理

文创产品的版权保护与知识产权管理是一个系统工程，需要文创企业从制度、团队、培训等多方面入手，确保自身权益不受侵犯。同时，政府和社会也应加强知识产权保护的宣传和教育，提高全社会的知识产权意识，共同推动文化创意产业的健康发展。在版权保护方面，应提升版权意识，文创产品中的商标、专利等知识产权，应优先申请保护。

应加强版权侵权监测与维权,及时发现并制止侵权行为。对于发现的侵权行为,文创企业应积极采取法律手段,如起诉、申请禁令等,保护自己的合法权益。

小资料

故宫初雪调味罐

"初雪罐"由天猫和故宫食品共同研发,于 2019 年"小雪"节气时发售。"初雪罐"的灵感来源于东晋诗人谢安的咏雪名句:"白雪纷纷何所似? 撒盐空中差可拟。"由于颜值太高,一经发布就引发网友热议,并登上微博热搜,很多网友纷纷留言盼着上新。调料罐一套三个,包括"故宫红墙""太和仙鹤""紫禁瑞狮"三个款式。只要装入食盐或者白糖,就可以呈现出雪落琉璃瓦、雪盖石狮铜鹤的场景。这样颜值与实用性并存的调味罐,试问谁不想拥有? 可以说,"初雪罐"不但创意满分,还贴合了大家想要"进宫看初雪"的情怀(见图 3-6)。

图 3-6　故宫初雪调味罐

第四节　文创产品创意设计案例赏析

一、《千里江山图》系列文创

故宫博物院现藏的《千里江山图》是北宋画家王希孟的"千古绝唱",一向被视为宋代青绿山水画中的巨制杰作,更是中国十大传世名画之一。《千里江山图》布局巧妙,用笔精细,描绘了自然山水的秀丽壮美,"咫尺有千里之趣",设色匀净清丽,于青绿中间以赭色为衬,富有变化和装饰性。

从茶具、丝巾到展览、舞剧,围绕《千里江山图》的文化创意开发,一次次掀起热潮,吸引了人们对《千里江山图》及其背后故事的深入挖掘,引发了人们对传统文化的热情。分析《千里江山图》的文化创新实践,能够探究文物活化的途径,找到文物"活起来"的密码。依托展览研发系列文创产品、图书、数字化产品,进而将挖掘出的文物文化元素不断衍生深化,实现跨界合作开发,能够推动博物馆文化创意开发工作日渐成熟、全面、系统。

(一)推出茶具、折扇、丝巾,青绿山水走进日常生活

2017 年 9 月"千里江山——历代青绿山水画特展"开展时,观众排起长队,只为一睹"千里江山"的风采。展览展厅设在故宫博物院午门正殿和东西雁翅楼,分前后两期,共展出文物 86 件套,以北宋画家王希孟的《千里江山图》为中心,系统梳理、展示了中国历代青绿山水画的发展脉络。

伴随展览的策划,故宫博物院还同步启动了同主题文创产品的研发工作。"千里江山"异型茶具套组仿山石造型制作,异型茶壶和公道杯正放为实用器皿,倒置后可做家居摆件装饰(见图 3 -7)。"千里江山"多功能艺术桌垫,既体现了原画的优美意境,又还原了原作的绚丽色彩。千里江山艺术折扇,扇面采用几近失传的"花罗"工艺,其提花纹样的设计源于故宫博物院藏清代缠枝牡丹纹花罗文物,扇面图案依《千里江山图》设计。花罗扇面质地细密,轻盈通透,其中花罗手工扇套配以真丝贡缎内衬,与折扇浑然天成,交相呼应。"千里江山"艺术丝巾采用 100% 桑蚕丝,手感柔滑、细腻,悬垂性好,较好地融合了优雅与文艺的气息。《千里江山图》经典的青绿配色,还非常适合各类饰品、日用品。故宫博物院研发了项链、耳饰、戒指等首饰系列,尺、镇纸、笔筒、便签纸砖等文具系列,手工皂、手提袋、无火香薰等日用品,让青绿山水走进日常生活,走进寻常百姓家。

图 3 -7 故宫"千里江山"茶具套装

（二）跨界展览、游戏、音乐，数字技术带来沉浸体验

《千里江山图》的衍生品开发还与科技结合，寻求跨界突破，以游戏、音乐、数字展览等多种形式呈现给大众。《绘真·妙笔千山》是故宫博物院和网易联合推出的一款手机游戏。这款以《千里江山图》为创作蓝本的轻度解谜类游戏，满足了很多人尤其是年轻群体的喜好，有助于推动传统文化的普及。故宫博物院的专家与游戏制作团队花费了大量精力设计这款游戏，制作团队借鉴古画创作技法，通过技术手段使静态图画转为动态呈现，尽力还原古画的真实面貌，营造出"如入画境"的体验。在设计上也降低了游戏的操作复杂性及解谜难度，让玩家可以更纯粹地享受游戏过程。

2021 年 8 月，"千里江山图 3.0"数字 IP 升级为"画游千里江山——故宫沉浸艺术展"并落地重庆，融入当地文化元素与更为丰富、交互性更强的数字科技互动内容。核心展项"盛世长卷"，在长 50 米、高 5 米的墙上呈现全新升级的"千里江山"巨幅动态数字长卷。这是拥有实时分层渲染核心技术与时间变换系统的文物主题动态数字长卷，让观众感受动起来的千古名画。全景体验沉浸式空间"丹青剧场"，以"云游江山"为主展项，呈现出立体生动的数字景观，为观众构建在千里江山中穿梭云游的沉浸式体验（见图 3-8）。

图 3-8　画游千里江山——故宫沉浸艺术展

（三）创排舞剧收获好评，传统文化对接时代审美

"无名无款，只此一卷；青绿千载，山河无垠。"2022 年央视虎年春晚舞台上，舞蹈诗剧《只此青绿——舞绘〈千里江山图〉》选段惊艳亮相。这部由故宫博物院、中国东方演艺集团有限公司、人民网股份有限公司共同出品的舞蹈诗剧，从 2020 年 8 月首演开始，好评如潮。

舞蹈诗剧《只此青绿》以今人视角切入，溯源中华优秀传统文化。舞台上，舞者通过精妙的舞蹈，勾勒出层次丰富的画境。兢兢业业的故宫博物院文博工作者与勤勉不辍的古代工匠交织成一幅人文画卷。观众跟随一位现代故宫研究员——展卷人，循着"展卷、问篆、唱丝、寻石、习笔、淬墨、入画"的篇章纲目，徜徉在富有传奇色彩的中国传统美学意

趣之中。舞剧用平凡劳动者的故事让文物焕发光彩,唤起人们心中最宝贵的文化记忆与信念。

文化创意开发工作始终要坚持弘扬中华优秀传统文化,也就是"守正",同时要在"创"字上下功夫,深入挖掘自身的特色文化资源,紧跟时代发展的步伐,找到传统与现代的结合点,兼顾文化内涵、数字科技与实用价值,不断推动中华优秀传统文化创造性转化、创新性发展。

二、戏曲百戏系列文创

2023年,戏曲百戏(昆山)盛典再次闪耀昆山,精心雕琢三年、万众瞩目的戏曲百戏博物馆也正式开馆。在畅享丰富文化盛宴的同时,人们发现昆山的街头巷尾已然诞生不少戏曲文创产品。

(一)戏曲＋咖啡:非遗与时尚擦出火花

"老子江湖漫自夸,收今贩古是生涯""在天愿作比翼鸟,在地愿为连理枝",当昆曲名句邂逅咖啡拉花工艺,古老与年轻碰撞出无限新意。在暗藏于泰隆银行办事大厅的"十二昆伶"昆曲主题咖啡茶饮概念店内,"牡丹亭·游园惊梦""西厢记·风月天边""长生殿·连理枝""桃花扇·江湖漫漫"四款昆曲咖啡特调饮品,凭借画有昆曲名句或场景的别具一格的拉花,吸引众多年轻人来打卡。

"十二昆伶"品牌诞生于昆山,灵感来源于昆曲。其王牌产品大梦昆曲挂耳咖啡的包装曾获得红点奖、IF奖、紫金奖等多项国内外原创设计大奖。设计师王子妤介绍道:"每取出一袋咖啡,包装上的柳梦梅和杜丽娘就会更靠近一点。当一盒咖啡喝完,柳梦梅和杜丽娘相遇,有情人终成眷属。"

此外,戏曲百戏博物馆的文创咖啡厅内售卖的盒装挂耳咖啡,包装也运用了戏曲元素,背后印有唱段与工尺谱。"戏咖啡"菜单上以曲牌名命名的饮品同样极富特色——"风筝误""痴诉""南唐遗事""粉墨春秋"……配以昆曲盔帽元素的杯子和手提袋,袅袅溢出戏中百味,既香浓,又"出片"。

(二)戏曲＋手作:传统文化流淌新鲜血液

戏曲百戏博物馆积极推出非遗点茶展演、戏曲手作、戏曲彩绘等丰富多彩的体验活动。游博物馆、学戏曲文化之余,人们得以通过点茶、糖画等体验活动触类旁通,加强对中华优秀传统文化的认同感。戏曲百戏博物馆相关负责人表示,未来还将在馆内开展更多活动,让上至花甲老人、下至懵懂孩童,都可借此走进戏曲,了解戏曲,感受戏曲等传统文化的魅力。

(三)戏曲＋博物馆:有颜值更有情怀

从书籍到文具,再到各种形形色色的装饰品等,戏曲百戏博物馆与百花书局已合作推出百余种全新设计的戏曲文创产品,打破创意边界,形成全感官的生态系列,让百戏在纸上、云上以及不同现实载体中焕发出全新的时代魅力。在这片空间,戏曲生动有趣——经典剧目插画拼图唯美形象,生旦净末丑人偶和冰箱贴萌态可掬,拨浪鼓造型的《牡丹亭》镂空立体画让人沉醉遐想;戏曲触手可感——戏曲头饰的化妆镜、写有戏曲名句的帆布袋、印有不同手绘戏剧角色的抱枕,为人们枯燥的日常生活增添几分活色生香的诗意(见图3-9)。

图3-9 戏曲百戏文创

如今,盖章打卡成为年轻人青睐的旅游新形式,戏曲百戏博物馆也顺势推出一组由柳梦梅和杜丽娘组成的昆曲角色章和一组由七部分组合而成的京剧主题套色印章。小小的印章背后,体现的是戏曲百戏博物馆通过新媒体和年轻力量让传统戏曲"出圈"、让传统文化"破壁"的决心。人们追逐文创产品,是出于对美的喜爱,更是出于对其附加的文化价值的认同。戏曲文化与戏曲文创相互哺育,能够结出更多传统文化与时尚生活融合的硕果。

三、故宫猫 IP 系列文创

在故宫博物院众多的文创产品中,故宫猫是关注度比较高的一类,曾获2016中国旅游商品大赛金奖。以故宫猫形象作为创意来源,故宫文创衍生出一系列灵动可爱的文创产品。如"大内咪探"形象,身穿皇帝衣服或宫廷侍卫服装,眼神萌萌,形象可爱,被广泛用在抱枕、水杯、手机壳、书包、手表和鞋子等物品上。故宫猫是一个超级IP(见图3-10),它可以延伸的业态有很多,如大电影、美术绘本、零售品等,其商业空间和溢价不断增长。故宫猫系列现阶段已开发生产约200多款单品,在故宫创办了唯一一家主题形象体验店,唯一一个用故宫猫形象转化的智能机器人已进入故宫猫生活馆,为游客提供咨询服务。

"故宫猫"文创IP打造的逻辑是通过对故宫的猫进行抽象化提炼,让其具有故宫的故事性、传承性,并辅之相应的创新性,使其更具有IP化的生命力。故宫由原来高冷、严肃的形象转变为亲民、萌态,其实是一种思路的转变。通过"故宫猫"IP的打造,故宫讲故事的方式更让年轻人感兴趣了,同时也创新了历史文化遗产活化的思路。

图 3-10　故宫猫 IP 形象

四、苏州园林系列文创

谁不道姑苏好风光? 这座精巧秀丽之城, 永远有千百种方式让你闻讯而来。除了美到窒息的园林风光、平江路山塘街的江南风情、葑门横街的热闹烟火之外, 相信不少游客也一定刷到过这些热搜词条:"马面裙冰淇淋""苏州园林文创雪糕""寒山寺套色章""拙政园卷轴章""平江路84岁老爷爷手绘书签""园林花窗冰箱贴"……高颜值、精致且寓意颇丰的文创产品, 不止外地游客人手必备, 就连苏州本地人也忍不住前往凑热闹。

(一) 马面裙冰淇淋

2023 年暑期, 苏州一款穿马面裙、戴发簪的冰淇淋走红网络, 这款冰淇淋将传统文化特色与美食结合, 既弘扬了传统服饰又满足了拍照打卡与味蕾需要, 店家的名字也无比诗意——山玥铃兰。冰淇淋穿上中国传统服饰马面裙, 带上发簪, 江南女子温婉形象呼之欲出。冰淇淋顶端有琵琶、扇子形状的小饼干吊坠发簪做装饰, 因为是纯牛乳制作, 所以冰淇淋化得会比较快, 套在甜筒上的马面裙正好防止手弄脏, 美观又实用(见图 3-11)。

图 3-11　苏州马面裙冰淇淋

（二）景点盖章

游客如果是手账爱好者或者单纯的集章爱好者,那苏州景区推出的景点盖章文创一定会让游客感觉物有所值。寒山寺的套章汇集了虎丘塔、拙政园荷风四面亭、非遗纸鸢、评弹昆曲猫等苏式元素,巧妙地使苏州特色文化跃然纸上,唯美又不失灵动。

拙政园的卷轴印章同样吸引了无数人的眼球。拙政园的繁香坞文创店可以让游客一口气喜提 104 枚印章,其中 9 枚卷轴印章和明信片套色章由工作人员盖,40 枚自盖章可以自己动手盖。9 枚卷轴印章的图案有苏式建筑、拙政园等;40 枚自盖章的图案有苏州地标、花窗、四大才子、福禄寿禧财等,美观又有寓意。

（三）文创雪糕

苏州网师园、狮子林、拙政园、留园及苏州博物馆、虎丘塔、寒山寺都有文创雪糕,颜值高、款式多、口味好,特色鲜明。比如网师园的图案是双观音兜景观和半山亭建筑;苏州博物馆的雪糕造型是馆内的镇馆之宝五代秘色瓷莲花碗;虎丘塔的雪糕造型就是虎丘塔。

（四）平江路和山塘街手绘书签

平江路和山塘街的国风手绘书签是画师们用国画的方式绘制的,每一枚都不一样。写意至极的山水、栩栩如生的鸟兽、娇艳欲滴的蔬果和各有千秋的植物花卉,赋予了小小的书签更加精妙的寓意。

本章小结

创意人依靠智慧、技能和天赋,借助现代科技手段对文化资源、文化用品进行创新和提升,通过知识产权的开发和运用,创造出高附加值的文创产品。文创产品的基础是文化,核心是创意。

文创产品创意设计的类型丰富。源于传统文化的文创产品设计是一种重要的类型,通过挖掘文化元素,选取具有代表性的文化符号或者非物质文化并加以利用,就可以形成造型丰富的文创产品。文创产品开发是推动传统文化创造性转化、创新性利用的有效途径。除此之外,博物馆文创产品、IP 引导的文创产品以及旅游景区文创产品等,均是重要的文创产品设计类型。

文创产品创意设计从明确创意理念及特色、拟定创意设计方向开始,通过了解消费者感知及文创产品使用情境,进行文化特质及意义的探讨,然后进行适宜的转换,并通过恰当的设计将创意理念呈现出来,再对创意设计的合理性加以验证,形成完整的文创产品创意设计步骤。

思考题

1. 为什么说文创产品的基础是文化,核心是创意?

2. 源于传统文化的文创产品的设计重点是什么?

3. 旅游景区文创产品设计面临着哪些问题,应该如何突破?

4. 文创产品创意设计的步骤包括哪些环节?

第四章
文化内容的创意与策划

学习目标

通过对本章的学习,学生应了解或掌握如下内容:

1. 纸媒创意转型的价值优势及创意策划方向。
2. 短视频创意策划方向。
3. 影视文化内容创意策划的特点。
4. 动漫文化内容的创意策划。

章首案例

让"升级版"报刊亭更好滋养精神家园

随着智能手机的普及和数字媒体的发展,很多报刊亭逐渐淡出了人们的视野。人们通过智能手机获得的信息,来源更广、容量更大、更新速度更快。相较而言,报刊亭所提供的信息与服务已经难以满足当下人们的快节奏生活所需。城市文化建设中到底还需不需要报刊亭? 放眼全国,一些城市拆除了大部分报刊亭;也有一些城市通过数字化改造和功能拓展,努力使报刊亭变成惠民便民的文化地标。

报刊亭是城市文化建设的一部分。像报刊亭这样的"小微驿站"能够为群众带来更多文化慰藉。据悉,南方某省会城市曾发出过拆除报亭的通知,当地媒体由此发起一项"你是否同意拆除报亭"的调查,在3000多名发表看法的网友中,70%认为报刊亭是传播文化、满足购买报刊需求的主要渠道,95%的网友反对拆除报亭。由此看来,报刊亭不仅是为市民提供文化知识和信息资讯的公共设施,还是城市不可或缺的文化名片。

我国目前存续且经营较好的报刊亭,一般都实现了经营模式的创新,采取"传统报刊亭＋多种服务＋智能转型"的模式,增加了通信充值、代收水电气费、票务销售、邮品销售、充电打气等服务,有的还安装了 LED 显示屏,发布一些公共信息。数字化转型为报刊亭赋能、赋值、赋智,让一批智慧型报亭应运而生。所谓赋能,就是通过创新服务模式,为人们提供多种服务。赋值,就是增加报刊亭的价值,既提高其经济效益,更提高其社会公益价值。赋智,就是通过智能化转型和改造,增加智能化服务,提高整个报刊亭的利用效率。城市更新改造中,期待报刊亭与时代发展并进、与百姓需求合拍,在转型升级中继续滋养人们的精神家园。

第一节　纸媒创意与策划

纸质媒体(简称纸媒)作为传统的信息传播与交流方式,是以纸质材料为载体、以印刷(包括手写)为记录手段而形成的一种信息媒体。随着互联网的普及与数字技术的飞速发展,迅猛崛起的新媒体打破了纸媒、广播和电视为代表的传统媒体"三分天下"的格局,其中以报纸为代表的纸质媒体,受到的冲击最为剧烈,纸媒进行创意转型发展,显得尤为迫切。

一、纸媒创意策划概述

(一)纸媒的概念及特点

纸媒,即纸质媒体,是指通过传统的印刷技术将文字、图片等信息印刷在纸张上,并以这种物质形态进行信息传播和储存的媒体形式。纸媒按照其编辑方法和出版特点可划分为报纸、图文、期刊及特种文献等类型。此外,纸质媒体还有档案资料、乐谱资料等。这些出版物通过发行、销售、订阅等方式,将信息传递给受众。

纸媒的发展历史悠久,在人类社会发展的过程中发挥着重要的作用。伴随着文字书写技术的发展,人们开始使用墨水在纸张上书写文字和绘制图像,这些手抄本成为最早的纸媒形式之一。在古代,手抄本主要用于宗教、文化和学术传播。例如中世纪的欧洲修道院和大学图书馆就收藏了大量珍贵的手抄本。印刷术的发明是纸媒历史上的重要里程碑。公元 9 世纪,中国出现了雕版印刷术,通过雕刻木板或其他材料来复制文字和图像,这种技术大大提高了书籍的复制速度和数量,推动了文化和知识的传播。北宋时期,毕昇发明了活字印刷术,进一步提高了纸媒的印刷效率和信息传播效率。后随着世界范围内工业革命的兴起和城市化进程的加速,报纸、杂志等形式的纸媒数量及种类迅速增多,成为当时人们获取信息的主要渠道。进入新世纪,随着电子信息技术的飞速发展,纸媒遭遇了前所未有的冲击。然而,纸媒凭借其自身特点,在人类社会中仍然发挥着重要的作用。与其他媒体形式相比,纸媒具有如下特点。

(1)持久性和稳定性。纸媒一旦印刷成册,可以长时间保存,不受电力、网络等外部因素的干扰。这种持久性使得纸媒在信息保存和传播上具有独特优势。

(2)便携性和可阅读性。纸媒轻便易携,读者可以随时随地进行阅读。同时,纸媒的排版、字体、插图等元素的设计使得阅读体验更加舒适和直观。

(3)权威性和可信度。纸媒通常经过严格的编辑和审核流程,其内容的权威性和可信度较高。此外,纸媒在新闻报道、社会评论等方面具有深厚的传统和影响力,能够为社会提供权威、全面的信息。

(4)深度报道和分析。与互联网等新媒体相比,纸媒在深度报道和分析方面具有独特优势。纸媒可以通过长篇报道、专题报道等方式,对某一事件或现象进行深入剖析,为读者提供更加全面、深入的信息。

(5)视觉和触觉体验。纸媒通过印刷技术和纸张材质,为读者提供独特的视觉和触觉体验。精美的印刷、优质的纸张和独特的排版方式使得纸媒在阅读过程中更具吸引力。

(二)纸媒的现状及困境

随着互联网的迅猛发展,微信、微博、头条、抖音等平台的崛起,为数字阅读带来了更多的便捷性、互动性与个性化,传统纸媒市场逐步被新兴媒体挤占。根据中国报协印刷工作委员会数据显示,全国报纸在2012年总印量达到1630亿对开印张的峰值后,逐渐进入下滑期。2022年初,全国报纸年度总印量已下滑至224.12亿对开印张,年印刷量在10亿对开印张以上的报纸单位仅有7家。新媒体对传统媒体带来的强烈冲击,让纸媒的传播力日渐萎缩,大量用户逐渐流失。从中国广告协会报刊分会历年来发布的《中国报纸广告市场数据分析报告》显示,随着市场逐步萎缩,近几年纸媒广告业务量更是以每年30%的跌幅断崖式下滑。2021年12月31日,多家纸媒发布休刊、停刊公告,或者从2022年开始不再出版纸质版报纸,这其中包括隶属南方报业集团主管主办的《南方法治报》以及贵阳地区颇具影响力的《贵阳晚报》等。纸媒当前发展主要面临以下几个困境:

(1)信息来源单一,阅读感官受到局限。传统纸媒由记者和编辑通过采访调查收集各种新闻信息,并对这些信息进行修改和整理,最后进行印刷和销售,所以纸媒信息发布需要一个过程,这个过程短则一两天,长则一个月甚至更久。纸媒信息收集和更新速度比较慢,而且信息传播的形式过于单一,缺乏新鲜感。新媒体信息来源多样化,传播方式包括文本、图片、动画、视频等,形式丰富多样、灵活多变、生动形象。此外,传统纸媒信息内容有限,新闻审查相对严格,再加上信息碎片化时代,读者的注意力很难持久,无法耐心阅读大量文字,纸媒用户因为新媒体的冲击不断流失。

(2)缺乏时效性和互动性。时效性是新闻的重要特征,也是吸引大众关注、阅读的重要因素。新闻事件发生后,会迅速引发媒体关注,因纸媒制作需要一定的周期,所以有时会错过报道重大热门新闻的最佳时间。而新媒体可以快速将消息即时发布,更具时效性。此外,纸媒读者的参与度较差,而新媒体受众可以实时进行评论。因此,纸媒所占市场份额持续下降。

(3)制作成本相对较高。传统纸媒发行具有特定的流程,通常按照收集资料、整理资料、编辑、排版印刷、发售的程序完成。在这个过程中,需要投入大量的人力、物力,需要成立相关机构、编辑部、印刷公司或寻找合作销售网点等,这中间需要消耗大量人力财力资源。而新媒体节省了很多的环节和成本,大大节约了资源投入,制作成本相对较低。

二、纸媒创意转型的价值优势

尽管纸媒发展受到强烈的冲击,但是它仍是重要的文化知识、内容的传播载体。传统主流媒体新闻产品的专业性是其公信力的基础,这也是很多自媒体很难与之抗衡的原因。数字化时代,原创内容确保了纸媒的专业性,为其赢得用户奠定了坚实基础。同时,主流媒体凭借链接社会各方的资源优势,为其拓展用户提供了更多的可能。

(1)信任的价值。新媒体时代,微信、微博、今日头条、抖音、快手等第三方平台汇聚了海量的信息,但信息质量良莠不齐,其中不乏虚假信息。在这种环境下,主流媒体的优质内容成为受众追求的刚需。这种权威性和影响力在各大纸媒入驻新媒体平台后得到了充分的体现。比如,人民日报抖音账号立足独家的视频与权威的内容,以多元语言表达不断推出爆款短视频,引发舆论广泛关注。据抖音官方数据显示,截至2024年7月,人民日报抖音账号粉丝量已突破1.7亿,成为抖音平台粉丝量最多的账号,充分体现了纸媒在信息的权威性和可信度方面的绝对优势。

(2)原创的价值。尽管新媒体有着传播速度快、互动性强的特点,但很多大型商业网络平台却因为没有强大的采编队伍,原创新闻少而后续乏力,这恰好凸显纸媒的优势价值。拥有大批专业的采编队伍、内容原创性强甚至很多信息具有独家性,让纸媒的内容创作在新媒体时代依然具有不容小觑的竞争力。比如上海报业集团的澎湃新闻,着力打造了一支由400多名记者、编辑组成的专业采编队伍。依托完善的新闻采编体制,澎湃新闻能够生产包括图文、长短视频、虚拟现实(VR)、H5、动画、融媒体直播在内的各类内容。2017年1月,澎湃新闻抢抓短视频发展的风口,主打"更立体呈现新闻事件",推出澎湃视频,成为纸媒转型短视频的先行者。依托强大的采编能力,澎湃视频逐步推出了"上直播""一级视场""World湃""温度计""围观"等一系列子品牌。无论是澎湃新闻还是澎湃视频,都始终聚焦"时政与思想"的定位打造和拓展内容集群,逐步形成了文字与短视频并行的发展模式。在海量UGC(用户生产内容)的新媒体平台中,澎湃新闻坚持原创,坚持PGC(专业生产内容)方式,赢得了数量庞大的用户和粉丝。

(3)资源的价值。作为主流媒体,报纸通过主题新闻宣传可以广泛接触政府职能部门,因此积累了丰富的政务资源。在"政治家办报,企业家经营"的实践中,纸媒与社区、广告主都建立了广泛的链接。特别是地方性的纸媒,在聚合本地的政务、商业资源方面具有一定优势,为吸引海量用户、开拓多元化产业奠定了良好的基础。比如浙江日报报业集团强化用户思维,整合政务、商务资源,全力推进智慧城市服务平台,积极探索数字政务、城市大脑建设。其旗下的上市公司浙数文化,在省级政务服务、"互联网＋监管"、数据开放等领域一直保持领跑优势,诸如突破体制机制组建浙江政务服务网事业中心,参与建设运营浙江政务服务网、"浙里办"App、全省数字文化终端用户产品"窗口"App,参与城市大脑建设和运营等。

三、纸媒创意策划的策略方向

融媒体时代,传统纸媒面临前所未有的压力和挑战,也遭遇严峻的发展困境。曾经创下辉煌的纸媒要应对挑战,必然要走多元化的创新发展之路,并通过内容创新、媒介融合以及营销优化,提升竞争实力,拓宽发展路径。

(1)聚焦热点,以内容优势赢得发展优势。互联网时代虽然信息海量,但优质内容仍是稀缺资源,尤其是权威性、专业性、思想性的权威发布、深度报道与解读等原创内容,仍是受众的刚需。媒体融合发展,融到深处回归内容。在渠道、平台的差距缩小以后,内容就成为各类媒体的核心竞争力。在自媒体时代,纸媒应扬长避短,依托政府资源,守护好准确、权威、专业的金字招牌,同时从"信息纸""新闻纸"向"思想纸""观点纸"转变,注重深度报道的生产,尤其是针对新媒体、大数据所反映的热点、疑点,及时跟进解释与深度分析,并借助新媒体加强与受众互动,以互动换主动,补齐纸媒短板,提升内容生产竞争力。

技术只是手段,内容才是核心,传统纸媒应坚持内容为王,以优质内容站稳脚跟,提升核心竞争力。传统纸媒不仅要追逐热点,让新闻落地,还要以适应互联网时代快速变化特点的新闻主题策划为依托,聚焦热点、深挖内容,开辟传统新闻报道的新发展路径。多年来,传统纸媒积累口碑,形成了品牌特色,这是其多元化创新发展的根基。在转型创新过程中,传统纸媒应彰显责任担当,从公众所关注的热点问题出发,用专业的报道吸引用户,以此立足发展。在充斥着碎片化信息的快节奏时代,传统纸媒做好深阅读新闻,彰显权威性、专业性、文化性与针对性,方能赢得更大的生存空间,得到用户的认可。

(2)渠道拓展,以渠道融合提升传播效率。新媒体时代传播载体迭代迅速,传播渠道形态多样,博客、微博、微信、直播等渠道日益丰富。以往在渠道方面具有劣势的纸媒,要更加关注新媒体技术发展所带来的渠道的新变化,通过渠道融合进入网络平台和移动平台,借助新媒体渠道提升传播效率,扩大影响力,塑造纸媒品牌。根据人民网发布的《2022—2023报业融合发展观察报告》,当前各级报纸加快渠道建设步伐,广泛连接用户,占领新兴传播阵地。其中在考察的1330家报纸中,开通网站的报纸占比为53.3%,开通电子报的占比61.3%,自建客户端的占比42.9%。在第三方平台中,报纸微博账号平均覆盖用户数最多,微信成为报纸开通率最高的新媒体渠道。

媒体融合背景下,纸媒要应对挑战、适应变化、抢占网络发展先机,构建多元传播矩阵,搭建移动客户端,使传统纸媒的品牌形象得以通过线上线下不同渠道和终端实现传播。传统纸媒在专业领域内深耕多年,积累了优良的品质与口碑。反观新媒体,尽管其可以迅速传播信息,但对信息的深层挖掘不足。因此,纸媒要实现多元化创新发展,就要在明确自身优势与立场的基础上开辟新媒体新赛道,通过对信息深层次、专业化的分析,借助新媒体平台与移动客户端实现信息传递的目标,彰显纸媒的优势与价值。为此传统纸媒可以从以下方面着手:与电信运营商合作,打造移动媒体平台;与数据库合作,深度开发纸质内容;与微博、微信、抖音等新媒体平台合作,拓展传播渠道,开辟内容传播新阵地。传统纸媒应在媒介融合中拓展渠道,在融合发展中重塑纸媒影响力,从纸端上的报道延伸到指尖上的传播,适应人们获取信息的习惯,从而形成纸媒转型发展的强大推动力。从纸端到指端,传统纸媒的转型之路离不开线上渠道的探索。传统纸媒应迎合移动终端时代公众获取信息的方式和特点,从而实现传播方式的颠覆与传播渠道的拓宽,促进品牌形象的塑造与宣传。

(3)强化用户沟通,以平台打造汇聚用户资源。新媒体时代纸媒要实现多元化创新发展,就要强化互联网思维,发挥纸媒在传播力、影响力、号召力及公信力等方面的优势,抓住机会,提供话题,实现与用户之间的深度沟通。首先,纸媒在产品化的内容生产过程中需要更加重视用户体验,站在读者的角度思考问题,引领整个内容策划、采编制作、后期传播、营销推广等方面的工作,确定目标用户范围,锚定用户的实际需求,根据需求提供产品;其次,纸媒应广泛利用线下资源组织多元活动,为用户提供增值服务,结合网络热点及专业优势,巧妙设置话题,引发用户关注,营造出用户畅所欲言的氛围,与用户零距离沟通,并结合用户的意见反馈,不断优化传播内容与形式,满足多元用户群体的需求。

在传统媒体时代,有足够数量的受众是纸媒能实现“二次售卖”的重要基础。在新媒体时代,用户是媒体得以持续发展的重要资源。平台与渠道的一大区别,就是平台可能会承载很多渠道,功能更多,从而能汇集更多用户,为充分利用用户资源打下基础。纸媒在其他平台上所建立的渠道,比如微博、微信等,尽管很活跃,也有大量粉丝,但是给纸媒直接带来的收益却相当有限。因此,媒体融合发展的一个重要任务,就是通过建立自主可控的平台(如移动客户端等),用纸媒提供的内容以及新媒体提供的服务聚合用户,再利用用户数据的采集、分析、应用,使其商业价值得到最大程度的体现。

(4)深挖文化内涵,打造“同题多元”的融媒体产品,增强品牌影响力。移动互联时代,传播的成本看似降低,但想做真正的精品,也需大量的投入。这就要求融媒体产品释放出最大的能量,使每一次传播都有新的突破。可以通过扩增平台,多种呈现样态,实现“同一主题、多次加工、多元生成、全媒覆盖”,借力“一鱼多吃”来降低资源成本,同时注重在第一时间向更多商业平台输出,扩大媒体在互联网舆论场的整体影响力。新媒体技术为纸媒产品传播打开了多扇窗,借助新型传播载体和方式,使纸媒品牌刊物在充分打造特色内容之余,还能衍生一系列多样的传播产品,既可充分开发自身特色资源,又可全方位多层面增强品牌影响力。“纸媒”+“创意”产品,一方面对内容深度剖析,另一方面在产品功能、服务手段上进行创新。它通过前沿技术手段和新颖的展现形式,结合“私人定制”业务,满足不同群体的个性需求。同时,通过建设数字化内容库,满足当代互联网用户互动和社交需求,进一步拓展反馈和分享渠道。

（5）营销创新,增强纸媒的可收藏性。多元化创新发展,是纸媒更好地适应新媒体环境、实现新闻传播影响力回归的必然路径。在媒介融合的背景下,传统纸媒的转型之路不仅要有内容形式上的丰富创新,传播渠道上的拓展延伸,还要在营销模式上发力。通过营销创新,纸媒能够彰显独特性,树立品牌形象,提升新闻传播的影响力。一方面,纸媒可以通过"活动＋策划"的营销形式,依托线上平台展开宣传推广,吸引更多用户,从而提升纸媒的影响力与辐射力。另一方面,纸媒应利用已有的资源优势,推动品牌活动,提升用户服务水平,以扩大品牌辐射面,使用户认可并满意。2022 年春节期间,《姑苏晚报》以春节这个阖家欢乐的节日为背景,以极富地域气息的江南风景与文化为主题,发起"发现身边的最江南"年度短视频征集大赛,并设置春节特别展映活动。通过短视频征集比赛的形式,吸引用户广泛参与活动,营造出温暖的互动氛围,实现了纸媒营销宣传的理想效果。

对一些报纸收藏爱好者来说,报纸还能够满足读者的收藏兴趣。纸媒只要内容扎实,其生存的根基就依然存在。就像早年间的广播、电视,近年来的移动互联网、短视频,每当有新鲜形象出现,都有人唱衰纸质读物,但时至今日,底蕴深厚的优质纸媒还在深耕发展。"快速刷新"容易让人忽略纸媒给读者带来的"隐性便利"——不用在海量信息中大浪淘沙,就能快速获取精准信息;不会轻易陷入大数据所带来的信息茧房,能浏览到更广阔的天地。传统纸媒不借助任何工具即可保存、查阅与展出信息,这能在一定程度上稳固读者的记忆,承载读者的情感。可以说,纸媒承载着人们的阅读情结,具有可收藏的价值。纸媒要体现这种价值,就要提高新闻深度,从采编到排版均体现艺术审美的价值,用凝聚着智慧与艺术的纸质读物,满足公众的收藏需求,实现纸媒的长足发展。

（6）新技术加速智媒化,激发媒体融合新动能。人工智能、大数据等技术的创新,大幅提升了报纸的内容生产效率。2023 年两会期间,人民日报推出人工智能编辑部4.0,上新了智能助理、智能绘图、两会视频模板、两会采访速记等功能,各类作品全网累计阅读量超 2 亿。每日经济新闻推出"每经 AI 电视",24 小时不间断播出,每日 AI 快讯实现日均发稿量超千篇。虚拟数字人技术让报纸新媒体对党的二十大、全国两会等重大会议的报道更具科技感。2023 年全国两会期间,各大媒体推出的虚拟主播,展现出更鲜活、更智能的发展趋势。例如,天津津云新媒体联合北京千龙网,长城新媒体推出的《云瞰京津冀》,川观新闻《小观·阿央两会下午茶》,湖南日报数字主持人小楠,上游新闻 AI 主持人小游等,虚拟主播已成为各媒体两会报道的重要助力。

此外,自 2022 年以来,多家报纸凭借自身的内容和版权优势,纷纷推出数字藏品。例如,大众日报创刊号的数字藏品上线发售;中国青年报社正式上线了"豹豹青春宇宙"数字藏品平台,并推出了"航天青年数字徽章";人民网灵境·人民艺术馆也相继发布了人民数字虎帖、敦煌飞天壁画数字藏品以及"人世间"数字藏品等,均受到广泛关注。

第二节　短视频创意与策划

短视频是当下文化产业最核心、最新颖的产业形态之一,不仅是众多文创产业如非遗、游戏等的重要传播载体,其本身也是一种文创形式。短视频在内容生产、商业模式和产业链结构等方面不断进化,为文化产业的发展注入了新鲜血液。

一、短视频创意策划概述

(一)短视频的概念与类型

1. 短视频的概念

2019 年,艾瑞咨询给短视频进行了清晰的定义,后来逐渐被广泛引用:短视频是指一种视频时长以秒计数,一般在 10 分钟之内,主要依托于移动智能终端实现快速拍摄和美化编辑功能,可以在社交媒体平台上实时分享和无缝对接的一种新型视频形式。

短视频适合人们在移动、休闲状态下观看,由于时长较短,从几秒钟到几分钟不等,又是高频次播放,既可以单独成片,也可以是成系列连续播放。与文字、图像和传统视频相比,短视频的生产成本低,传播和生产碎片化;传播速度快,社交属性强;生产者和消费者之间界限模糊。随着用户利用碎片化时间的需求越来越强,短视频所拥有的时长短、内容相对完整、信息密度大等特点,其集合图、音、文字等于一身的创作形式,较好地满足了多种应用场景下大众社交、记录、娱乐等复杂诉求(见表 4 - 1)。

表 4 - 1　主流短视频平台对短视频时长及呈现方式的定义

平台	定义(时长)	呈现方式
抖音	15 分钟以内	横、竖屏都可以
快手	10 分钟以内	竖屏为主
哔哩哔哩	5 分钟以内	横、竖屏都可以
西瓜视频	无限制(5 分钟为宜)	横屏为主,竖屏无平台广告收益
微信视频号	1 分钟以内	横、竖屏都可以
微博短视频	5 分钟以内	竖屏为主

2. 短视频的类型

(1)短纪录片型。这类短视频多数以时长较短的纪录片形式呈现,内容相对完整,制作也较为精良,且可能在其中插入广告宣传,时长一般在 1 分钟至 3 分钟。

(2)网红 IP 型。这类短视频主要是在互联网上具有较高认知度的网红制作并发布,内容一般较为贴近生活,但会根据网红所擅长的领域(如音乐、舞蹈、游戏、文艺、逗趣等)而有所差异。

(3)情景短剧型。这类视频涉猎范围广泛,深受用户欢迎,如家庭伦理、古风玄幻、悬疑推理、都市爱情以及乡村生活都是常见的类型。

（4）技能分享型。这类视频分享的种类多，包括但不限于生活技巧、食谱厨艺、视频制作和办公技能等，种类多样，精彩纷呈。

（5）创意剪辑型。这类视频利用剪辑和影视特效技术，辅以优秀的创意，制作出精美、震撼、搞笑的短视频内容，有的还加入解说和评论等元素。

（6）随手分享型。这类短视频往往通过美景美食或运动健身等主题，来展现一种积极向上的生活态度，或者会给大家分享一些生活中的技巧，比如快速开瓶盖技巧、快速消除污渍技巧等，受众类型广泛。

3.短视频的特点

与长视频相比，短视频具有视频长度较短、传播速度快，生产流程简单化、制作门槛低，参与度广泛、社交媒体属性强等诸多特点。

（1）时长较短，传播速度更快。随着移动互联网时代的到来和大众生活节奏的加快，人们获取信息的方式越来越呈现"碎片化"特征，快速、便捷的内容传播方式逐渐成为主流。短视频的时长控制在几秒到几分钟不等，只突出亮点内容，去掉冗长的部分，通常前3秒内容就能抓人眼球，将"短小精悍"发挥到了极致。以抖音为例，大多数抖音短视频的时长都在1分钟以内。尽管在2019年6月，抖音开放了上传15分钟视频的权限，但用户普遍更加偏爱短小精悍的内容，许多热门视频的时长仍然不会超过1分钟。

（2）创作流程简单，制作门槛更低。通常情况下，短视频创作者通过一部手机就能进行拍摄、剪辑和发布，这种"即拍即传"的传播方式，大大降低了创作门槛。虽然短视频行业中有不少专业团队，但与影视剧等专业创作方式相比，短视频的创作方式已经简化了许多，这使普通大众也能够参与进来创作。

（3）突出个性化表达。许多短视频创作者在自己擅长的领域成为关键意见领袖（key opinion leader，KOL），拥有一批忠实粉丝，并成功实现直播带货。短视频行业能够快速打造KOL的特征，既能让短视频成为触发粉丝经济的利器，拥有营销功能，也能让短视频成为各大商家普遍采用的新媒体营销手段。

（4）参与度广泛，社交媒体属性强。短视频不是视频网站的缩小版，而是社交的延续，成为信息传递的一种方式。一方面，用户通过参与短视频话题，突破了时间、空间、人群的限制，参与线上活动变得简单有趣，使用户更有参与感；另一方面，社交媒体为用户的创意和分享提供了一种便捷的传播渠道。表面上看，短视频App的竞争是点击量的竞争，但实际上较量的是各自社交方式带给用户的体验，以及用户背后社交圈的重划。

4.短视频创意策划

短视频创意与策划是指在短视频营销过程中，通过设计和创造独特的创意和策略，以推广品牌或产品，吸引用户的关注并提高用户参与度。这一过程需要从品牌传播的角度出发，发掘品牌特征、用户需求，并结合短视频的特点和用户喜好，设计出高效而富有创意的营销策略。

短视频创意策划的主要职责包括研究受众群体,与制作团队合作创造有趣、娱乐性强的视频,进行剪辑和编辑视频,制订相关营销计划等。它的重要性在于能够呈现出极具创意的内容,利用独特而丰富的情感,深入用户心理,引发用户产生共鸣。同时,良好的创意策划还可以起到品牌形象打造的作用,更好地传达品牌的核心价值观和理念。

二、短视频行业发展现状及困境

(一)发展现状

1.用户规模稳中有升,使用率提升

伴随着我国移动互联网的加速发展,短视频已经成为用户日常获取信息的重要方式。根据《中国网络视听发展研究报告(2024)》数据显示,截至2023年12月,我国全网短视频账号总数已经达到15.5亿个,短视频人均单日使用时长达到151分钟。相较于传统图文形式,短视频具有声画结合的特征,信息承载量大且丰富,符合当前碎片化的阅读场景和人们高效获取信息的习惯,易分享扩散,尤其符合资讯类内容的传播需求。

2.产业规模不断扩大,内容产业日渐成熟

根据《中国短视频发展研究报告(2023)》的数据显示,当前我国短视频产业规模已接近3000亿元,已经成长为大视听产业发展的主引擎。尤其是近七年来,短视频产业规模增长153倍,产业规模和市场份额持续增长。与此同时,短视频内容产业日渐成熟,各主要网络视听平台充分发挥内容核心资源优势,通过内容付费、专区订阅、直播打赏等多种方式,探索优质内容的产业化变现模式,不断做大内容产业链。如探索体育比赛付费直播间、开售专场线上音乐会门票、推出付费连麦等新的付费形式等。同时各主要视听平台不断探索优化短剧和小节目分账规则,降低分账参与门槛,持续提升创作者分账收益,极大调动了创作者的积极性。

3.综合治理持续推进,行业生态日渐优化

一是靶向治理更显成效。2022年以来,广电管理部门加强对微短剧的专项治理,对接入和分发的重点平台自查自纠、立行立改,对"内容重复、创作题材失衡"等问题进行规范引导。同时全面抓好短视频内容建设、优质供给、许可准入、日常监管等各项重点任务落实,促进短视频健康发展。二是平台责任日益强化。主管部门加大指导引导和督促检查,平台主体责任日渐落实。三是版权生态逐步建立。在历经长期的利益博弈后,长短视频平台逐步从竞争走向竞合,长、短视频版权合作共赢新模式正在形成。针对短视频版权侵权问题,国家版权局等相关部门继续保持打击短视频侵权盗版的高压态势。

(二)短视频行业发展的困境

近几年随着短视频行业的快速发展,用户规模逐步扩大,内容创作更加丰富,分发渠道日益细化与智能化。短视频行业在快速发展的同时,也暴露出一些问题。

1.内容同质与叙事浅层化表达

随着媒体智能化发展,短视频逐渐挤占传统媒体市场,短视频的创新性表达更容易为受众所接受,但内容生产的同质化问题严重。与传统媒体的文字表达比较而言,短视频缺少文字表达的严谨逻辑和事实关联,其叙事结构和表达逻辑呈现出碎片化、浅层化特征,虽然其场景化特征是优势,但在场景化的过程中可能出现重要信息要素的缺失,也容易让用户产生误解。内容的同质化和叙事的浅层化特征不利于平台的长期发展,也对主流价值传播构成一定威胁,使其传播效能降低。

2.版权保护与行业监管

版权保护一直是网络视频行业的重点领域,短视频的版权保护和侵权现象层出不穷,原创短视频和二次创作短视频侵权严重,加之平台投诉治理机制尚未成熟,导致短视频版权维权难度较大。

3.网络沉迷与适老难题

随着短视频用户渗透率提高,用户结构趋于全民化,特别是未成年人互联网普及率提高,未成年人对短视频的使用更加频繁,受短视频的影响也更加深远。如何有效防范未成年人网络沉迷风险,是短视频行业需要面对的重要问题之一。对于老年群体而言,如何帮助他们在接触短视频的过程中避免陷入虚假信息、网络谣言、广告诈骗等陷阱,并防止受到负面影响,已经成为短视频治理中亟待解决的重要问题。

4.出海困局与变现能力有限

短视频的出海不仅需要考虑国际关系、技术要素和海外竞争对手的威胁,所在国的政策监管、市场竞争、文化基因、用户需求等多方面问题也会成为影响短视频出海的关键因素。在迈入资本运营的快车道后,如何实现变现能力的提升是短视频平台发展的重要方向。短视频平台的用户规模和活跃度不断增长,但商业化变现能力仍然有限。目前,短视频平台的盈利方式主要包括广告合作、电商带货、付费内容等,未来仍然需要进一步拓宽商业变现渠道。

三、短视频创意策划的新动向

(1)短视频专业化、精品化将进一步强化。短视频正从"草根"创作向专业化、精品化跃进,成为一种独具特色的网络视听节目形态,以及重要的舆论宣传、知识传播和文化建设载体。与此同时,短视频与广电主流媒体双向赋能,成为广电媒体深度融合发展的主赛道。主流媒体全面入局,将进一步驱动短视频从泛娱乐化向主流化、专业化、价值化方向转型升级。

(2)用户参与创作积极性将进一步提升。短视频用户规模持续增长,使用时长反超长视频,形成全民化应用的趋势。更为重要的是,短视频深刻改变了用户的媒介使用习惯。最初,短视频在移动场景中填补碎片化时间,如今却已使我们的时间和信息"碎片化"。越来越多的人习惯了大数据推送的碎片化信息,沉浸于"刷短视频"之中。同时,用户参与创作的积极性不断提升,职业创作者群体不断壮大,展现出全民共创共享短视频的局面。

(3)平台生态化布局和多元化发展将进一步加快。随着用户增速放缓,平台从流量竞争转向价值竞争,各平台加速生态化布局、多元化发展,逐步从单一的短视频内容和社交媒体平台向线上综合性数字社区演进,用户可在短视频平台实现休闲娱乐、电商购物、生活服务、知识学习等多种诉求,短视频的功能将不断增加和创新。

(4)短视频与各行业的融合不断深化。短视频快速跃升为大视听产业的主引擎,并成为产业催化剂,全面融入社会、经济、文化生活的各领域和环节。它推动了多领域产业的数字化转型,持续为社会经济文化发展注入新的活力和动力。其一,拓展本地化生活服务。部分短视频平台生活服务业务已覆盖全国,为用户带来"即看、即点、即达"的本地生活新体验。其二,积极服务乡村振兴。短视频平台推出"短视频 + 助农"等新模式,拓宽农产品销售渠道,赋能乡村振兴。其三,助力文旅产业发展。短视频已成为文旅宣传营销的利器,为文旅产业发展提供了强大的驱动力。

(5)积极的发展政策与有效的治理机制。短视频时代已经来临,它将全面、深入、持久地影响经济社会发展和大众生活。积极的政策和有效的治理机制犹如车之两轮、鸟之两翼,共同推动短视频的高质量发展。

四、短视频创意策划的流程

(一)确定主题和目标受众

首先要确定短视频创作的主题,明确内容方向和目标受众群体。可以根据个人兴趣、专业领域、生活经历等方面来选择短视频主题。同时,需要明确短视频号的目标受众,这可以帮助制作者更好地了解受众需求,为他们提供更有价值的内容。在确定主题和受众阶段时,需要注意以下几点:选择适合的主题;确保内容有独特性和吸引力;了解目标受众的需求和兴趣爱好,为他们提供有价值的内容;注重内容质量,避免过于追求数量而忽略质量等。

(二)创意构思

在制作短视频之前,确定一个脚本或构思是非常重要的。脚本可以帮助短视频制作者规划视频中的每一个镜头和内容,确保故事的连贯性和流畅性。根据目标和主题,将短视频内容分为引入、发展和结尾三个部分,以保持故事的逻辑顺序。创意构思可以借助头脑风暴、调查等多种方式,寻找创意灵感。创意的来源通常有以下几种途径。

(1)关注热门事件和话题。短视频是与时俱进的,紧盯热点事件和公众广泛关注的社会话题,可以快速提高短视频的影响力,从而获得更高的曝光率。

(2)从生活中获取灵感。艺术来源于生活,创意也是如此。生活中从来不缺好故事,需要增强的是把故事讲好的能力。创作短视频内容也一样,要抓住关键点,通过精彩的故事情节增强代入感,让用户仿佛身临其境,与剧中人物感同身受,从而引发强烈的情感共鸣。

（3）与用户产生互动。与用户的互动是获得灵感的重要途径之一。创作者可以通过社交媒体、问卷调查等方式积极获取用户的意见和想法，从而挖掘出更多深层次的需求和创意。同时，要注意让短视频内容接地气，创作更多贴近生活的优质作品，这样才能更好地吸引用户并满足他们的需求。

（4）追求技术创新。AI 技术在短视频领域的应用为创意赋予了新的活力。从智能剪辑工具、AI 滤镜和特效，到场景识别与推送、声音处理与字幕生成，再到个性化的内容推选和创作灵感激发，AI 技术的提升使短视频的制作过程更加高效，创意更加丰富，同时也为用户提供了更具吸引力和个性化的体验。随着 AI 技术的不断发展和创新，短视频领域也将迎来更多的突破和变革。

（三）编写脚本

脚本对一则短视频相当重要，它就像是将图像、台词、音乐等各种元素串联起来的"骨骼"，决定着短视频的风格和走向。从文案到台词与对白，从书面到口头，从视觉到听觉，短视频脚本文案的撰写有着很多技巧和方法。

（1）黄金三秒钟定律。3 秒钟，对短视频而言是一个十分重要的时间刻度。在抖音等短视频平台上，用户动动手指就能享受到刷之不尽的短视频"盛宴"，这让他们的耐心变得极度有限，如果一个短视频不能在前三秒内引发用户的兴趣与好奇，那么等待它的就只有被划走的命运。

（2）"钩子"定律。一个优秀的短视频脚本中，必须要埋着"钩子"。当一则短视频通过"黄金三秒钟"初步留住了用户之后，接下来要考虑的就是如何确保用户不会中途"溜走"。在短视频脚本中有意识地埋入"钩子"，可以有效提升短视频完播率。反转、悬念、彩蛋等手法，都可以扮演短视频脚本中的"钩子"。比如反转，是很多爆款短视频常用的手法。通过人设、剧情的反转，往往能产生意想不到的戏剧效果，满足用户的好奇心和娱乐需求。

（3）台词标签定律。许多抖音账号会在短视频中植入一些属于自己特有的"金句"，让用户通过这样的台词标签对账号内容形成固有的印象，提升用户对内容的记忆度。

（四）拍摄和剪辑

短视频虽短，但每一个画面、每一句台词都需要精雕细琢，每一个场景、道具、动作、音乐等细节都至关重要。只有在拍摄和剪辑中做到精细化，才能为观众呈现最优质的视觉效果。根据剧本进行拍摄和剪辑，通过摄影、音乐、特效等手段，将创意呈现在视频中。

在剪辑调色方面，想要给拍摄的短视频加上灵魂，那么对于调色的色彩所能表达的情感一定要有所了解。想要表现压抑、苦闷、恐惧的情绪一般可以用冷色调，冷色调更能营造出一种肃杀感。暖色调比较适合表现神秘的气氛，比如寂静的黑夜中有一盏灯，这样的画面融入暖色调后，会让画面有一种反差，显得神秘诡异。而饱和色调可以让场景更加奇幻，比如电影中关于一些梦境、幻境时的画面，颜色都比较鲜亮，如正红色、正橘色等。

在配乐方面,通过选择合适的音乐,可以为视频注入快乐、伤感、悬疑等不同的情感和氛围。音乐的节奏、旋律和歌词可以与视频内容相呼应,增强短视频的表现力和感染力。例如一些快节奏、欢快的音乐可以为体育运动、旅游等视频增添活力和欢乐氛围,而一些抒情、悲伤的音乐可以为日常生活、纪念等视频增添深情和感动。因此,音乐在短视频中的选择和运用对于传递情感和营造氛围有着重要的影响。

(五)推广和宣传

(1)要做好目标用户定位。定位目标用户是短视频营销推广的重要策略之一。通过了解用户的需求、偏好、消费习惯等,根据用户画像制定相应的内容营销策略。确定受众定位后,可以创意性地构建不同的短视频营销策略,吸引更多潜在客户的注意力。不同的定位会产出不同的内容,影响后续的营销推广效果。

(2)增强与用户的互动。与用户互动是短视频营销推广的重要策略。通过点赞、评论、转发等方式,与用户互动可以增加用户对短视频的关注和喜爱,增强用户黏性。此外,积极主动引燃话题活动也能吸引用户,增加视频的人气。

(3)关注热点。关注热点,可以了解最新的话题和行业动向,从而更好地进行短视频营销推广。勤于关注平台动向、行业动向和粉丝动向等,了解最新的话题。同时,还需要结合热点开展自己的内容创作和运营活动,比如参与官方活动、大V挑战赛等,从而吸引更多用户。通过抓住领域热点,可以更好地进行短视频营销推广,实现品牌扩散和受众增长。

第三节 电影创意与策划

电影产业是现代文化产业体系的重要组成部分,也是市场化程度最高的文化产业领域之一。电影文化产品是公众休闲娱乐的重要方式,对经济增长有着显著的贡献,同时能够迅速且广泛地传播各种文化价值观念,并产生深远的社会影响。"十四五"时期电影产业高质量发展,是推动文化强国建设,提升我国文化软实力的必然要求,也是满足公众日益增长的精神文化需求和审美需求的必然要求。

一、电影及电影创意策划概述

(一)电影文化产业相关概念

根据《电影艺术词典》的界定,电影是指根据视觉暂留原理,运用照相以及录音手段,把外界事物的影像以及声音摄录在胶片上,通过放映以及还音,在银幕上造成活动影像以及声音,以表现一定内容的技术。

电影文化产业有广义和狭义之分,广义的电影文化产业是指以电影作品的生产制作为核心,通过电影作品的生产、发行以及音像制品、相关衍生品开发等一系列产业链环节、厂商及相关服务所构成的产业体系;狭义上的电影文化产业是指围绕电影作品的生产所需要的相关产品及服务,主要涉及电影作品前期制作、成品制作、后期制作等环节所需要的设备技术服务及厂商等。

(二)电影文化产业的特征

电影文化产业具有以下几个显著的特征。

(1)创意性。电影文化产业的核心在于创意,从剧本创作、角色设计、情节安排到视觉效果、音效设计,每一个环节都需要创新的思维和独特的视角。这种创意性使得电影作品能够吸引观众的注意力,产生情感共鸣。

(2)文化性。电影文化产业是文化的重要载体和表现形式。电影作品通过图像、声音、故事等元素,传递各种文化信息,包括历史、价值观等。这种文化性使得电影作品能够跨越国界,成为跨文化交流的重要桥梁。

(3)商业性。电影文化产业具有显著的商业性,从投资制作到发行放映,每一个环节都需要考虑商业因素。电影作品不仅是一种文化产品,也是一种商品,需要通过市场交换实现价值。因此,电影文化产业的发展离不开商业运作和市场经济的支持。

(4)科技性。数字化、网络化、智能化等新技术不断应用于影视制作和发行领域,使得电影作品的制作效率和质量不断提高,同时也为观众带来了更加丰富的观影体验。

(5)社会性。电影文化产业不仅具有直接的经济价值,还具有较强的社会价值。优秀的电影作品能够传递正能量、弘扬社会正气、提高国民素质等,对于社会文明进步和主流价值观传承弘扬具有重要推动作用。

(三)电影创意与策划

电影创意与策划是电影文化产业发展的重要环节,是在电影作品的创作过程中,通过运用独特的思维和创新的手段,构思出具有吸引力和市场潜力的故事、角色和情节,并制订相应的策划方案,以实现电影作品的成功制作和发行,收获良好的经济及社会效益。

电影创意,是能触发电影创作并能为电影创作提供有价值的主意、想法及其获得过程。电影创意是电影作品的核心灵魂。一个优秀的创意能够为作品注入独特的魅力和生命力,使其在众多作品中脱颖而出。创意的价值在于它能够打破传统框架,提供全新的视角和体验,满足观众对新奇、独特文化内容的需求。通过创意,电影作品能够引发观众的共鸣,触动他们的情感,实现艺术与观众之间的深刻连接。

电影策划是将电影创意想法实现的路径,是对创意进行系统化、规范化的整理和规划,确保作品能够按照既定的目标和计划进行制作和发行。策划的价值在于它能够帮助制作团队明确方向,减少盲目性和随意性,提高工作效率,达到理想效果。同时,策划还能够对作品的市场前景、观众接受度等进行评估,为作品的成功发行和播出提供有力的支持。

(四)电影创意与策划的意义

首先,电影创作始于创意。美国著名导演、编剧格雷戈里曾提出,制作影片的传统方法是先有一个故事、一本书、一篇杂志文章或者一个可以发展成电影剧本的构思。根据剧本,制片人再确定制作预算,制订拍摄计划,安排必要的人员和设备,并通过制作和后期制作来指导一部影片的摄制工作。

其次,策划是电影顺利生产的重要保障。创作一部电影作品如同焙制一道点心,要预备某些原料,还要懂得如何去调制它们。在电影进入具体制作环节之前,根据电影的创意,对影响电影创作的重要因素进行分析筛选,对影片的整个创作生产过程进行周密、科学的策划,这是电影能够顺利生产的重要保障。

二、我国电影行业发展的痛点

(一)流量明星话题营销,作品质量有待提升

在当前电影产业市场化经营过程中,受市场经济的影响,公众对电影作品的需求在一定程度上影响着电影产业的发展方向。我国诸多影视公司为在市场上获得较高的流量与社会关注度,在电影作品创作与拍摄过程中往往会邀请流量明星参与表演或通过流量明星的宣传来提高作品的知名度,从而在受众市场上通过一种话题营销的形式实现电影作品的流量变现。但是,流量明星与专业演员在艺术素养方面存在一定差距,种种不良职业行为常常被观众所诟病,给电影行业带来了难以估量的损害。总之,电影作品创作者邀请流量明星参与表演,虽可以提高作品的市场流量与关注度,但同时也可能导致电影作品缺乏文化内涵和镜头表现力。

(二)缺乏原创性

原创力不足一直是困扰国产影片的问题。具体表现为,在影片创作过程中,过多地依赖已有的作品进行翻拍、改编或模仿,而缺乏真正新颖、独特的创意和故事构思。这种倾向不仅导致了影片内容的严重同质化,使得观众在观看过程中难以感受到新鲜感和惊喜,还容易让观众产生审美疲劳。因此,提升国产影片的原创性,推动电影产业的创新发展,已经成为当前亟待解决的问题。只有通过不断提升创作水平,挖掘更多具有独特魅力的故事和题材,才能让观众重新找回对国产影片的热情和期待,也让国产影片在国际市场上绽放出更加璀璨的光芒。

(三)过于造梦,忽视现实价值

受传统文化的影响,大众更期待电影作品有一个更加美好、圆满的结局,这使得很多电影作品是基于造梦的前提进行创作的。这类电影作品过于追求完美化的结局,对人文价值、社会价值等内容的反思相对较少,使得电影作品逐渐与现实生活相脱节。

三、电影创意与策划的方向

(一)作品要彰显中国精神、中国价值、中国力量、中国美学

实现中华民族伟大复兴,需要坚忍不拔的伟大精神,也需要振奋人心的伟大作品。

电影作品应紧紧抓住创作精品力作这个中心任务,弘扬中华优秀传统文化、革命文化和社会主义先进文化,讲述中国共产党百年奋斗的重大成就和历史经验,彰显中国精神、中国价值、中国力量,在全社会唱响主旋律、弘扬正能量。近年来,电影工作者坚持以人民为中心的创作导向,用电影语言生动讲述党的百年奋斗重大成就和历史经验,深情抒写新时代人民群众的奋斗、创造与实践,一批优质的电影作品及时推出,唱响讴歌党、讴歌祖国、讴歌人民、讴歌英雄的主旋律。《长津湖》《1921》《我和我的祖国》《我和我的家乡》《我和我的父辈》《攀登者》《中国机长》《中国医生》《夺冠》《十八洞村》《一点就到家》《血战湘江》《红海行动》等电影作品,在选好题材、讲好故事、拍成精品上下足功夫,创作者从百年辉煌党史和新时代史诗般的伟大成就中,汲取创作营养,开掘主题立意,准确把握思想内涵,注重创新叙事表达,用鲜活的电影语言生动地讲述中国故事。今后电影创意策划仍应牢牢坚持这个方向,努力用优秀的作品来彰显中国精神、中国价值、中国力量、中国美学。

(二)以"科技 + 文化"为引领,打造电影全产业链体系

当前我国电影产业存在产业链不强、产业综合配套孱弱等困境。"十四五"时期应加快推进以"科技 + 文化"为引领,依托5G、人工智能、大数据等技术发展,为电影产业发展注入新一轮变革动力。围绕高科技电影拍摄制作,向产业链两端延伸,逐步形成集前期创意、后期制作、宣发放映、电影教育、衍生品开发等多重功能于一体的高科技电影产业集群。坚持开放创新,提升电影国际影响力,打造面向全球的中外电影文化交流平台,向世界展示中国文化自信。

(三)不断开拓题材类型满足观众多元化需求

题材问题是电影创作的基本问题,也是电影产业供给侧结构性改革的重要组成部分。市场环境直接影响电影题材的选择。当前,我国电影产业存在着题材类型单一、现实题材少、群众关心的热点题材少、题材创新受限、市场环境有待优化等问题,因此应进一步加快电影题材管理,不断开拓题材类型,更好地满足观众个性化、多元化需求。通过题材管理科学化、题材有序开放来极大释放电影生产力。在重点电影创作选题规划方面,逐步实施涵盖中华优秀传统文化、历史、社会现实、人物传记等题材的重点电影创作选题规划,同时还应进一步努力扶持科幻电影、优秀动画电影等题材的创作生产。

(四)提高中国电影在世界电影格局中的话语权和影响力

电影"走出去"需要两条腿走路,一方面是商业上建立完善有效的发行机制和推广机制;另一方面是内容,回归创作本体,在文化交融中坚守民族精神,让海外观众欣赏到更加多元的中国故事,实现更多的文化交流与文化产品的持续输出。目前中国电影应该更关注人文表达而不是制作成本,所有艺术手法、技术手段都是人物塑造和故事讲述方式的辅助,这是写中国人的故事、讲好中国故事的前提。因此,应坚持用两条腿走路,用电影语言讲好中国故事,努力提升中国电影的国际影响力。

四、电影创意策划的策略

（一）创新策略

随着现代传媒技术的发展，人们获取信息、了解世界的渠道越来越多，新的娱乐形式也不断增多，观众对电影的要求也不断提高。面对挑战，不断创新、开拓新的表现领域、创造新的表现手法是电影保持生命力的法宝。好莱坞著名导演斯皮尔伯格曾说道："我一直在寻求各种不同类型的故事和题材。我喜欢使自己置身于一个陌生的、居于领先地位的领域。我在拍摄影片时，需要有这样一种感觉，仿佛自己处于不利地位，正迎头赶上。"创新策略具体可以分为以下三类。

1. 题材创新

电影具有非常多的题材，包括爱情片、武侠片、历史片等。近年来，国产电影题材不断创新，打破了传统框架，为观众带来新颖独特的观影体验。《流浪地球》这部电影充分利用科技手段构建了一个宏大的宇宙世界，影片通过精彩的故事情节和视觉效果，展示了人类在面临地球毁灭时的挣扎和求生意志。同时，电影还深入探讨了人类与自然、科技与社会等复杂关系，使得观众在享受视觉盛宴的同时，也能感受到深刻的思考和启示。电影题材创新能够拓宽电影的表现领域，丰富电影的艺术形式，为电影产业注入新的活力和创造力。这种创新不仅有助于提升电影的艺术价值，还能促进电影市场的多元化发展，满足观众日益增长的文化需求。

2. 类型创新

真正受到广泛关注的影片，是一批努力走出既定的类型模式，摆脱路径依赖，探索不同类型、风格、形态的融合创新的作品，这种"融合性"似乎正在形成中国电影的"新美学"。例如，《满江红》对历史、武打、悬疑、喜剧、英雄剧元素的混搭，《长安三万里》将历史、传记、诗歌重组为一种前所未有的"诗动画"形态，等等。中国电影似乎已经从好莱坞那种界限分明、功能区分的类型片发展模式中走出来，不再亦步亦趋、刻舟求剑，而是努力寻求现实主义、类型表达、作品风格的一种调和创新，既关注普遍性的社会问题，也接受类型创作的方法技巧，并适当地通过个性化风格使电影具有叙述的"差异性"和"新鲜感"，从而实现现实深度、大众接受、艺术表达相统一的目标。这种风格类型的融合，说明中国电影在学习吸收高度分工化、类型化的电影工业经验之后，已经开始走上一条适合自己的发展道路，主旋律、商业片、艺术片的传统三分法，似乎越来越模糊。那些最有影响力的年度作品恰恰体现了三者之间最大程度的融合。

3. 技术创新

从胶片时代到数字与胶片共存时代，再到全面进入数字电影时代，科技给电影产业带来了根本性变革。2019 年，中国首套 CINITY 系统在上海影院落地，创新融合了 4K、3D、高亮度、高帧率、高动态范围、广色域、沉浸式声音等电影放映领域的高新技术，打破放映端技术瓶颈，成为目前世界范围内电影放映领域的最高技术格式。此外，自主研发的国产 LED 2K/4K 电影放映系统相继通过 DCI 检测认证,使中国在新一代电影显示系统研制中实现弯道超车,对于推进电影放映技术自主创新和未来实现影院以较低成本放映高质量画面电影具有里程碑式的意义。随着中国电影科技能力显著提高以及电影工业体系的日益完善,涌现出了《哪吒之魔童闹海》《流浪地球》《金刚川》《刺杀小说家》《长津湖》等一批制作特效达到国际较高水平的国产影片,并且基本都是由国内特效公司制作。当前中国电影进入了新的窗口期,机遇与挑战并存,必须加快科技创新步伐,瞄准世界科技发展前沿,抢占技术创新高地,提高技术运用能力。

（二）改编策略

在全球电影更加关注现实、关注普通人生存境遇的大背景下,以真人真事为原型的所谓"真实故事"（truth story）和"真实改编"（based on a true story）的国产电影明显增加。这类"真实故事"和"真实改编"的影片不仅数量增多,质量也得到了显著提升。它们注重人物塑造和情感表达,通过细腻的镜头语言和深入的内心描写,让观众能够更深刻地理解人物的内心世界和命运轨迹。《中国乒乓之绝地反击》对体育人物的刻画和竞赛戏剧性的控制,特别是对中国特殊的体育社会现实环境的呈现,都达到了新的高度;《不止不休》在有限的表达空间中,表现了中国新闻人对推动社会进步做出的艰辛努力。一部基于现实的作品能否在电影市场上真正打动观众,引起人们的共鸣,前提还是电影是否具备讲好故事的能力和感染观众的艺术魅力。

改编策略不仅保留了原作的核心价值和精神内涵,还通过电影的表现手法和视觉特效,使故事更加生动、形象和立体。同时,改编策略也为创作者提供了更多的创作空间和可能性,让他们有机会在原作的基础上进行创新和拓展,为观众呈现更加新颖、精彩的电影内容。所以,电影改编策略是电影艺术发展的重要手段之一,它能够推动电影产业的创新和发展,为观众带来更加优秀的电影作品。

（三）热点策略

近年来我们看到电影荧屏上涌现了社会热点话题运用于电影中的现象。在创意策划电影时,从人们关注的热点中取材,既可以反映当时的社会风土人情风貌,又能契合人们所关切的问题。这已经成为影视内容制胜的重要法宝。

在"热点效应"的背景下,以跨国电信诈骗为题材的电影《孤注一掷》应运而生。这部犯罪悬疑片聚焦跨国电信网络诈骗集团犯罪手段残酷、受害群体损失惨痛等社会现实,引发广泛关注。《孤注一掷》在 2023 年 8 月 5 日上映首日,就取得近 2 亿元的票房,10 天内累计票房突破 10 亿元大关。在"反诈骗"这一社会热点的吸睛效应下,这部商业片获得了出人意料的高关注度。同样被称为"热搜电影"的《消失的她》,讲述的是妻子在东南亚度假时离奇失踪的罗生门式故事。在题材和剧情上,《消失的她》是具备畅销潜质的——其高度关联了"中国孕妇泰国坠崖案"这一社会热点。因此,"社会热点＋娱乐包装"已经成为广受电影行业欢迎的新套路。

随着主流电影越来越贴近观众的生活,对社会热点话题的需求越来越多,社会热点在剧本创作中的重要性也会更加凸显。从某种程度上来讲,社会热点话题能够真实地记录和还原生活,因此它的出现无疑是将一股新鲜的血液注入剧本创作之中。因此在当前视听文化占据主导地位、媒介日益走向融合、电影观赏性愈发重要的时代背景下,应更加充分认识热点话题在电影剧本创作中的价值。

(四)明星策略

电影是具有明星效应的,通常的做法是在电影中加入当红流量明星,他们可以为电影票房带来保证;也可以加入一些有票房号召力的实力演员,因为他们能够吸引观众走进电影院去观看电影,从而提高电影票房收入,有利于实现影视公司经济利益的最大化。比如《潜行》这部电影由刘德华、林家栋、彭于晏等明星主演,他们的加盟为电影带来了强大的票房号召力和影响力。这些明星在观众中拥有广泛的人气和"粉丝"基础,他们的参与使得电影在上映前就备受关注和期待。电影在宣传时也充分利用了明星的影响力,通过明星的社交媒体账号发布预告片、海报等内容,吸引了大量"粉丝"的关注和转发,进一步扩大了电影的曝光度和影响力,最终《潜行》位居上映当日实时票房榜第四,单日票房达 7300 万元,总票房更是高达 1.9 亿元,表现非常亮眼。

明星策略不仅能显著提升电影的知名度和关注度,通过明星的广泛影响力和"粉丝"基础,增强观众对电影的期待,从而有效提高电影的票房收入。同时,明星的加盟还能帮助塑造电影的品牌形象,扩大市场受众,为电影创造更多的宣传渠道,进一步推动了电影的广泛传播和口碑积累。

(五)主旋律电影策略

近年来,主旋律电影不断进阶,成为各大档期的"顶梁柱"。从《建国大业》到《湄公河行动》,再到《我和我的祖国》,中国故事越发成熟,观众"用脚投票",不断突破票房天花板,主旋律影片俨然成为中国内地院线的主力军。每年各大档期均有主旋律影片上映,从量变到质变,该类作品口碑不断提升,受到更多年轻观众的青睐。主旋律电影在题材选择和表现形式上不断升级,汲取具有世界水平的电影工业技术,用鲜活的角色、贴近观众真实感受的表达方式,拍出了大批高品质作品,极大满足了观众的视听审美需求。

采用"全明星制"的拍摄模式,借助商业片的创作方式,汇集大批观众熟悉的演员,吸引年轻观众的喜爱与共情,让作品焕发出旺盛的生命力,有利于主旋律电影的创新与传播。2019 年,分别取材自新中国成立 70 周年以来国家的诸多历史性经典瞬间,讲述普通人与国家之间密不可分的动人故事,由陈凯歌、张一白、管虎等 7 位导演联合执导的《我和我的祖国》令观众耳目一新。中华人民共和国成立、第一颗原子弹爆炸成功、香港回归等历史事件,是不同年龄层受众心中的重要回忆。影片通过叙述在这些时间节点的故事引发了全民共鸣。该片不仅收获了 31.2 亿元票房,而且摘得第 35 届大众电影百花奖最佳影片奖,票房与口碑双丰收。次年上映的《我和我的家乡》叙述了 5 个小故事,塑造了一群大时代中有血有肉、有情有义的小人物。故事在深刻中透着有趣、有趣中渗着严肃,通过这些小人物的视角,用一种温情、轻松、诙谐的语调,展现了每个人对家乡变化的反应,歌颂家乡的巨变,展现中国社会经济发展的成就,给观众带来全新的感受。收尾篇《我和我的父辈》则在国庆档掀起高潮,集全国优秀的影视编剧、导演和演员的强大阵容,以不同的故事表现特定重大历史和现实的主题。作为一种创新方式,该类题材作品为主旋律电影赋予了新的特色。

作为国产电影中的重要题材,主旋律电影承载着传播主流价值观,建构、宣传国家形象的重任。主旋律电影在娱乐性、艺术性等方面进行了创新,逐步位居票房榜前列。在传播主流价值观的同时,观赏性随之提升,众多佳作将普通人的情感、英雄的塑造与主流文化、民族形象相互交融,以不同类型化的叙事风格讲好中国故事。

第四节　动漫创意与策划

动漫产业是文化产业中极具活力与魅力的新兴门类,是以创意为核心,以科技为支撑,以动画和漫画为主要表现形式,以知识产权的开发和运营为主线的知识密集型、智慧主导型产业。动漫产业通常具有创意含量高、艺术表现力强、产品生产周期长、产业关联度大等特点,具有独特的价值与功能。根据《经济日报》的报道,我国当前已经成长为全球最大的动漫市场之一,截至2024年,动漫产业总产值已接近3000亿元,用户规模超过4亿人,出现了一批有竞争力的动漫企业,动漫作品在国际舞台上的传播力和影响力也越来越大。

一、动漫及动漫创意策划概述

(一)动漫与动漫产业的概念

1.动漫

动漫,即动画与漫画的简称。它既包含传统的动画和漫画形式,又包括当下流行的网络动画、三维动画等全新的动漫形式。广义上说,动漫是动画与漫画等诸多视觉形象的综合表现体,也被称为动态漫画。动漫作为一种独特的艺术形式,通过图像和动画传达了丰富多彩的故事和情感,成为全球文化交流中不可或缺的一部分。

动漫是一种通过动画技术制作的视觉媒体形式,通常是以动画方式呈现故事、情节和角色。动漫可以是电视节目、电影、网络视频、原创作品、漫画改编等形式,包括但不限于动作、冒险、科幻、奇幻、喜剧、爱情、悬疑等类型。动漫制作的过程包括设计绘制角色、制作场景动画、配音、配乐等多个环节,其最终呈现形式可以是2D动画、3D动画或混合形式。动漫在全球范围内受到了广泛欢迎,成为一种重要的文化表现形式,传递着各种文化主题、价值观和情感体验。

2.动漫产业

根据国务院办公厅2006年转发的财政部等部门《关于推动我国动漫产业发展的若

干意见》，动漫产业指以"创意"为核心，以动画、漫画为表现形式，包含动漫图书、报刊、电影、电视、音像制品、舞台剧和基于现代信息传播技术手段的动漫新品种等动漫直接产品的开发、生产、出版、播出、演出和销售，以及与动漫形象有关的服装、玩具、电子游戏等动漫衍生品的生产和经营的产业。动漫产业上游是动漫内容的生产和制作体系，中游是动漫内容的传播和观看渠道，下游是围绕动漫 IP 形象应用和授权的动漫衍生行业，如手办玩具、授权商品等。

动漫产业有广义和狭义之分，狭义的动漫产业是指以设计、生产、传输、营销动漫内容为主的企业组织及其在市场上相互关系的集合。广义的动漫产业除了包括狭义的动漫产业的内容之外，还包括以动漫产业为核心的其他邻近的、相关的企业和市场，如传统的服装业、玩具业、鞋业、文具业以及新兴的软件业、娱乐业等相关产业围绕动漫产品进行研发、设计、销售以及运营和服务等的企业的集合。

（二）动漫产业的主要特征

动漫产业作为文化产业中的新兴门类，与传统文化产业相比，具有以下典型特征。

（1）创意为核心。动漫产业的核心是创意，它依赖于创作者的想象力、创造力和艺术感。动漫作品通过独特的角色设计、故事情节和视觉效果吸引观众，创造独特的艺术风格和品牌。

（2）受众广泛。动漫作品题材多样，涵盖历史人文、科幻冒险、情感等多类题材，受众群体非常广泛，通过不同的题材和风格满足不同观众的需求。

（3）产业链长。动漫产业具有较长的产业链，包括漫画创作、动画制作、衍生品开发、授权和营销等环节。每个环节都需要专业的团队和资源投入，同时也为产业链上的各个环节提供了商业机会。

（4）与科技结合紧密。随着科技的发展，动漫产业也在不断创新和进步。新的制作技术、特效技术和互动技术等不断被引入动漫作品中，提高了作品的质量和观赏性，也为动漫产业带来了新的发展机遇。

（5）高投入、高利润和高风险性。动漫产业是资本密集型产业，动漫作品从设计、制作到后期处理都需要大量的资金投入。像《哪吒之魔童闹海》《功夫熊猫》《花木兰》这样的动漫作品往往需要上亿的资金投入才能得以实现。此外，动漫衍生品的开发、动漫 IP 形象推广宣传等环节，也都需要大量的资金投入，这样才能让动漫作品迅速提升知名度。

（三）动漫创意

动漫创意是指以创意为核心，通过画面、声音、色彩等多种表现手段，塑造人物形象和场景的艺术创作过程。这个过程不仅仅是故事情节的创作，还包括角色设计、场景构图、动作设计、色彩搭配等方面的创新和想象。动漫创意将人类的"智慧和想象力"转化成实体或虚拟的动漫产品，形成具有商业价值的创意。

动漫创意深受创作者的文化背景与创作目的、文化内涵等因素的影响，动漫创意是否优秀取决于其文化内涵能否明确表达,能否顺利被观众解读,能否让观众感到满足。动漫创意与动漫文化内涵是动态关联的,文化内涵是创意产生的前提,任何的创意都能归入这样或者那样的文化之中。

(四)动漫策划

动漫策划是依托策划者丰富的创意思维、敏锐的市场洞察力以及深厚的艺术素养,将一个动漫故事从概念变为成品的全过程。这个过程涉及多个方面,包括但不限于题材分析、主人公设定、故事背景、人物及情节、声音形象设计等方面。

动漫策划在动漫产业中具有重要的作用和意义。精心策划的动漫作品不仅能够满足观众的需求和期待,还能够促进动漫产业的持续发展和创新。首先,动漫策划可以引领创作方向。动漫策划在动漫作品的创作初期就起到引领方向的作用。通过对市场需求、观众喜好以及文化趋势的深入分析,策划者能够明确动漫作品的主题、风格、内容等核心要素,为后续的创作提供明确的方向。其次,动漫策划有利于提升作品质量,注重故事性、艺术性、商业性等多方面的平衡。在策划过程中,策划者会精心打磨故事情节、塑造角色形象、设计场景道具等,确保动漫作品在视觉和听觉上都具有出色的表现。同时,策划者还会对动漫作品进行严格的品质控制,确保作品质量符合市场和观众的期待。最后,动漫策划是动漫产业发展的重要推手。精心策划的动漫作品能够吸引更多的观众关注动漫产业,提升动漫产业的知名度和影响力。同时优秀的动漫作品还能够带动相关产业的发展,如衍生品、游戏、主题公园等,不断延伸和拓展动漫产业链条。

二、动漫创意策划的方向

我国动漫产业长期存在市场定位狭窄、内容创新乏力、产业链条较短等问题。因此,新时期要加速激发动漫产业的更大潜能,坚持立足于创意创新,通过有效的创意策划,推动我国动漫产业高质量发展。

(1)深入挖掘文化内涵。动漫作品不仅仅是娱乐产品,还承载着一定的文化内涵。创意策划需要注重动漫作品的文化内涵挖掘和表达,通过动漫作品传递正能量、传递文化价值观等。这不仅可以提升动漫作品的艺术价值,还可以增强观众的文化认同感。

(2)多元的题材选择。国产动漫长期存在题材单一的问题,需要进一步拓展题材选择范围。动漫作品的题材可以涵盖各个领域,包括但不限于科幻、奇幻、历史、现实等。创意策划需要注重题材的多元化选择,以满足不同观众的需求。同时,题材的选择也要与故事情节和角色设定相协调,确保整个作品的统一性和连贯性。

(3)独特的故事情节。一个吸引人的动漫作品往往有一个引人入胜的故事情节。创意策划需要注重故事的原创性、新颖性和深度,确保故事能够吸引观众的兴趣并引起共鸣。同时,故事情节的展开要紧凑、有张力,能够持续吸引观众的注意力。

(4)丰富的角色设定。动漫作品中的角色是引发观众关注、让观众能够产生共鸣的重要因素。创意策划需要注重角色的设定,包括角色的性格、外貌、背景等方面。角色的设定要具有多样性和深度,能够让观众产生强烈的代入感。同时,角色的成长和变化也是动漫故事情节发展的重要驱动力。人物形象的设计不仅需要结合故事情节,还需要为其策划具有个性的外貌特征和性格特点,并赋予其特定的文化内涵。

(5)独特的艺术风格。动漫作品的艺术风格是吸引观众的重要因素之一。创意策划需要注重动漫作品的艺术风格设计,包括画面风格、色彩运用、场景设计等方面。艺术风格要具有独特性和创新性,能够吸引观众的眼球并给观众留下深刻印象。

(6)跨界合作与创新。随着动漫产业的不断发展,跨界合作和创新已经成为动漫创意策划的重要方向之一。创意策划可以积极寻求与其他产业的跨界合作机会,如游戏、电影、音乐等,共同打造富有创新性和影响力的动漫作品。同时,也可以积极引入新技术、新应用等,为动漫作品的创新提供有力的技术支持。

三、动漫创意策划的流程

1. 概念阶段

概念阶段主要进行创意的构思、市场调研,在此基础上形成概念策划书。其中创意构思阶段产生动漫的初步想法和概念。这是一个充满创造性和想象力的过程,包括确定动漫的主题与风格,设计主要的角色以及角色之间的关系和互动,构思引人入胜的故事情节等。同时在创意构思阶段要保持开放的心态,愿意不断尝试新的想法和改变原有的构想。市场调研旨在了解动漫产品所面临的市场现状、发展趋势、消费者需求状况以及市场竞争格局等,以确保动漫策划符合市场需求。常见的市场调研方法包括环境分析、市场调查、深度访谈以及大数据分析等方法。之后将创意和调研结果整合成详细的概念策划书,确保后续环节能够按计划推进。

2. 预制作阶段

动漫预制作阶段是整个动漫制作过程的重要起始点,它为后续制作奠定了坚实的基础。预制作阶段需要进行的工作主要包括以下几点。

(1)故事创作。编写动漫的剧本或故事大纲,明确故事的主要情节,设计动漫中的主角和配角,设定故事情节的冲突与解决方式,等等。故事创作可能需要多次修改和完善,以确保故事具有连贯性和吸引力。

(2)角色与场景设计。角色设计包括外貌、性格、服装、动作等;场景设计则包括背景、道具、色彩搭配等。同时根据剧本内容与角色特点,设计与之相契合的动漫背景、环境和道具。同时还要确定动漫的整体视觉风格和色彩方案。

(3)故事板的制作。故事板是动画制作的重要依据,能够直观地展现故事的整体结构。将剧本内容转化为视觉化的故事板,明确每个镜头的画面内容、角色动作及表情等。

(4)预算与时间规划。制定详细的制作预算,包括人员费用、设备费用、场地费用等。制定时间规划表,明确每个制作阶段的开始和结束时间,确保项目按时完成。

(5)人员与技术准备。根据项目需求,组建专业的动画制作团队,包括导演、编剧、角色设计师、场景设计师、动画师、特效师等。准备动漫制作所需的软件、硬件等技术支持，对软件、硬件进行测试，确保它们在后续实际制作过程中能够正常运行。

3. 制作阶段

（1）分镜脚本：将剧本转化为详细的分镜脚本，描述每个镜头的构图、动作和对话。

（2）角色及场景建模：使用三维建模软件创建角色的三维模型，创建动漫中的背景和环境模型。

（3）动画制作：根据分镜脚本，制作角色的动作和表情动画。

（4）特效制作：添加特效，如光影、爆炸、火焰等；录制或购买音效，如背景音乐、声效等。

4. 后期阶段

后期阶段围绕提升动漫作品的质量和效果来进行，具体包括剪辑合成、视觉合成、音效配乐、色彩矫正等环节。其中剪辑合成将动画、特效和音效剪辑在一起，形成完整的动漫作品。音效和配乐是动漫辅助元素，可以有效增强画面的表现力和沉浸感。此外，还需要对细节进行矫正，如调整色彩、光线等，进一步提升动漫作品的可观赏性。

5. 发布和推广阶段

发布和推广阶段需要制订完备的动漫发布计划，明确具体的发布时间，通过何种平台或者渠道进行发布等。同时还需要事先计划好通过线上线下媒体、平台、活动等进行动漫宣传推广。

四、动漫衍生品的创意策划

（一）动漫衍生品的概念

动漫衍生品是指以卡通动漫、网络游戏、手游中的原创人物形象为原型，经过创意设计所开发制造出的一系列可供售卖的动漫服务或产品。这些产品种类繁多，包括但不限于音像制品、电影、书籍、各种游戏、软件产品界面、玩具、动漫形象模型、服饰、饮料、保健品、鞋袜、文具等。动漫衍生品具有商品性、艺术性等特点，产品开发周期短，消费者基础庞大，品牌忠诚度高，其独特的设计风格和精细的制作工艺，使得每一个动漫衍生品都成为独一无二的艺术品。动漫衍生品不仅是对动漫作品的延伸和扩展，也是对动漫作品所承载的文化的推广和传承。

此外，动漫衍生品还可以借助 IP 形象授权的方式衍生到更广泛的领域，比如主题餐饮、漫画咖啡馆、主题公园等旅游产业及服务行业。动漫衍生品是动漫产业链中利润最高的环节，也是动漫作品价值变现和扩大影响力的重要途径。

（二）动漫衍生品创意策划的方向

第一，应保持原创性。衍生品的设计应尽量保持原作的形象和风格，保证衍生品的视觉统一性。这有助于增强消费者与原作之间的情感联系，提升产品的吸引力。

第二,应寻求与用户的情感共鸣。通过衍生品设计唤起人们对作品的回忆和喜爱,建立情感连接。这可以通过设计具有特定故事背景或象征意义的角色、场景或道具来实现。

第三,追求差异化。每件衍生品均应有自己独特的设计元素,避免千篇一律的设计。可以通过独特的颜色、形状、材质或功能来实现差异化。

第四,增强衍生品的互动性和体验性。增强衍生品的互动性和体验性可使消费者在使用过程中获得更多乐趣和满足感。例如,可以设计带有 AR 或 VR 技术的衍生品,让消费者能够亲身体验动漫世界的魅力。

第五,寻求跨界合作。与其他产业或品牌进行跨界合作,共同推出具有动漫元素的衍生品。这不仅可以扩大产品的受众范围,还可以提升产品的知名度和品牌价值。

(三)动漫衍生品创意策划的步骤

动漫衍生品的创意策划需要综合考虑动漫 IP 的核心元素、目标受众、市场趋势、产品设计与开发、营销策略以及法律与知识产权等多个方面的因素。

1. 明确目标

确定衍生品策划的目的,是为了增加动漫 IP 的曝光度、提升"粉丝"黏性,也是为了拓展新的市场领域。确定目标受众,包括年龄、性别、兴趣爱好、消费习惯等,以便更好地满足他们的需求。应深入理解动漫角色的特点、个性和受欢迎程度,以及动漫的故事情节和视觉风格等特征,借助创意设计将其融入衍生品的设计中。

2. 市场调研

调查目标受众特征及需求,了解目标受众的年龄、性别、兴趣、消费习惯等,分析受众的需求和期望,如产品的功能性、外观、价格等,以满足他们的实际和潜在需求。把握市场趋势,关注当前流行的文化趋势和时尚元素,将其融入衍生品的设计中,以吸引更广泛的受众。同时还要广泛调查了解竞争对手的产品特点、优势和市场定位,以便找到自己的差异化竞争点。

3. 产生创意

结合动漫 IP 的特点和受众需求,进行头脑风暴,产生创意点子。可以从动漫角色、故事情节、场景元素等方面入手,挖掘与动漫 IP 相关的创意元素。可以参考其他成功的动漫衍生品案例,借鉴其创意和设计思路。对产生的创意进行筛选和评估,选择最符合目标受众需求和市场趋势的创意;在评估创意时,需要考虑创意的可行性、创新性、市场潜力以及制作成本等因素。

4. 制订策划方案

根据选定的创意,制订详细的策划方案,包括产品设计、定价策略、市场推广等。在产品设计方面,需要考虑产品的外观、材质、功能等,确保产品能够吸引目标受众的注意并满足他们的需求。在定价策略方面,需要根据产品的成本、市场需求以及竞争对手的定价情况来制定合理的价格。在市场推广方面,需要制订有效的宣传计划,包括线上线下的宣传渠道、宣传内容以及宣传时间等。

5. 实施和调整

动漫衍生品的创意策划应按照策划方案进行实施,包括产品的设计、生产、销售等。在实施过程中,需要密切关注市场动态和消费者反馈,及时调整策划方案以适应市场变化。对于市场反应良好的产品,可以加大推广力度并考虑开发新的衍生品系列;对于市场反应不佳的产品,则需要及时调整或放弃。要选择适合目标受众的宣传渠道,如社交媒体、电商平台、线下活动等开展广泛宣传。同时还应寻求与其他品牌或企业合作,进行跨界联动营销,扩大衍生品的影响力。

6. 后续跟踪与评估

在动漫衍生品推出后,需要持续跟踪市场反应和消费者反馈,以评估策划方案的效果。根据评估结果,可以对策划方案进行进一步优化和调整,以便更好地满足市场需求和消费者需求。同时还要确保动漫衍生品的设计和开发过程符合法律法规,避免知识产权纠纷。对自有知识产权要积极申请相关商标、专利等,以保护自己的创意和成果。

本章小结

随着互联网的普及与数字技术的飞速发展,纸媒受到了强烈的冲击。但是纸媒依然凭借其持久性、稳定性、权威性、能对内容深度挖掘等优势,占有一席之地。在这样的背景下,纸媒的创意策划可以从以下几个方面入手:突出内容优势,进行渠道拓展,强化用户沟通,深挖文化内涵,推动营销创新以及加速智媒化进程。

短视频是当前文化产业最核心、最新颖的产业形态之一。在进行短视频创意策划时,应进一步强化其专业化和精品化特征,提升用户参与创作积极性,推动平台多元化发展,加强与关联行业的融合发展,并优化协同治理机制。短视频创意策划的流程通常从确定主题和目标受众开始,依次经过创意构思、编写脚本、拍摄和剪辑以及推广宣传等关键环节。

电影是现代文化产业体系的重要组成部分,也是讲好中国故事,提升中国文化影响力的重要渠道。当前我国电影行业在发展过程中仍面临一些痛点,如过度依赖流量明星和话题营销,文化内涵不足,缺乏原创性以及忽视现实价值等。针对这些问题,后续电影创意策划应围绕如何彰显中国精神、中国价值、中国力量、中国美学展开。同时,要努力打造电影全产业链体系,不断开拓题材类型以满足观众多元化的审美需求,进而提升中国电影的影响力。

动漫是以创意为核心、以科技为支撑的文化产业类型。我国动漫产业长期存在市场定位狭窄、内容创新乏力、产业链条较短等问题。因此,新时期要加速激发动漫产业的更大潜能,坚持立足创意创新,通过有效的创意策划,推动我国动漫产业高质量发展。动漫创意策划的方向应围绕深入挖掘文化内涵、拓展多元题材选择、塑造独特的故事情节塑造、打造丰富的角色设定、形式独特的艺术风格以及开展跨界合作与创新等方面展开。

思考题

1. 纸媒创意转型有何价值优势？
2. 短视频创意策划的流程包括哪些环节？
3. 我国电影行业发展的痛点是什么？进行创意策划应朝着哪些方向努力？
4. 如何进行动漫衍生品的创意策划？

第五章
文化活动的创意与策划

学习目标

通过对本章的学习,学生应了解或掌握如下内容:

1. 活动创意的界定与分类。
2. 会展活动的创意策划及策划书的撰写。
3. 节事活动的创意策划及策划书的撰写。

章首案例

"梵高再现 Van Gogh Alive"再现上海

2023 年"五一"黄金周期间,上海世博会博物馆人头攒动。拥有全球造访人次最多纪录的多屏沉浸式数字光影大展"梵高再现 Van Gogh Alive"正在这里举办。上海是"梵高再现"沉浸式光影大展办展的全球第 90 座城市。从纽约、巴黎、伦敦、洛杉矶、墨尔本,到东京、北京,这场世界级展览已走遍五大洲、超过 30 个国家、89 个国际城市,吸引了超千万访客观展。此次登陆上海的是经过近半年精心筹备的最新升级全球特别纪念版。本次展览主办方杜威中心总裁袁伟介绍:"今年是梵高 170 周年诞辰,观众可以跟随数字光影的呈现,欣赏到近 3000 幅梵高的画作、手稿与书信,相当于在一场展览中走遍了全世界的博物馆,因为我们让世界各地博物馆和私人收藏家手中的梵高作品全部出现在一个展览中。""梵高再现"的特别之处在于以 SENSORY4™独家国际专利技术和电影级的高清投影设备为支撑,让梵高的画作得以浮现在展厅的每一个平面——墙壁、圆柱、天花板甚至地板。对梵高风格特色的放大式呈现,也让观众可以检视其对色彩和技术的超高运用。本次展览最大的特色是通过数字处理让梵高的画作能够有立体3D的笔触。

第一节　活动创意概述

活动在人们社会生活中发挥着重要作用,是人类与周围客观世界交流的重要形式。从传统庆典、集会、节日活动,到今天的会展活动、主题活动、路演活动等,活动组织形式灵活,应用也非常广泛。一系列活动的有效开展,既是集聚人气、吸引观众、休闲娱乐的重要形式,也是传递信息、加强合作交流的重要渠道。好的活动离不开好的创意和有效的策划,创意策划是活动的灵魂。要更好地实现活动目的、彰显活动效果,就需要融入文化创意元素,并依靠成功的活动策划来支撑。当前随着年轻人对个性化和新颖性需求的日益增长,文化创意活动正朝着强互动、重体验、重创新和年轻化等方向发展。通过创意赋能,活动能够突出自身特色,打造品牌影响力,从而更好地实现良好的经济和社会效益。

一、活动的界定与分类

"活动"一词具有特定的含义,其对应的英文单词是"event",意即"事件、大事、比赛项目等"。新华字典中有"活动"的多种解释,其中将它作为名词,意为"为某种目的而行动",即围绕某一目的将人、事、物联合起来而做出一系列行为的总和,这也是本章所采用的"活动"概念。

活动的分类标准多样且无统一标准,根据分类目的与需要的不同,活动可以进行多元化的划分。按活动内容可以划分为政治活动、经济活动、文化活动等,其中每个大类活动还可以细分,如政治活动包括选举活动、外交活动、社会保障活动、公共活动等,经济活动包括生产活动、交换活动、分配活动、消费活动等,文化活动包括校园文化活动、群众文化活动、企业文化活动等;按活动涉及范围大小可以分为世界级活动、国家级活动、省市级活动等;按活动时间划分可以分为单次活动、短期活动、长期活动、定期活动等。

从规模角度进行活动划分,参照约翰·艾伦所提出的活动分类标准,依据活动的出席人数、媒体形象、基础设施、成本效益等相关指标,可以将活动分为以下四种类型(见表5-1)。

表5-1　活动的分类

分类标准	类型名称	代表性活动
出席人数、媒体形象、基础设施状况、成本效益水平	特大活动	奥林匹克运动会、世界博览会、国际足联世界杯
	重要活动	澳大利亚网球公开赛
	标志性活动	西安年·最中国
	地区性一般活动	汉中油菜花节

二、活动创意与策划

活动从最初的创意构思开始,之后通过物化的形式或是精神层面的阐释来验证活动自身的价值。这是一个从思维到大众传播的过程,而支撑和推动这个过程顺利开展的核心动力是创意(idea)、策划(plan)与操作(operation)的有机结合。创意、策划与操作三者相辅相成,动态发展且相互补充。活动创意是为某项活动提出的独特、新颖的想法或概念,它能够吸引人们的注意力,提高活动的吸引力。活动策划则是将这些创意转化为具体的实施方案,涵盖活动的目标设定、内容规划、时间安排、资源调配以及效果评估等多个方面。好的活动创意能够为活动带来独特性和创新性,使活动在众多同类中脱颖而出,吸引更多的参与者和关注者。同时,创意也能够提升活动的品质和价值,为参与者带来更好的体验和感受。

一个成功的活动需要将创意与策划紧密结合。创意为活动策划提供灵感和方向,而策划则将创意转化为具体的实施方案。在活动策划过程中,需要不断挖掘和提炼创意元素,将其融入活动的各个环节中,使活动更具吸引力和创新性。通过挖掘创意元素和精心策划实施方案,可以打造出独具特色的活动,吸引更多的参与者和关注者,提升活动的品质和价值。

一般来说,活动创意策划的目的有三个:一是强化活动的大众传播性。优秀的活动创意策划能极大提升公众的参与感和体验感,推动公众之间的相互传播,提升活动影响力。例如,2023 年,贵州茅台举办"'中国茅台·国之栋梁'希望工程圆梦行动 2023 年分享会",借助活动的公益属性,有效提升了其品牌在公众心目中的美誉度。二是深层阐释活动价值。依靠精心的活动创意策划,聚焦用户需求,以用户更易于接受的方式向他们传递深层次的信息。三是发挥活动公关职能。活动创意策划通常围绕某一主题展开,如吸粉引流、促销推广、环保公益等,通过这些活动和用户进行互动交流,能更好维护客户关系,发挥活动公关职能。

三、活动创意的发展趋势

与文化创意最为密切的活动形式可以总结为三大类:一是会展活动,如世界博览会、中国进出口商品交易会、日本东京动漫展、威尼斯艺术双年展等;二是主题活动,如法国巴黎时装周、法国戛纳电影节、巴西里约热内卢狂欢节等;三是路演活动,如快闪、商演、红毯秀等。活动创意呈现出如下发展趋势。

(1)更加注重传播性、创意性和体验性。一成不变的活动难以吸引人们的眼光,极富创意性、体验性、新颖性的活动越来越被人们所青睐,传播的范围也更广。创意成为助力活动成功举办的重要力量。

(2)与科技融合更为紧密。随着新兴技术的发展,各种新技术如 VR、AR 等也逐渐被应用于活动展示、活动体验中。从活动场景设计到活动开展形式,从活动创意环节到活动推广宣传,科技的融入无处不在,并逐渐成为活动创意的常用手段。例如,深圳光影百年数字创意团队借助数字技术,探索创新的文化表达形式,成功营造出奇妙独特的数字创意沉浸式世界。

(3)活动创意策划竞争不断加剧。由于大型活动的成功举办对于彰显城市形象、推动文化与经济交流的意义越来越凸显,活动策划已经成为一个专业化程度不断提升、规模越来越庞大的产业,活动策划与会展、广告、营销、公关、文化传播等相关领域融合在一起,推动活动日益朝着专业化、高质量的方向发展。

四、活动创意策划的要点

有效掌握活动创意策划的要点,能够更好地彰显活动举办的价值,实现活动的目的。活动创意策划具有四个要点:吸引度、可信度、执行度、宣传度。

(1)吸引度。一个活动创意策划的好坏,最重要的是吸引度。能够吸引用户,活动策划便成功;相反,则失败。活动策划要有吸引点,要能在目标用户群体中引发关注,激发用户群体强烈的参与感。

(2)可信度。活动创意策划者要重视活动的可信度,因为活动只有被用户贴上"可信"的标签,才更易于被转发和分享,才能吸引更多的用户群体,影响力才能持续扩大。

(3)执行度。活动创意策划需要具备良好的执行度,比如在活动步骤、活动时间等方面进行细化,确保活动顺利开展。另外针对一些潜在的突发因素,活动策划者还要制定相应的应急预案,确保活动可以顺利推进。

(4)宣传度。活动影响力要想达到最大,效果达到最佳,策划者就必须努力提升活动的宣传度,重视活动宣传渠道的建设,让更多的用户参与到活动中来,给予他们更好的活动体验,引导用户自发地分享活动信息,提升品牌宣传效应。

第二节 会展活动创意策划

一、会展活动概述

会展是在特定的时间段和场所内,围绕特定的会展主题、内容、形式和目的,通过信息传播、展示和交流等方式,实现人流、物流、资金流、信息流和能源流集聚的特定类型活动。会展活动有狭义和广义之分,狭义的会展活动仅指会议和展览(convention and exhibition),广义的会展活动包括一般性会议(meeting)、奖励旅游(incentive)、大型会议(convention)、展览(exhibition)和节事活动(event)等,国际上通常表述为 MICE。

(1)会议。根据国际会议产业理事会(CIC)的界定,会议是一定数量的人聚集在某一个地点,进行协商或执行某项活动。会议主要是与会者进行思想以及信息的交流,涉及的主体包括会议主办方、承办方、与会者三类。

（2）展览。国际展览产业协会（UFI）将展览定义为具有时效性的临时性市集，在有计划地组织筹划下让销售者与采购者于现场完成看样、咨询以及下单采购的展售活动。展览是人们进行信息交流、商业洽谈和营销的活动场所，是供需双方间的桥梁和纽带。

（3）奖励旅游。国际奖励旅游管理者协会（SITE）将奖励性旅游定义为兼具激励与营销双重功能的战略工具。通过定制化高端旅程，既激励达成企业目标的员工（如以独特体验强化绩效闭环），又促成客户关系升级（如以沉浸式场景触发市场转化），最终在非传统场景中实现企业战略的精准渗透。奖励旅游一般包含了会议、旅游、颁奖典礼、主题晚宴或晚会等部分。

（4）节事活动。节事活动主要是以各种节日、盛事的庆祝和举办为内容的专项活动，节事活动包括节日庆典、盛事、体育比赛活动、艺术节事活动等。

实践中，会议、展览、奖励旅游以及节事活动具有相互交融性，这些不同的活动形式你中有我、我中有你，相互影响，相互促进，使会展活动的发展更具多样性、综合性，也更具吸引力和传播力。

二、会展活动创意

（一）会展主题的创意

会展活动主题是会展内容的高度浓缩与概括，它表达了会展活动的宗旨、理念和目标。参展商在确定自己的展台风格以及展示方式时，必须与整个展会的主题相呼应。例如，2010年上海世博会"城市让生活更美好"的会展主题，意思是城市不断发展着、前进着，城市要不断调整，才能为人们创造一个舒适的生活环境。在这一主题下，参展商的展品、展台设计等都强烈地体现了这一主题，彼此呼应，相得益彰。历届世博会主题见表5-2。

约翰·霍金斯在其著作《创意经济——如何点石成金》中提出了创意的三个基本要素：一是个体性，即通过个人观察及个人的创造性思维来形成某些表面或深层次的创意，并在头脑中反复思索与成型；二是独创性，创意有可能是全新的，也有可能是对于既有事物或者思想的再造及再设计；三是意义性，将创意的思维通过某种有意义的方式展现或传递出来。会展活动主题的创意同样也需要以下基本要素：首先，会展活动主题的凝练要凸显个体性，正如表5-2中世博会主题的创意，在不同的历史时期，由不同的举办城市举办，所凝练的会展主题各具特色，各有千秋。其次，会展活动主题的凝练要具有独特性，即会展主题要具有鲜明的特色，尤其是在当前会展行业快速发展，各种会展活动层出不穷的环境下，凸显特色、体现优势，更能有效实现会展活动的举办目的。

会展活动主题的创意需要立足于客户的商业需求，结合深入的环境分析，综合运用归纳提炼法、加工提炼法、借用法等来进行凝练。常见的会展活动主题的挖掘方法可以从以下几个方面着手:行业热点、品牌诉求点、展品特色等。

表5-2 历届世博会主题

年份	举办地	主题	年份	举办地	主题
1933	美国芝加哥	一个世纪的进步	1984	美国新奥尔良	河流的世界——水乃生命之源
1935	比利时布鲁塞尔	通过竞争获取和平	1985	日本筑波	居住与环境——人类家居科技
1937	法国巴黎	现代世界的艺术和技术	1986	加拿大温哥华	交通与运输
1939	美国旧金山	明日新世界	1988	澳大利亚布里斯班	科技时代的休闲生活
1958	比利时布鲁塞尔	科学、文明和人性	1990	日本大阪	人类与自然
1962	美国西雅图	太空时代的人类	1992	西班牙塞维利亚	发现的时代
1964	美国纽约	通过理解走向和平	1992	意大利热那亚	哥伦布——船与海
1967	加拿大蒙特利尔	人类与世界	1993	韩国大田	新的起飞之路
1968	美国圣安东尼奥	美洲大陆的文化交流	1998	葡萄牙里斯本	海洋——未来的财富
1970	日本大阪	人类的进步与和谐	1999	中国云南	人与自然——迈向21世纪
1974	美国斯波坎	无污染的进步	2000	德国汉诺威	人类—自然—科技—发展
1975	日本冲绳	海洋——充满希望的未来	2005	日本爱知县	自然的睿智
1982	美国诺克斯维尔	能源——世界的原动力			

（二）会展内容的创意

1. 内容的整体性

会展活动是各会展要素及各子项目之间相互配合、相互协作的成果,因此整体性是会展内容创意的基础。会展活动的内容创意要求具备大局观和整体性思维。从横向来看,会展活动各个部分内容的创意都要紧紧围绕会展主题这一核心理念;从纵向来看,整体性要求会展内容创意必须是完整的,从展前准备,展中调度,再到展后服务,都必须有明确而翔实的筹划和内容安排。

2. 内容的震撼力

"震撼力原则"是20世纪美国广告"创意革命"三大旗手之一威廉·伯恩巴克所提出的,他强调"广告没有震撼力,就不会给消费者留下深刻印象",只有具备震撼力,才能使产品引起受众注意并在其心中留下深刻的印象。对于会展活动的内容创意而言,同样需要具备一定的震撼力,给参与者留下深刻的印象。内容要具备震撼力,就需要会展内容创意者开阔思维,充分发挥想象力,以新奇独特和异想天开的方法,来实现常规的内容所难以达到的效果。

3. 内容的专业化

专业化要求会展内容更加细化,范围更加精准,在既定资源约束范围内做好某个领域某一方面的会展策划,注重质量。一般来说,随着会展产业的发展,专业化趋势越来越明显,可以更好地根据贸易和消费性质进行会展内容的专业性细分。

(三) 会展形式的创意

1. 展示设计的特色化

展位、展台形象是会展的重要组成部分,代表了会展的品质和形象特征,因此,应该在保证整体性的前提下,根据参展商及参展作品的特色进行系统性的展台设计及展馆规划,这也是会展发挥创意的重要场所。展示设计创意是一个由意象到具象的过程,主要包括展台设计、空间布局设计、道具设计、照明设计、平面设计以及与展馆环境相匹配的设计等内容,需要综合考虑视觉、听觉、触觉、嗅觉等感官感受。

2. 活动设计的多元化

展会是连接消费者和行业的重要桥梁。行业通过举办展会来加强与市场的沟通与交流,因此展会中多样化的活动环节对于促进展商之间、展商与买方、展商与观众之间的信息交换至关重要。随着展会行业的发展,现代展会不仅包括基本的展览环节,还可以设计展中会、会中展、展中展、会中会等多种形式的活动内容。

3. 充分利用科技手段

科技创新和文化赋能已成为当今文化创意发展的主题,也是展会活动中产生创意的重要推动力。以科技赋能会展形式创意,在当前受到越来越多的关注。以法国 HTC VIVE 助力的"胡夫地平线——金字塔沉浸式探索体验展"为例,2024 年 3 月,该展登陆北京,基于 HTC VIVE 的 LBE 追踪模式,无须额外设备,可以同时追踪覆盖 1000 平方米以上,真正助力 VR 从虚拟走进现实。观众在真实空间的移动与虚拟空间中的移动完全对应,近距离了解金字塔的内部构造和历史脉络,穿越到 4500 年前,揭开古埃及文明神秘的面纱。在整整 45 分钟过程中,观众不但可以在展厅中自由漫步,多角度观察与体验,而且可以看到场内其他观众的虚拟形象,并与同组进入的同伴实时通话,既保证了观展的安全,又打破了传统 VR 观看的孤独感。

三、会展活动策划

(一) 会展活动策划的概念

会展活动策划是策划理论在会展领域的具体运用。它是围绕特定的目标,对会展活动相关信息及其发展趋势进行理性分析和需求洞察,在此基础上,为未来一段时间的特定会展活动进行创造性的设计、组织或参与,并通过具有较强引导性和执行性的行动计划和行动方案来确保预期目标能够得以实现的策划活动。

(二)会展活动策划的分类

(1)根据会展活动策划的主体分类,可以分为举办方会展活动策划、参展商会展活动策划。

(2)根据会展活动策划的层次分类,可以分为宏观会展活动策划、普通会展活动策划、微观会展活动策划。

(3)根据会展活动策划的范围分类,可以分为整体会展活动策划、专项会展活动策划。

(4)根据会展活动策划的进程分类,可以分为会展前期策划、会展中期策划、会展后期策划。

(三)会展活动策划的要素

会展活动策划的要素是指在会展活动策划活动和程序中所涉及的各个组成部分,通常包括策划者、策划对象、策划依据、策划方案及策划效果评估等。其中策划者是会展活动策划的主体,决定了会展活动策划的水平和质量。策划对象是会展活动策划的客体,是物的因素。策划依据是指策划者开展策划活动的先决条件或背景,如策划者的知识结构、专业经验、信息储备,策划对象的发展现状、营销环境、竞争优劣势等。策划方案是策划者为达到既定的策划目标,基于策划依据,针对策划对象在进行创意设计的基础上所形成的一系列策略、方法、步骤等。策划效果评估是策划者针对策划方案实施后在经济社会等方面可能产生的直接及间接效果所进行的评估。

(四)会展活动策划的内容

会展活动策划立足于策划主体要达到的预期目标,在对会展业相关信息、发展趋势及需求调研的基础上创造性地设计、组织或参与未来一段时间的会展活动,并通过具体的行动方案来指导和监测会展活动的顺利实施。会展活动策划的主要内容具体包括以下几种。

1.前期调查与分析

会展活动策划需要对会展行业的发展现状及其未来趋势进行调研和分析,以便准确了解市场局势,明确优势、劣势,环境中所蕴含的机会、威胁,从而可以保障策划方案更好的落地。一般而言,会展活动策划前期的调查可以分为宏观环境分析、微观环境分析两类,其中宏观环境分析常用的分析方法是 PEST 分析法,对于当前所处的宏观政治、经济、社会、技术环境进行综合分析;微观环境分析的六个要素是企业内部、供应者、营销中介、顾客、竞争者、公众。通过进行充分的前期调查与分析,才能对会展活动的需求及其未来趋势做出准确的判断,让会展活动策划方案有的放矢。

2. 会展的决策与计划

在会展决策过程中,应掌握一定的决策策略。影响会展决策的要素有营销需要、市场条件、营销方式、内部条件等。会展的决策与计划应从分析决策的要素入手,先确定会展的基本目标、集体目标和管理目标,然后决定会展的战略安排、市场安排、方式安排等。

3. 会展的运作与实施

会展的运作与实施是开展会展活动的中心环节,也是会展活动策划的重心所在。在这个阶段,会展活动策划人员根据会展活动策划书的计划与安排,开展广告宣传工作、组织招展招商工作、进行会展设计工作,以及处理与会展活动策划相关的其他具体事务。

4. 会展的效果评价与测定

会展的效果评价与测定是全面验证会展活动策划实施情况必不可少的工作。当整个会展活动策划、实施工作结束后,会展人员应及时进行评估,总结经验,寻找问题,并写出评估测定工作总结报告,为以后的会展工作提供可借鉴的经验,以不断提高会展活动策划的水平。

(五) 会展活动策划的流程

1. 成立策划小组

会展活动策划工作需要集合各方面的人士进行集体决策,因此,首先要成立一个会展活动策划小组,具体负责会展活动策划工作。一般而言,会展活动策划小组应由策划主管、策划人员、文案撰写人员、会展设计人员、市场调查人员、媒体联络人员、公关人员等共同构成。会展活动策划由策划主管负责,各方面人员需通力配合、协调一致,共同做好会展活动策划工作。

2. 进行市场调查

会展市场调查是会展活动策划的基础。市场调查是会展活动策划者为了解市场信息,把握市场动态所必需的调研工作。只有在系统地收集有关市场信息与相关背景资料,并加以科学概括分析的基础上确立的会展活动策划,才能保障策划方案落地。在进行市场调查时,不仅要考虑本区域的优势产业和主导产业,还要考虑重点发展中的行业、政府扶植的行业等。具体分析行业市场状况时,要摸清市场的归属,即买方市场还是卖方市场等。主办者需要将市场调研的重点放在市场前景分析、同类会展活动的竞争能力分析、本次会展活动的优势分析、潜在客户需求分析等方面。

3. 确定会展策略

做出会展策略的决定是一个决策过程,应该有相应的程序。在一般情况下,会展决策应考虑营销需求、市场条件、营销方式、内外部条件等因素。在充分进行市场调研与预测之后,接下来需要进行会展目标市场的定位与制订会展营销计划。以展览会为例,组织者在进行目标市场定位时需考虑展览会的类型、产业标准、地理细分、消费者行为细分等因素,在此基础上才能通过不同会展活动策划方案的比较,甄选出合适的会展策略。

4. 制定媒体策略

现代社会是一个信息社会,人与人之间、企业与企业之间都不断进行着信息交流,而信息交流的主要载体便是各种媒体。实施有效的媒体策略对会展活动组织者至关重要,会展组织者要根据有限的营销推广预算以及举办会议、展览会、节事活动的需要和条件,来选择合适的媒体。在选择媒体的类型时需要综合考虑目标受众的媒体习惯、产品性质、信息类型以及广告成本等因素。

5. 制定展示设计策略

展览展示设计是以传达展览信息、吸引参观者为主要目标的有目的、有计划的环境、展台、展品设计。好的设计能提高展会的品位,吸引参展者、参观者,对产品营销也起到潜移默化的作用。一般而言,较大规模的展会活动在开展前九个月就开始进行展览展示的设计运作了。从参展商的角度来说,设计不仅仅是一个展台设计的问题,在策划阶段就要考虑设计展览结构、取得展览公司的设计批准、制作展会宣传册等事项。

6. 制订预算方案

良好的财务管理和预算控制是筹办会展活动最重要的因素之一,如果安排得当,不仅能起到增加收益、提高效益的作用,而且便于管理者了解收入的来源及比例,分析主要的投入项目。预算是协助管理人员实现财务目标的一个工具。可以把预算看作一张地图,它能引导公司达到所寻找的目标。为了达到这个目标,在制定会展预算时必须做到有计划、有步骤,不断更新和掌握有效信息。

一般说来,制定一份会展预算方案至少应涵盖以下几方面内容:行政管理费、收益、固定费用、可变费用等。在会展活动中,为了衡量一个项目的财务成果,必须设置一个用于实现既定财务目标的预算开支。预算采用的方式,可视具体情况而定。

7. 撰写策划方案

会展活动策划就是会展的策略规划,为了会展的成功举办,必须对会展的整体性和未来性的策略进行规划。它包括从构想、分析、归纳、判断,一直到策略拟定、方案实施以及事后的追踪与评估过程。会展活动策划与计划不同,它有为达到目的的各种构想,这些构想和创意是新颖的,与目标保持一致的方向,有实现的可能。把策划过程用文字完整地记录下来就是会展活动策划案。

广义的会展活动策划案涵盖经市场调查而产生的可行性研究报告、项目意向书、项目建议书以及广告策划方案、宣传手册等,包括围绕某次会展的展前、展期、展后的所有的策划文案。

8. 实施效果评估

会展策划效果既有短期的,也有长期的。展出者在重视并投入很大力量进行展台设计、产品展示、展览宣传、展台接待和推销等工作的同时,也应当投入相当的力量做会展后续工作。如果说会展相当于"播种",建立新的客户关系,那么,会展的后续工作就相当于"耕耘"与"收获",将新的关系发展为实际的客户关系。会展的效果评估内容很丰富,有展会工作评估和展会效果评估。展会效果评估需要由展出者自己安排或委托专业评估公司来做。展会效果的评估内容有定性的内容也有定量的内容,在条件许可的情况下尽量用定量的评估内容,这样能使评估的结果更客观、更有科学性。

小资料

2025 年(新加坡)国际商务会展策划大赛
中国地区选拔赛暨第十八届全国高校商业精英挑战赛
文旅与会展创新创业实践竞赛

根据中国高等教育学会高校竞赛评估与管理体系研究工作组发布的《全国普通高校大学生竞赛排行榜》,全国高校商业精英挑战赛文旅与会展创新创业实践竞赛(以下简称"竞赛")已连续多年被纳入学科竞赛排行榜,是目前商科教育领域文旅与会展方向唯一纳入该榜单的国家级赛事。竞赛自 2007 年创办至今,经过十七年培育发展,业已成为我国文旅与会展教育领域中,主管部门认可、院校覆盖全面、校企合作深入、国际交流广泛的赛事活动,形成了学科竞赛、产学合作与国际交流三位一体的创新实践平台。

为培养适应新时期文旅与会展业发展所需的应用型、创新型和复合型人才,中国国际贸易促进委员会商业行业委员会、中国国际商会商业行业商会和中国商业经济学会经研究,在调研论证的基础上,进一步整合资源,决定举办第十八届全国高校商业精英挑战赛文旅与会展创新创业实践竞赛,并将学生组竞赛调整为三个专业方向,分别为文化旅游竞赛(策划、调研、营销和新媒体短视频创作四个组别)、会展竞赛(策划、调研、设计、新媒体短视频创作和会展安全应急沙盘演练竞赛五个组别)、酒店专业竞赛(策划、调研和收益管理三个组别),教师组设置课程设计。

(一)文化旅游竞赛

(1)旅游新业态策划:结合国家发展改革委发布的《产业结构调整指导目录(2024 年本)》中规定的旅游新业态模式,任选一个旅游目的地,可以是已经建成的旅游景区,也可以是有开发价值但还未建设的地区。结合文化旅游、康养旅游、乡村旅游、红色旅游、工业旅游、科技旅游和自驾游等其中一个或多个新业态模式进行旅游目的地策划。

(2)旅游项目调研:对已经建成的 AAA 级及以上景区进行调研,调查方向可以包括但不限于景区品牌建设、游客满意度、景区游览路线等多方面,运用不同调研方法,完成调研报告,旨在提出实际改进建议、提升旅游者满意度或预测发展前景等。

(3)旅游目的地营销:选择一个城市或乡村,结合地方资源,为所选城市旅游进行营销推介,内容包含运用当地文旅产业资源,结合地方愿景,策划营销事件、宣传推广该城市,以达到吸引游客,增加旅游收入的目的。

(4)新媒体(短视频)创作:围绕"乡村振兴""共同富裕""美丽中国"等主题,以某地为旅游目的地,进行营销宣传短视频的创作。

(二)会展竞赛

(1)会展项目策划:一个会展项目(展览、会议、节庆、体育赛事等活动项目)的整体策划,策划方案应结合会展业发展新趋势,利用会展活动的新技术,体现科技、数字、绿色等相关元素,自主命题。既可以对市场上已有的会展项目进行重新策划,也可以选择新的项目进行策划。

(2)会展项目调研:对市场上已有的会展项目(展览项目或会议项目或节庆活动项目)进行调研,并完成调研报告。

(3)会展设计(两个命题方向):

①VI(视觉识别系统)设计:以某个展览、会议或节事活动为对象,进行相关配套的VI设计。

②展位设计:参赛作品需以72~300平方米为展位进行展位设计,参赛选手自拟命题进行创作。

(4)新媒体(短视频)创作:对市场上某个会展项目,包括但不限于展览、会议、节事活动、体育赛事等进行专题短视频创作。

(5)会展安全应急沙盘演练竞赛:根据统一命题,编制应急预案,运用实物推演沙盘和数字仿真沙盘(数字融合空间线上仿真平台)完成会展现场的布局,对照陈述并完成应急处理流程的仿真模拟。

(三)酒店专业竞赛

(1)酒店项目策划:参赛选手可选择酒店管理的任意角度(如酒店品牌定位及发展、酒店市场营销、酒店经营管理及运营等)撰写策划方案,旨在有效帮助酒店改善现有经营状况,提高酒店经济效益。同样可以根据实际土地资源和市场资源,设计策划一家新的特色酒店。

(2)酒店项目调研:参赛选手选择一家或多家酒店(如对某一地区酒店)进行实地调研,调查方向可以包括但不限于酒店品牌建设、酒店顾客满意度、酒店客源等多方面,运用不同的调研方法进行调研,然后撰写调研报告,旨在提出实际改进建议或预测发展前景等。

(3)酒店收益管理:参赛选手可选择一家酒店,基于市场预测分析基础做出系列操作和调整,以模拟该酒店收益管理的动态过程。运用超额预订法、房量控制法、天数控制法、房型差异法、升级销售法等方法让该酒店实现收益最大化。

(四)教师组

课程设计:以经管类、旅游类和艺术类,会展、酒店、旅游、文化产业等相关专业所开设课程的"说课"为竞赛内容。

第三节 节事活动创意策划

一、节事活动概述

（一）概念

"节事"一词来自英文"event"，含有"事件、节庆、活动"等多方面的含义。国外通常把节日（festival）和特殊事件（special event）、盛事（mega-event）等合在一起作为一个整体，简称为 FSE（festival & special event），翻译成中文为"节日和特殊事件"，简称"节事"。美国乔治·华盛顿大学节事活动管理学者乔·拉特博士在其著作《现代节事活动管理的最佳实践》中，将节事活动界定为"为满足特殊需求，用仪式和典礼进行欢庆的特殊时刻"。

国内学者吴必虎将节事活动定义为城市举办的一系列活动或事件，包括节日、庆典、地方特色产品展览会、交易会、博览会、会议，以及各种文化、体育等具有特色的活动或非日常发生的特殊事情；邹统钎认为节事活动专指以各种节日（festival）和盛事（mega-event）的庆祝和举办为核心吸引力的一种特殊旅游形式。

综合来看，节事活动是基于特定的活动内容，能够对人们产生一定吸引力，并可以产生良好经济社会效益的一系列节庆、节日、事件及商贸活动等的总称。

（二）类型

国际著名节事研究学者盖茨（Getz）将节事活动分为以下八种类型，具体包括文化庆典、艺术娱乐活动、商贸活动、体育赛事、教育科学活动、休闲活动、政治/政府活动、私人活动等，如表 5 - 3 所示。

表 5 - 3　Getz 提出的节事活动类型划分

序号	类型	举例
1	文化庆典	节庆活动、宗教活动、大型展演、历史纪念活动等
2	艺术娱乐活动	音乐会、文艺展览、授奖仪式及其他表演
3	商贸活动	广告促销、募捐/筹资活动
4	体育赛事	职业比赛、业余竞赛、商业性体育活动
5	教育科学活动	研讨班、专题学术会议、学术研讨会
6	休闲活动	游戏、趣味体育、娱乐活动
7	政治/政府活动	就职典礼、授职/授勋仪式、贵宾观礼、群众集会
8	私人活动	周年纪念、家庭假日、私人舞会、同学/亲友联欢会

同时,还可以按照活动的内容对节事活动进行分类,如自然景观型、历史文化型、民俗风情型、物产餐饮型、博览会展型、运动休闲型、娱乐游憩型以及综合型等。表5-4列举出了我国城市节事活动的基本类型及特征。

表5-4 节事活动的基本类型及特征

类型	主要特征	典型节事活动
自然景观型	以当地自然地理景观(独特气象、地质地貌、植被、特殊地理风貌、典型地理标志地、地理位置等)为依托,综合展示区域旅游资源、风土人情、社会风貌等	哈尔滨国际冰雪节 张家界国际森林节
历史文化型	依托当地文脉和历史传承的景观、独特的地域文化、宗教活动等而开展的节事活动	杭州运河文化节 曲阜国际孔子文化节
民俗风情型	以各民族独特的民俗风情和生活方式为主题(民族艺术、风情习俗、康体运动等)的节事活动	傣族泼水节 南宁国际民歌艺术节
物产餐饮型	以地方特产和特色商品及本地餐饮文化为主题,辅以其他相关参观、表演等开展的节事活动	菏泽国际牡丹节 青岛国际啤酒节
博览会展型	依托城市优越的经济地理条件,以博览会、展览会、交易会为形式,辅以其他相关的参观、研讨和表演等而开展的节事活动	杭州西湖博览会 中国西部国际投资贸易洽谈会
运动休闲型	以各种大型的体育赛事、经济活动为形式,辅以其他相关的参观、表演等而开展的节事活动	奥运会 银川国际摩托旅游节
娱乐游憩型	以现代娱乐文化和休闲游憩活动为形式,辅以其他相关的参观、表演等而开展的节事活动	上海环球嘉年华 广东欢乐节
综合型	多种主题组合,一般节期较长,内容综合,规模较大,投入较多,综合效益较好	上海旅游节 北京国际旅游文化节

小资料

各地游客竞相"进淄赶烤",淄博烧烤节场面震撼

2023年阳春三月,淄博烧烤"一夜爆红"。中央广播电视总台连续三天关注淄博烧烤。淄博烧烤火出圈后,全国各地的食客纷纷慕名而来,一尝为快。

淄博市定于每年五一前后举办烧烤节,集中展示淄博市烧烤名店、特色品种,辅以演出、啤酒展销等多种方式,打通"吃、住、行、游、购、娱"各要素环节,推出一批"淄博烧烤+"特色文旅主题产品。策划"春光正好·淄博烧烤"文旅活动,包括烧烤+踏青赏花游、烧烤+网红景区打卡游、烧烤+艺术氛围游、烧烤+"工业风"体验游、烧烤+民宿田园游等

系列主题。

（三）特征

节事活动作为活动的一种特定类型，具有以下特征。

（1）文化性。节事活动属于广义上的文化活动，尤其是部分以地域文化、节日文化、体育文化以及民族特色文化为内容的节事活动，文化气息更为浓郁。

（2）体验性。节事活动是建立在公众广泛参与和体验的基础上进行的，注重公众的亲身经历、亲自参与。

（3）交融性。节事活动内涵丰富，形式多元，可以充分依托地域文化及民族文化等内容，多角度延伸拓展，产生令人瞩目的经济及社会效益。

（4）时效性。节事活动通常按照既定的时间及程序展开，具有明显的时效性。

（5）独特性。节事活动应该具有独特性，能够与其他活动区分开来。这可以通过具有特色的活动主题、形式、内容等方面来体现。

二、节事活动创意

（一）活动内容创意

活动内容创意是节事活动创意策划的重要方面。应充分迎合当代人的需求，不断挖掘新的元素。以"西安年·最中国"为例，2018 年，该项活动的成功举办，让西安这座拥有国风古韵的都市惊艳全球。每一年，这项活动都在不断推陈出新，积极探索活动内容及形式的创意，保持了"西安年·最中国"长红的态势。2024 年，新华社刊发报道《古都西安："人从众"背后的"长红"势》，指出 2024 年春节假期期间，古都西安文旅市场用"鲜花着锦，烈火烹油"来形容毫不为过，人们用手机扫出大雁塔上的李白卡通形象，身着汉服齐声吟诵"人生得意须尽欢"，坐在重现"力士脱靴，贵妃捧砚"场景的城市观光车中"一日看尽长安花"……西安"人从众"现象的频频上演，折射出当前旅游消费市场供给与需求双向奔赴的"长红"态势。

（二）活动品牌塑造

具有创意性的节事活动一定是能够产生独特魅力的。要使一个活动产生独一无二的魅力，就要打造属于自己的品牌。就节事活动品牌化而言，可以参考世界节庆之都爱丁堡的品牌之路。爱丁堡是苏格兰的首府，也是英国重要的政治中心、教育中心和金融中心。凭借创办于 1947 年的爱丁堡国际艺术节，爱丁堡成功塑造了"艺术文化之都"的城市品牌形象。这一成就离不开政府的品牌化运作。为了推广艺术节上的戏剧作品和古典音乐表演等，市政府成立了专门的城市联盟组织。通过采用差异化战略，爱丁堡国际艺术节凭借其独特的专业性、前瞻性、影响力和国际公认性，最终成为世界著名的品牌文化活动。

举办了多年的传统节事活动依靠时间的沉淀积累形成了品牌。但对于创立时间不长的节事活动，如何进行品牌化打造，无疑是提升其影响力的关键所在。国内目前已有不少节事活动开始注重品牌化建设,通过打造差异化的特色,逐渐树立起自身的品牌形象。例如,与北京地坛庙会并称中国两大庙会的广府庙会,通过"政府搭台,民间唱戏"的方式,旨在弘扬广府传统民俗文化,成为广东春节期间重要的节事活动。除了庙会的重头戏之一"民俗文化大巡演"外,为了吸引更多年轻人的关注,广府庙会还借机举办青年喜剧节,通过类似"快闪"的形式进行展演,这种形式牢牢抓住了年轻群体喜欢新鲜、刺激的心理。同时,活动内容轻松诙谐,融入了"接地气"的广州老字号和名胜古迹等元素。通过情景剧、"栋笃笑"和说唱等形式,不仅为青少年群体带来欢笑,更在欢笑中弘扬了广府文化。由此可见,广府庙会的影响力虽未及世界性艺术节、电影节之大,但也逐渐发展成为民俗文化的品牌活动。

(三)活动形式创新

"互联网+"并非仅仅是将互联网与各类传统行业简单结合,更是强调一种互联网思维,具有文化创意的活动也不例外。作为追求精神愉悦和经济效益的大型节事活动,户外音乐节开创了以音乐为介质的文化交流活动,为人们创造出了一种新兴的文化节日,并逐渐发展成为年轻人的一种生活方式。作为舶来品的户外音乐节,已成为新的产业发展模式,逐渐在音乐产业中占据一席之地,年度户外音乐节数量高达百余场。纵观国内音乐节,无论是成熟的市场条件,还是其他各类因素,如本土艺人影响力的提高、爱好者人群更加广泛,以及政府支持、政策保障等,都使得国内音乐节具有巨大的发展潜力。而"互联网+"思维的融入更是促使新音乐节诞生。越来越多的音乐节开始将线下与线上活动相结合,以概念贯穿线上线下,通过抖音等直播平台,微博、微信等新媒体平台,不仅真正做到与音乐爱好者的充分互动,同时还可以引流上线,让音乐和周边产品的价值翻倍。例如,国内最大的音乐节之一"草莓音乐节"的主办者就意识到尊重个体音乐喜好的重要性,并尝试进行私人化的音乐定制。这与互联网的兴趣推荐和定向分发不谋而合。这种全新的运营方式给音乐节的参与者带来了新鲜的体验,真正实现了互联网上音乐无边界。

三、节事活动策划流程

1.调查需求

首先,收集有关活动的各种资料,包括文字、图片以及录像等活动资料。其次,对收集的资料要分类编排,结集归档,并进行可行性研究。国家关于节事活动管理的政策法规,公众关注的热点,往期同类个案的资讯,场地状况和时间的选择性,都是市场调查时所涉及的内容。调查是策划的基础,可为策划提供客观可靠的依据。但特别强调的是,千万不要盲目相信调研数据,一定要把数据和经验结合起来。

2.确立策划目标

目标就是策划所希望达到的预期效果,是策划的起点。节事活动策划要确立明确目标,如果没有目标或者目标不明确,方案则无法开始或者可能导致失误。从节事活动策划工作的特性来看,在明确目标的过程中,应基于选择目标市场和确定活动定位来展开策划。

3. 收集策划信息

信息是策划的基础和素材。成功的策划是创造性思维的过程及结果,是策划者在头脑中把多种有效信息组合成创意和灵感。每一项成功的策划,都包含有策划者对特定信息的思维组合,为拟定初步策划方案提供了材料。

4. 激发策划创意

创意是策划的核心,是创造性的想法、构思。当产生了一个绝无仅有而又切实可行的创意时,一连串相关的灵感就会相继涌现,从而促使策划迅速形成。

5. 拟定初步方案

(1)选定主题。主题是对活动内容的高度概括,也是整个策划的灵魂。活动要被广大公众接受,就必须选好主题,应避免重复。

(2)选定日期。除了固定的纪念日,日期的选择一般较为灵活。但在策划时,首先要将日期确定下来,以便进行具体的时间安排,并将其列入组织计划中。

(3)选择地点。选择地点时必须考虑公众分布情况、活动性质、活动经费以及活动的可行性等诸多因素。

(4)估计规模。估计参与者的人数。

(5)预算费用。计算好活动成本和各项费用支出,使有限的资金发挥最大的作用。

6. 筛选策划方案

策划重大节日与庆典活动时要明确庆典活动的目的与意义,要精心设计活动的形式和内容,要有独特的创意。根据上述策划原则,筛选最合理的方案,避免落入俗套。

7. 策划方案调整与修正

在选定策划方案后,还要根据节事活动策划的动态性原则对策划方案进行调整和修正,以满足节事活动举办的需求。

8. 实施方案

根据策划方案具体实施,尤其体现在活动的现场管理之中。

9. 后续工作和评估总结

活动后期服务工作是活动策划的重要组成部分,它有助于提升活动的整体形象,增强参与者的满意度和忠诚度。活动评估是衡量活动成功与否的关键环节,它可以帮助组织者总结经验,发现问题,并为未来的活动提供改进方向。

第四节 文化活动策划书的撰写

策划方案的成功要素包括目标明确、团队协作、风险评估、个性化创新、监控与反馈,以及持续学习与提升等。这些要素相互配合、互相促进,能够帮助策划者制订出切实可行的方案,从而确保项目或活动的成功。

在开始策划任何一场文化活动前都要先考虑以下因素:①活动的目的/意义是什么?②活动从什么时间开始?③活动有几个阶段,每个阶段都做什么?④活动对象是谁?⑤活动的宣传渠道都有哪些?⑥活动都需要哪些人参与?⑦活动参与者个人分工是什么?⑧活动需要用到的物料/预算如何?

因此,一份完整的活动策划方案应包含以下几方面内容。

1.活动的主题

活动应围绕一个主题展开,比如春节活动围绕年味主题,情人节活动围绕爱的主题,植树节活动围绕环保主题等。活动主题是对活动内容统领式的概括。

2.活动的目的/意义

作活动方案前一定要想清楚,活动的目的是什么,是想通过活动引流,还是提升顾客的感知度。目的必须要清晰,正所谓谋定而后动,目的清晰明了,方案的价值才更容易凸显。

3.活动时间/阶段

活动的时间包括开始启动宣传的时间、开始预热的时间、活动正式开始的时间、结束的时间等。活动时间应综合考虑市场情况及消费者需求。

如果活动要分几个阶段依次进行的话,还要写清楚每个阶段的时间、主题以及详细的时间安排等。正常时间安排应该以天为单位。如果活动周期比较长,那么时间安排可以以周,甚至以月为单位(一般为年度活动)。

4.活动内容及时间安排

活动内容是整个文化活动策划书的主体,应条理清楚、详尽地介绍策划书所包含的具体活动的步骤及流程,同时将活动各个环节的具体时间安排标识清楚,并形成一份活动流程安排表。

5.活动人员分工及安排

结合上面的活动内容和时间,将每个阶段的工作对应到人,责任到人,这样更加方便活动的落地和执行。

6.活动的营销宣传安排

活动从什么时候开始宣传?用什么渠道宣传?这是进行活动营销宣传需要考虑的事情。活动一般可以采取线上线下相结合的方式进行宣传。线上渠道包括微信、微博、短视频平台等;线下渠道包括宣传彩页、易拉宝、户外广告牌、小区广告牌、电梯广告,以及线下引流活动等。

7.活动需要的物料

物料包括活动宣传阶段的线上广告素材、线下广告媒介及宣传品,活动过程中所需要的场地、设备、工具与道具,以及作为激励或奖励所需的奖品等。

8.活动预算

预算包括活动策划的费用、活动各个阶段的宣传费用、人员费用、物料费用,以及其他的费用支出。

9.活动相关文案

活动相关文案包括活动执行过程中需要用到的内容,传播阶段需要用到的宣传文案以及相关操作人员的操作指南等。

本章小结

好的活动离不开好的创意和有效的策划。创意策划是活动的灵魂。要更好地达到活动目的、彰显活动效果,就需要融入一定的文化创意元素,并有成功的活动策划案作为支持。

有效掌握活动策划的要点,能够更好地彰显活动的价值,实现活动的目的。活动策划具有四个要点:吸引度、可信度、执行度、宣传度。

会展活动创意可以分为会展主题的创意、会展内容的创意、会展形式的创意几种类型,会展活动策划的要素是指在会展活动策划中所涉及的各个组成部分,通常包括策划者、策划对象、策划依据、策划方案及策划效果评估等。

节事活动从需求调查开始,经过确立策划目标、收集策划信息、激发策划创意、拟定初步方案、筛选策划方案、调整修正策划方案、实施方案以及评估总结等环节。

思考题

1.活动创意的发展趋势是什么?

2.会展活动创意策划包括哪些环节?

3.节事活动策划的流程是什么?

第六章
文化品牌的创意与策划

学习目标

通过对本章的学习,学生应了解或掌握如下内容:

1. 文化品牌的价值和功能。
2. 文化品牌创意策划的步骤。
3. 文化品牌策划书的撰写。

章首案例

"读者"连续 20 年上榜"中国 500 最具价值品牌"

2023 年 6 月 15 日,由世界品牌实验室主办的第二十届"世界品牌大会"在北京举行,会上发布了 2023 年《中国 500 最具价值品牌》分析报告,"读者"品牌连续 20 年上榜,品牌价值再创新高,达到 473.69 亿元,较 2022 年增长 51.12 亿元,增幅达 12.1%,位列总榜 192 位、传媒行业 17 位,成为中国最具影响力的文化品牌之一。

《读者》杂志是读者品牌的核心载体。近年来,读者出版集团以"读者"品牌为引领,坚守为人民提供更多优秀精神文化产品的出版使命,深入贯彻落实习近平总书记重要指示精神,聚焦主责主业,坚持守正创新,大力实施精品出版工程,推动经营多元化,努力加快融合转型步伐,集团改革发展迈上新台阶,连续三年入选"全国文化企业 30 强"提名企业。《读者》杂志发行量持续位居全国市场化期刊首位,读者杂志社荣膺第五届中国出版政府奖先进出版单位,"读者"品牌影响力、传播力和美誉度持续提升。下一步,集团将持续深挖品牌内涵,加快推进创新融合发展,努力让"读者"品牌在新时代焕发更加耀眼的文化光芒,为建设文化强国贡献"读者"力量。

第一节　文化品牌创意策划概述

一、品牌及文化品牌

（一）品牌

"品牌"（brand）一词源于古挪威语的"Brandr"，意思是"打上烙印"的意思，后随着市场经济的发展，人们对品牌概念及内涵的认识开始从营销学、管理学、设计学、法学以及传播学等角度展开研究，品牌的内涵也逐渐丰富起来。美国市场营销协会将品牌定义为："品牌是一种名称、术语、标记、符号或设计，或是它们的组合运用，其目的是识别某个销售者或某销售者群体的产品或服务，并使之同竞争对手的产品和服务区别开来。"从这一概念中可以看出，品牌是一种象征，是借助特定名称、术语、符号、标记等来让消费者产生情感、认知和记忆的载体，也是产品制造商或销售商区别于其他竞争对手的直观表现。品牌被广泛认为是一个复合概念，它由品牌名称、品牌认知、品牌联想、品牌标志、品牌色彩、品牌包装以及商标等要素构成。

品牌是一个多层次、多维度的概念，它涉及识别功能、承诺保证、象征意义以及市场竞争等多个方面。企业需要全面理解和把握品牌的内涵和价值，从而有效地进行品牌建设和管理。概括来讲，品牌是指用于区隔产品、服务或企业的可感知的标志系统或抽象的理念、象征。这种象征性使其具有了超越产品本身的意义和价值，成为消费者情感、认知和记忆的载体。品牌能够激发消费者的情感共鸣和认同感，建立起品牌与消费者之间的深厚联系。品牌一般具有以下特征。

（1）识别性。品牌通过各种标识、符号、图案、颜色等视觉元素，以及独特的名称和术语，使得消费者能够轻松识别和区分不同的品牌和产品。这种识别性不仅有助于消费者在购买时做出选择，还能够帮助企业在激烈的市场竞争中脱颖而出。

（2）价值性。品牌代表着企业的信誉、形象和承诺，是消费者对于产品或服务质量和价值的一种信任和认可。因此，品牌具有一定的价值，能够为企业带来经济效益和市场份额的提升。

（3）文化性。品牌不仅是产品或服务的标识，更是企业文化的体现和传播载体。品牌所传达的理念、价值观和文化内涵，能够引发消费者的共鸣和认同，从而建立起品牌与消费者之间的情感联系。

（4）延伸性。随着企业的发展和市场的扩大，品牌可以通过不断地延伸和拓展，实现产品线的丰富和市场覆盖的扩大。这种扩张性使得品牌具有更强的生命力和市场竞争力。

（5）长期性。品牌的建设和管理是一个长期的过程，需要企业持续投入精力和资源。

通过不断的品牌传播和维护,企业可以逐渐积累品牌资产,提升品牌影响力和竞争力,从而实现长期的商业成功。

(二)文化品牌的含义

文化品牌是以一定的文化符号、象征或价值观为核心,通过产品、服务、活动等形式在市场上建立起来的具有独特文化特征和品牌形象的品牌。它不仅仅是一个商品或服务的商业标识,更是一种具有特定文化内涵和情感共鸣的商业品牌。文化品牌对外是引发消费者产生共鸣和推动企业价值提升的催化剂,对内则是企业与员工进行沟通和激励的磨合剂。

(三)文化品牌的特征

(1)文化内涵突出。文化品牌在产品或服务中注入了独特的文化内涵,通过文化符号、传统价值观或者历史传承等方式,体现了品牌的文化特色。

(2)情感共鸣强烈。文化品牌通过与消费者的情感共鸣,建立了深厚的情感连接。消费者购买的不仅仅是产品或服务,更是在购买一种独特的情感体验和文化认同。

(3)品牌形象稳固。文化品牌的形象通常比较稳固,具有一定的历史积淀和品牌认知度,消费者对其品牌形象有着较高的信任和认可度。

此外,文化品牌的建立需要企业在产品、服务、市场营销等方面充分发挥文化元素的影响力,塑造独特的文化品牌形象,从而吸引消费者的关注。

二、文化品牌的价值与功能

(一)文化品牌的价值

文化品牌的价值是对品牌进行的量化分析,作为品牌的"影子"价格,直接体现为一种超越文化产品有形实体的企业无形资产,是在市场竞争中的价值实现,是顾客让渡价值的组成部分。

品牌价值是文化产品或服务品牌的无形资产,是文化企业综合实力的集中反映,也最能体现企业或产品的竞争力。文化品牌价值包括以下三个方面的特点。

1. 价值可量化

品牌价值是对品牌进行的量化分析,可用数字来表示。目前国内外的评估机构都普遍采用量化指标来评价品牌的价值。2023年6月15日,由世界品牌实验室主办的"世界品牌大会"在北京举行,会上发布了2023年《中国500最具价值品牌》分析报告,其中,上海报业集团下的新民晚报连续20年上榜,品牌价值评估为615.68亿元,位列第167位。

2. 价值动态变化

品牌价值是企业综合实力在市场上的体现。作为一项市场评价指标,它不可避免地会受到品牌综合实力变动的影响。当企业实力趋于上行时,文化产品的市场占有率就会提高,超额利润增加,品牌价值也随之增值;相反,当企业实力出现下滑,品牌价值也会贬值。同样,如果人们对文化产品的消费兴趣或审美取向等方面发生改变,品牌的价值也会随之相应地发生变化。

《读者》杂志经过25年的发展,2023年月发行量达到800万份,位列亚洲第一、世界综合类期刊第四,品牌价值在2023年经世界品牌实验室评估更是高达473.69亿元,是中国最具影响力的文化品牌之一。《读者》能够在现代传媒业激烈竞争的今天不断走强,与其清晰、准确的品牌形象密切相关。随着市场经济的高速发展和市场竞争的日益残酷,人们在工作和生活上的压力也逐步加大,一部分人更加倾向于真爱与美好,真情与关怀的审美习惯,这也造就了《读者》品牌的升值和发展空间。

因此,要想树立一个文化品牌,需要以发展的眼光和科学的管理模式,特别是要理顺市场主体、体制与品牌之间的动态关系,在市场竞争中培育品牌、塑造形象。

3. 价值反映发展潜力

文化品牌的价值既是对品牌现有市场表现的一种评估,也是对品牌未来市场收益的一种期望,品牌的价值等于未来现金流量在目前的净值,而未来的现金流量由文化产品未来的销售量与价格共同决定。影响未来现金流量的因素是现有品牌延伸的价值,也就是利用既有的品牌推出不同的文化产品,以打进新的区域市场。同时,品牌扩张过程中的买卖、兼并等市场活动则是品牌期权买卖的一种表现,期权是文化产品未来表现的一种收益权。因此我们说,品牌既是基于未来市场活动,也是对文化企业未来市场成长发展的影响力的反映。

(二)文化品牌的功能

当前品牌已经成为企业参与市场竞争、吸引消费者和发展无形资产的锐利武器。菲利浦·科特勒认为,品牌是销售者向购买者长期提供的一组特定的特点、利益和服务。就具体的文化产品而言,其品牌的功能可以分为以下五个方面:

1. 产品及服务识别

品牌能使文化企业在无限丰富的文化产业市场中展示自己的特性,以区别于其他同类企业。文化企业在品牌策划中,要清晰、准确、突出的定位产品的特色,将品牌"浓缩"为文化产品的外在形象和内在精神的标志,使产品本身具有更为简单、形象、易于识别和传播的功能。

2. 维护消费者与生产者权益

对于消费者来说,品牌明示了企业对消费者的质量承诺和责任,企业通过严格的生产管理、先进的生产工艺、高素质的员工、对用户负责的精神等,充实文化产品的内涵,提高产品的可信度或服务水平,向消费者提供切实可靠的质量保证,从而吸引顾客、拓展市场。同时,品牌也能够向消费者和社会传递产品的质量性能和企业的市场信誉,特别是著名品牌更是商品高质量的象征,购买这类商品使消费者有一种安全感、可靠感。

对于生产者来说,文化品牌的所有者通过商标注册以及其他知识产权保护措施,也就是通过品牌的专有性使企业的产品特色得到法律保护,防止别人模仿、抄袭和假冒,保护企业和消费者的正当权益。

3. 促进企业盈利

品牌代表着文化企业的市场形象,人们对一种商品品牌的认可与否,直接关系到文化产品的盈利情况。一个市场公认的品牌,有助于建立良好的企业形象,保持一定的老客户,吸引新客户。文化品牌的盈利性表现为品牌产品或服务的价格一般比非品牌产品的价格普遍高出 15% ~30%,有的甚至高出几十倍、上百倍,拥有品牌商品的企业由此可获得大量的超额利润。

随着消费者的日益成熟,认品牌、不认杂牌的消费倾向将成为不可抗拒的力量,主宰文化产业市场的命运。折扣、有奖销售等促销手段固然可以在一个时期内取得经营效果,但不能保证长期有效。只有创建文化产品的品牌,才能有效地促进销售量的持续增长。

4. 拉动消费需求

文化企业不仅靠提供实体性的文化产品盈利,还依靠软性的文化服务来获取市场的信任与青睐。所以,从拉动消费者心理需求,拉近品牌与消费者心灵的距离,塑造深入人心的品牌形象的功效来看,品牌的作用是其他因素无可企及的。成功的品牌形象可以赋予消费者最渴望得到的特点与感受。产品品牌的性格魅力可以达到非常强烈的程度,它们可以在一瞬间塑造一个人在气质、身份与个性等方面的完整形象,进而使消费者强烈地想拥有该品牌的产品与服务。与其他产品以拉动消费者的现实物质需求的直接目的相比,文化品牌形象往往更着重强调某一品牌的心理定位与利益点,着力拉动消费者的心理需求。

文化品牌对消费者而言,就像一名无声的导购员,它通过对消费者心理需求的拉动,帮助消费者做出合理的购买选择。人们在消费文化产品或服务的过程中,总是会收集和比较同类产品的各种特点。而品牌商品由于它所具有的信息传播和强化作用,以高美誉度、高强度、高冲击力的信息,诱导消费者走出困惑,将注意力集中在品牌商品上。品牌的这种心理优势容易形成消费者的品牌偏好,进而引导消费行为,培养消费习惯。

5. 催生价值延伸

品牌价值延伸是指采用现有产品品牌,将它应用到新产品上或新市场上的活动过程。成功的品牌由于其具有一定的自身强势和市场的召唤力,就有可能将原有的品牌扩张到其他新的产品或新的市场中去,不仅降低了产品开发和市场进入的风险,而且还能丰富和强化原来品牌的内涵,使品牌价值与市场空间得到提升。

如果从文化企业价值链的角度考虑,品牌具有连接和延伸上下游企业、厂商和最终用户价值链的作用。首先,对上游供应商而言,品牌企业是一个稳定的、有良好信誉的客户,可以为供应商带来可靠的利润来源和市场份额,品牌企业成为上游企业的价值来源。其次,对下游企业或销售商而言,使用品牌企业的产品或服务可以降低质量风险,提高供货的可靠性以及技术支撑的保障,有助于提高企业的竞争能力,产生其他供应商无法提供的利益保证,也就是意味着给下游企业和销售商带来价值。最后,对最终用户而言,使用和消费品牌商品可以降低产品选择的风险,减少精力和体力支出,提高其获得的产品价值、形象价值、人员价值和服务价值。品牌在这里既是连接上下游企业、厂商和最终用户的价值链,同时又在这一连接过程中实现了品牌价值的延伸和增值。因此,文化企业在制定品牌战略时,必须对品牌的价值延伸问题做出明确而周到的策划。

三、文化品牌的创意策划

品牌的创意与策划,也可以称之为"品牌运作",通常包括品牌定位、品牌战略决策、品牌管理、品牌产品营销、品牌延伸等内容。品牌运作以消费者需求为出发点和归宿,尽可能获取消费者的认可和忠诚,进而实现企业的经济利益目标。

品牌创意与策划在品牌建设中起着至关重要的作用。品牌创意与品牌策划两者紧密相关,但又有各自的特点和职能。品牌创意主要是强调独特性和新颖性,通过独特的品牌故事、广告宣传和形象设计,使品牌在市场中脱颖而出,吸引消费者的关注和记忆。创意可以使品牌与消费者建立情感连接,增强品牌的认知度和忠诚度。而品牌策划则是一个更为广泛和系统的过程,它涉及对品牌进行全面的规划和管理,包括品牌定位、品牌形象塑造、市场推广等多个方面。策划是一个较为完整的过程,需要针对项目的立项、筹备、策略、执行、评估等一系列内容进行整体考虑。在策划过程中,创意可以作为一个重要的组成部分,体现在策略和执行阶段,如采取有新意的执行方式或策略等。

文化品牌的创意与策划是一个综合性的过程,旨在通过创新和策划手段,塑造出具有独特文化内涵和高度识别度的品牌形象。首先,品牌定位是文化品牌创意与策划的基石。它要求品牌明确自身的市场定位、受众群体以及核心价值,从而在激烈的市场竞争中脱颖而出。品牌定位需要精准地捕捉目标受众的需求和期望,同时凸显品牌的独特性和个性,实现差异化竞争。其次,品牌形象是文化品牌创意与策划的重要组成部分。它包括品牌的视觉形象、文化符号以及品牌声誉等方面。一个成功的品牌形象能够直观地传达品牌的核心价值和理念,与消费者产生情感共鸣,从而提升品牌的认知度和忠诚度。在创意方面,文化品牌需要不断探索新的元素和概念,将其融入品牌形象和产品中。这可以通过挖掘传统文化、结合现代设计、运用新兴技术等多种方式实现。创意的目的是使品牌在市场中具有新颖性和独特性,吸引消费者的关注和兴趣。策划方面,文化品牌需要制定一系列的策略和活动,以实现品牌的传播和推广。这包括制订营销计划、举办文化活动、打造品牌故事等。策划的目的在于将品牌的核心价值和理念有效地传达给目标受众,同时提升品牌的市场影响力和竞争力。此外,文化品牌的创意与策划还需要考虑与消费者的互动和沟通。通过有效的传播渠道和互动方式,品牌可以与消费者建立紧密的联系,了解他们的需求和反馈,从而不断优化品牌策略和形象。

文化品牌的创意与策划是一个持续的过程,需要不断地进行调整和创新。随着市场环境和消费者需求的变化,品牌需要灵活应对,保持品牌的活力和竞争力。通过精准的品牌定位、独特的品牌形象、创新的创意元素以及有效的策划,文化品牌可以在市场中树立独特的形象,吸引消费者的关注和喜爱,从而实现品牌的可持续发展。

第二节 文化品牌创意策划的步骤

一、品牌调研分析

品牌调研分析是品牌创意策划的重要环节,它涉及对品牌有关方面的深入系统调查研究,从而为后续品牌策略的制定提供有力支撑。常见的品牌调研分析内容涉及对行业市场、竞争对手、消费者、市场营销状况等方面的调研分析。通过品牌调研分析,企业可以了解品牌的健康状况,识别潜在的市场机会和威胁,为后续开展有效的品牌管理和战略规划提供决策依据。

以下是进行品牌调研分析时重点需要考虑的几个方面。

(1)市场趋势洞察。从宏观上了解品牌企业所处的行业规模、行业特点及所处的生命周期不同阶段特征,并借助 PEST 等宏观分析工具,了解宏观环境状况及未来发展趋势,以及品牌企业当前所处的行业位置,从而为后续进行品牌定位提供决策参考。

(2)竞争对手分析。研究品牌的主要竞争对手,包括他们的市场份额、产品特点、营销策略等。通过对比分析,可以了解品牌在竞争环境中的优势和劣势。

(3)消费者分析。通过调查和分析消费者对品牌的认知、态度和忠诚度,了解品牌的形象,这包括品牌的知名度、美誉度、信任度等方面;同时还要对消费者的购买行为、需求偏好、消费心理等进行调查和分析,了解目标受众的需求和期望。这有助于品牌更好地满足消费者需求,提升品牌忠诚度。

(4)市场营销调研。分析品牌的营销策略和传播渠道,包括广告、公关、促销、社交媒体等。了解品牌的营销投入和效果,以及消费者对营销活动的反应。同时还需调查品牌无形资产所包含的价值状况,如品牌价值、品牌声誉、品牌影响力等状况,这些因素对于品牌的长期发展和维持市场竞争力具有重要意义。

在进行品牌调研分析时,可以采用多种方法,如问卷调查、访谈、竞争情报收集、数据分析等。同时,需要确保调研的客观性、准确性和完整性,以便为品牌管理和战略规划提供可靠的决策依据。

二、品牌定位

品牌定位是文化品牌创意策划的首要任务,它决定了品牌在市场中的独特性和辨识度。后续品牌识别设计、品牌传播诉求、品牌形象塑造以及品牌延伸等策略都是基于品牌定位展开的。"定位"(positioning)一词最早于1969年由定位理论的创建人艾·里斯和杰克·特劳特提出,他们认为面对当今一个传播过度和产品越来越同质化的时代,要赢得消费者,有必要使自己的产品独树一帜,在消费者心中形成独特的地位。

品牌定位是指建立一个与目标市场有关的品牌形象的过程和结果。品牌定位的提出和应用是有其理论基础的。首先,人们只看他们愿意看的事物,而对于不喜欢的东西,看得越多反而越感到厌恶,不仅没有美感,反而觉得更丑陋。一个定位准确的品牌能够引导人们去体会好的、美的方面,反之,一个无名的品牌,人们往往觉得它有很多不如其他商品的特点。广告之所以是促销的有力武器,就在于它不断向潜在顾客传达其所期望的奇迹和感觉。其次,人们排斥与其消费习惯不相等的事物。消费者在长期的购买、消费行为中往往形成了特定的习惯。消费习惯具有惯性,一旦形成很难改变,需要企业付出巨大的努力。品牌定位有利于培养消费习惯,提高顾客忠诚度。最后,人们对同种事物的记忆是有限度的。随着互联网时代的到来,信息量异常丰富,人们从睁开眼睛就开始面临信息的轰炸,消费者被信息围困,各种消息、资料、新闻、广告铺天盖地。因此企业只有压缩信息,实施定位,为自己的产品塑造一个最能打动潜在顾客心理的形象。品牌定位使潜在顾客能够对该品牌产生正确的认识,进而产生品牌偏好和购买行动,它是企业信息成功通向潜在顾客心智的一条捷径。

STP分析是进行品牌定位的常见方法,其结合了市场细分(segmenting)、目标市场选择(targeting)和产品定位(positioning)三个关键步骤,旨在帮助品牌精准地定位自身在市场中的位置,以满足特定消费者的需求。首先,市场细分是STP分析的基础。在这一阶段,品牌需要识别和分析市场中存在的不同消费者群体,这些群体可能根据地理、人口统计、行为和心理等维度进行划分。通过市场细分,品牌能够更深入地了解各个消费者群体的特征、需求和偏好,为后续的目标市场选择和产品定位提供依据。其次,目标市场选择是STP分析的核心。在这一阶段,品牌需要根据自身的资源和能力,从已细分的市场中选择一个或多个最有潜力和机会的市场作为目标市场。目标市场的选择应基于市场规模、增长潜力、竞争状况以及品牌与市场的匹配度等因素。选择一个明确的目标市场有助于品牌集中资源和精力,提高市场营销的效率和效果。最后,产品定位是STP分析的关键环节。在确定目标市场后,品牌需要明确自身产品或服务在目标市场中的定位。这包括确定产品或服务的独特卖点、竞争优势以及与目标消费者群体的契合度。一个清晰的产品定位有助于品牌在目标市场中树立独特的形象,与竞争对手区分开来,从而吸引和留住目标消费者。通过STP分析,品牌能够更准确地把握市场动态和消费者需求,制定有针对性的市场营销策略。这有助于品牌提高市场占有率和竞争力,实现可持续发展(见图6-1)。

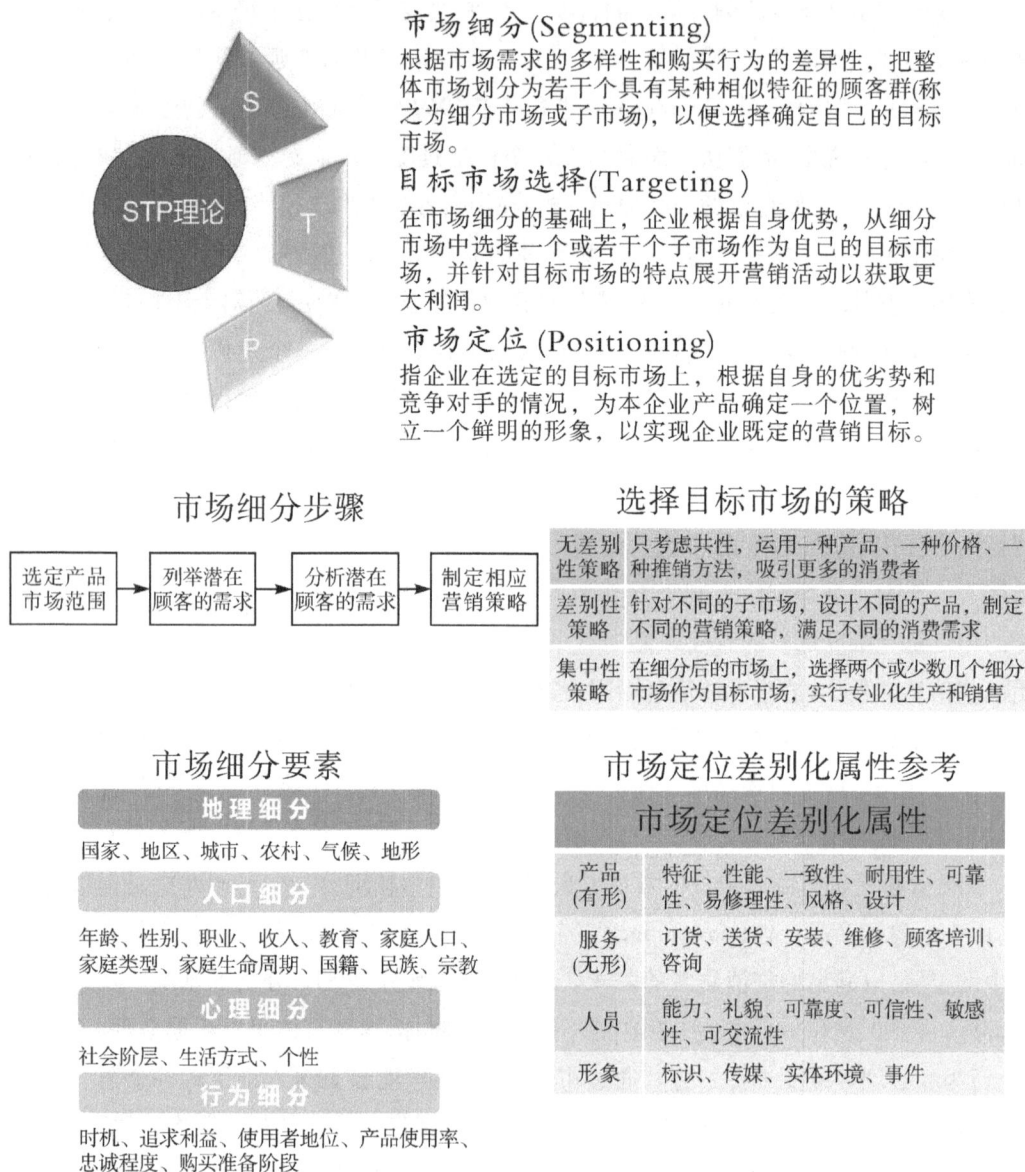

市场细分(Segmenting)
根据市场需求的多样性和购买行为的差异性,把整体市场划分为若干个具有某种相似特征的顾客群(称之为细分市场或子市场),以便选择确定自己的目标市场。

目标市场选择(Targeting)
在市场细分的基础上,企业根据自身优势,从细分市场中选择一个或若干个子市场作为自己的目标市场,并针对目标市场的特点展开营销活动以获取更大利润。

市场定位(Positioning)
指企业在选定的目标市场上,根据自身的优劣势和竞争对手的情况,为本企业产品确定一个位置,树立一个鲜明的形象,以实现企业既定的营销目标。

STP理论
S T P

市场细分步骤

选定产品市场范围 → 列举潜在顾客的需求 → 分析潜在顾客的需求 → 制定相应营销策略

选择目标市场的策略

无差别性策略	只考虑共性,运用一种产品、一种价格、一种推销方法,吸引更多的消费者
差别性策略	针对不同的子市场,设计不同的产品,制定不同的营销策略,满足不同的消费需求
集中性策略	在细分后的市场上,选择两个或少数几个细分市场作为目标市场,实行专业化生产和销售

市场细分要素

地理细分
国家、地区、城市、农村、气候、地形

人口细分
年龄、性别、职业、收入、教育、家庭人口、家庭类型、家庭生命周期、国籍、民族、宗教

心理细分
社会阶层、生活方式、个性

行为细分
时机、追求利益、使用者地位、产品使用率、忠诚程度、购买准备阶段

市场定位差别化属性参考

市场定位差别化属性	
产品(有形)	特征、性能、一致性、耐用性、可靠性、易修理性、风格、设计
服务(无形)	订货、送货、安装、维修、顾客培训、咨询
人员	能力、礼貌、可靠度、可信性、敏感性、可交流性
形象	标识、传媒、实体环境、事件

图6-1 品牌定位的STP分析框架

对于文化品牌进行有效定位,还应充分考虑文化品牌自身的特点,通过深入理解和挖掘品牌的文化内涵,形成独特且具有吸引力的品牌形象,从而与消费者建立深厚的情感联系。文化品牌定位策略模式需要综合考虑品牌的核心价值、竞争优势、情感共鸣、目标消费者以及文化符号与元素等多个方面,通过制定和实施有效的文化品牌定位策略,企业可以塑造出独特且具有吸引力的品牌形象,从而在激烈的市场竞争中脱颖而出(见表6-1)。

表6-1　文化品牌定位策略模式

品牌定位策略		分析
价值主导模式（超值满足策略）	诉诸需求的策略	激发并培养需求，让消费者认为他的确需要但尚未满足这一需求，这种需求受到越多的刺激，他就越想满足，使品牌成为超值满足消费者需求的形象代言。
	诉诸引导的策略	把所有感染心理的广告表现元素调动起来（如图像、声音、语言风格、情调等），有目的地引导出唯一的，对购买决定、对品牌形象认识有决定性意义的论点，使消费者在生活中遇到类似的情调与风格时自然会联想到该品牌。
	诉诸情感的策略	向消费者说明，使用某品牌产品可以产生积极的情感作用，这个作用可以是对个人的，也可以是对社会的。对个人的如轻松自然、自信独立、安全可靠等；对社会的如融合亲情、促进爱情、建立友情等。
	诉诸指标的策略	从某品牌产品概念中提炼出一个有说服力的核心特征与指标，使消费者得出此品牌功效优于其他产品的结论，每当消费者在可代替产品之间做出选择时，总会目标明确地去寻找那些拥有使他感到做出了最明智决定的指标的品牌，使品牌成为拥有这种质量指标的形象代言
情感主导模式（情感转移与寄托策略）	情感寄托策略	对消费者头脑中扎根的情感进行因势利导，刺激消费者头脑中业已存在的强烈的"情感结"，与某品牌融合在一起。
	创造憧憬策略	由于强烈的情感往往存在与被满足之间的悬念地带，将品牌利益与消费者的希望和追求联系起来，成功地表现该品牌可以达成消费者的诉求与化解他对生活的不满与不足之情。
	生活方式策略	品牌可以体现消费者梦寐以求的可以实现的理想生活方式，它是创造憧憬策略的延伸，是一种满足消费者全方位的、更具体的憧憬策略。
	戏剧感染策略	借助戏剧式的成功情感模式，让品牌所传达的情感与消费者产生共鸣
尊严主导模式（自我实现策略）	体现身份策略	用品牌特征与档次传递出拥有者不同的社会地位，赋予消费者某种他想要的身份（在别人眼里），以使消费者通过使用某品牌的产品或服务有成功、价值被社会所承认的优越感与自豪感。
	崇尚信仰策略	用一个简明扼要、不合常规的信条标榜品牌内涵与理念，这个理念给消费者以积极的形象、个性与身份。
	捍卫个性策略	通过品牌帮助消费者表达个性、凸显自我，被社会所注意

续表

品牌定位策略		分析
习惯主导模式（崇尚经验与惯例策略）	意识归类策略	按目标消费者的认识习惯的类别将品牌形象划归到其中去。
	级别归类策略	为避免与现有产品产生激烈竞争，将品牌定位进行差异化定位，通过分级，消费者的判断会习惯性地向正面或负面发展。
	替代策略	激发消费者遗忘的习惯或将现有习惯延伸，让其产生"原来这样更好"的感觉
规范主导模式（唤醒良知策略）	合乎规范策略	向消费者声明，某品牌所宣扬的理念非常符合他的规范与价值观，挖掘基于规范的购买潜力和排除购买障碍，如环保、社会感、责任感、信守承诺等。
	良心策略	呼唤目标消费者对他人家庭或社会的义务，借助品牌的内涵与产品的优势消除内疚感。
	不和谐策略	每个人都力求自己的生活和个人规范与价值协调一致，否则，就会因不安而改变行为，借助这种心理，让消费者感到行为与价值观对立而不安，转而选择该品牌。
	惩罚策略	戏剧性地渲染目标消费者只有选择某个品牌，才能达到对自己提出的较高要求与规范，如呼唤自豪感、责任感、自尊心等

三、品牌价值呈现

文化品牌的价值可以概括为两大类：功能价值和情感价值。功能价值强调文化产品或文化服务的实际效用和性能，能够满足消费者在使用产品时对其功能性能的要求；情感价值是指文化产品或服务所带来的情感体验和消费者感受到的情感联结，这部分价值更注重消费者对品牌的情感体验和情感投入。

1. 打造功能价值

（1）产品和服务性能及创新：要确保文化产品或服务本身具有卓越的性能，能够超越竞争对手。要不断进行文化产品或服务的创新，以满足消费者不断变化的需求。以中国大型实景历史舞剧《长恨歌》为例，自 2006 年公演以来，已经连续演出十几年，演出超5000 场，接待约 1000 万人次。为更好地满足游客需求，《长恨歌》于 2021 年冬季推出冰火《长恨歌》，将现代科技与文化景观深度融合，实现了北方冬季实景演艺零的突破。

（2）质量和可靠性：文化品牌注重品质及信誉的建设，通过提供优质、可靠性高的产品和服务，来赢得消费者的信赖，这是品牌长期发展的基石。

（3）价格和性价比：提供富有竞争力的价值，使消费者感到物有所值。

（4）便利性和实用性：提供便利的消费及使用服务，能够满足消费者实际需求。

（5）透明度和信息传递：为消费者提供关于文化产品及服务的清晰、准确的信息，使其能够做出明智的消费决策。

2. 打造情感价值

（1）品牌故事和品牌文化：精心打造一个引人入胜的品牌故事，突出品牌的历史、价值观和文化内涵。在品牌文化中注入情感元素，使消费者感受到品牌的独特魅力。

（2）品牌形象和个性：塑造品牌的独特形象和个性，使其与众不同，引起消费者的兴趣和认同感。

（3）情感联结和用户体验：建立与消费者的情感联系，让他们感受到品牌是有温度、有关怀的。提供愉悦且令人难忘的用户体验，让消费者在使用产品时感到舒适和满足。

（4）社交参与和互动：在社交媒体上保持高度活跃，积极与消费者建立直接互动，及时回应用户的评论和反馈。通过创建有趣的且富有参与感的活动，激发用户与品牌之间的互动，增强用户对品牌的参与感和忠诚度。

四、品牌标识设计

文化品牌的标识设计是一个综合性的过程，它涉及对品牌的理解，对目标受众的洞察以及对文化元素的巧妙运用。企业形象识别系统（corporate identity system，CIS），旨在通过一系列的视觉和文字元素来传达和展示企业的形象和理念，以利于在公众心目中树立一个正面、一致的形象，增强企业的知名度和竞争力。

文化企业 CIS 设计的起点是将构成品牌形象的要素转化成统一的识别系统，然后再借助于信息传达将其准确、清晰地展示在公众面前，在企业与公众的相互作用过程中形成符合 CIS 设计的传媒组织形象，其本质是一种以塑造文化企业形象为目标的组织传播行为。

CIS 设计由三个要素构成，包括 MI（理念识别）、BI（行为识别）、VI（视觉识别），这三个要素既独立发挥作用，又相辅相成，最终融合为一个有机整体。

1. 理念识别

理念识别是文化品牌策划的核心精神所在，它代表着文化企业的意志和信息内核。通过理念识别，可以清晰地定义和传达文化企业的核心理念、价值观和使命。这些理念应当具有独特性，能够反映文化企业的核心竞争力和特色。同时，要确保这些理念能够在公众和员工中产生共鸣，形成一致的企业认同感。理念识别通常用一句标语口号表达文化企业的经营理念。以《南方周末》为例，该报创刊于 1984 年，由南方报业传媒集团主管主办。它以"在这里，读懂中国"为追求，以"正义、良知、爱心、理性"为基本理念，是中国发行量最大的新闻周报之一。《南方周末》覆盖全国各大中城市，其核心读者群为知识型读者，并在读者心目中获得了较高的认可度和影响力。这种理念识别就体现为其办报方针。报纸通常根据市场细分的结果，分析市场的空间和可拓展性，通过办报方针表现出独特的品牌定位和个性追求。应当明确，这种定位理念作为文化企业经营理念的具体表征，应避免随意杜撰，而要在企业的市场定位、经营目标以及信息资源等条件基础上提炼而成。理念作为文化企业对公众社会的郑重承诺，是获得社会公信力的一个诉求点，更是树立文化品牌形象的重要标志。

2. 行为识别

行为识别是文化企业的动态识别形式,它的核心在于 CIS 理念的推行。文化品牌的行为识别几乎覆盖了文化企业的所有经营运作活动。由于文化产业内容生产的特殊性,行为识别也就主要表现为文化内容产品的策划和生产。对文化企业来讲,再好的理念最终都需要通过优质的文化产品来实现。因此,多出精品,打造特色内容,成为维系文化品牌的根本。

第一,特色产品是行为识别的重要内容。这是一个标榜个性和特色的时代,这同样也是一个注意力资源稀缺的时代。文化产品数量的膨胀,使得文化市场呈现出买方市场特征,文化企业挖空心思地展开"你无我有""你有我优"的竞争。比如河南卫视老牌节目《华豫之门》《梨园春》《武林风》《汉字英雄》《打鱼晒网》等,有着一股浓郁的传统风格。以《梨园春》为例,此节目推出至今已有 30 余年,以豫剧为主、汇集全国各地不同剧种,是中国电视界戏曲栏目第一品牌,深受戏迷喜爱,其中戏迷擂台赛的设置使节目的群众参与度大大增加。《梨园春》节目组积极拓展合作范围,与国内山西、天津、辽宁、河北、安徽等多家卫视携手,共同举办了"梨园春杯全国戏迷擂台赛"。此外,节目组还走出国门,在澳大利亚悉尼及南美地区开展巡回演出,成功地传播了中国传统戏曲文化,为当地人民了解河南乃至中国搭建起一座文化桥梁。

第二,文化品牌的辐射是文化行为识别的另一重要内容。它是利用前面所述的文化品牌价值的延伸性,构建起文化产业价值链,即充分挖掘主品牌的潜在价值,将主品牌放大、强化,使之成为品牌孵化器,延伸和辐射开去打造品牌系列。这样,就可以变单一效应为综合效应,变无形资产为有形资产。如《三联生活周刊》除了以最快速度追踪热点新闻,还更多关注新时代中的新生活观,以独特的视角、深度的思考和一贯秉持的人文情怀,为我们记录中国、世界的变化。它关注中国人的婚姻状况、家庭教育,也对国际形势、人类未来生活方式十分关心;它能为你讲述有趣美好的故事,也敢于站在失败者这一边,为他们发声;它让你了解自己所处的时代病症,也为你提供美好生活的途径。其全年 52期,内容从封面故事、热点新闻、社会、经济、文化,到考古、科技、人物、国际、娱乐,包罗万象。对于没有足够时间看书,或者不想刷手机的人来说,一本《三联生活周刊》就能让你了解世界每一个变化的瞬间,拓宽人生视野,不做无趣之人。

3. 视觉识别

文化品牌视觉识别也是 CIS 系统中的一个重要环节,因为它直接表现文化企业或产品的视觉形象。对于报纸而言,视觉识别表现为报纸的报头、报眉、栏目、版式、线条、字体、标题、插图等视觉符号;对于电视频道而言,视觉识别包括台标、标准色、声音识别系统、标准字、话筒标志、片尾字幕定版、频道形象片花、频道形象宣传片、开始曲和结束曲等要素。

以黑龙江省文化旅游形象 Logo 为例(见图 6 - 2),2022 年 8 月 30 日,黑龙江省文化旅游新形象公布,该Logo是以黑龙江三个字的拼音字母为载体,以"龙腾虎跃,勇毅前行,埋头苦干,开创未来"的精神为核心进行设计。整体设计灵感来源于国家一级文物"铜坐龙",融入了18种具有黑龙江地域经济文化旅游特色元素。龙头部分融入了五大连池、黑龙江、乌苏里江和极光元素,并通过写意的手法将它们的轮廓特点与Logo整体结合;在龙头处还加入了一带一路黑河中俄大桥的轮廓形象。龙颈处选用了代表黑龙江冬季旅游的雪花元素,以及"醉美331边防路"的元素。龙身选用了湿地和森林元素,展示黑龙江作为全国湿地大省和森林覆盖率高的自然优势;longjiang中的"j"变形成户外运动的形态,体现了黑龙江冰雪体育的繁荣发展;大粮仓展示出黑龙江作为粮食生产大省和北大荒精神的代表;龙身处还可见东极广场地标"東",形似字母"i"。同时将北极村的地标建筑形象完美融合于龙尾处,与东极广场的地标相呼应,巧妙地体现了黑龙江"一省走遍两极"的独特旅游文化;字母"a"的设计体现了鄂伦春族的花纹形态,展现黑龙江多民族包容性极强的文化氛围。黑龙江是东北虎的故乡,虎头与龙尾巧妙结合,以及"神州北极"元素的融入,采用中华传统笔触的飞白,既展示出黑龙江围绕"抗联精神"发展的红色旅游,又体现了其深厚的文化底蕴和民族精神。

图6-2 黑龙江文旅的Logo

4. 不断进行品牌创新和维护

CIS设计不是一成不变的,它需要随着企业的发展和市场环境的变化进行持续的更新和优化。企业需要定期对CIS设计进行评估和调整,确保其始终能够准确地传达企业的理念和特色。品牌创新是指企业针对市场变化,通过创造新的品牌、拓展品牌的新应用、引进和转让品牌资产等方式来实现品牌的管理的活动。同时,品牌创新也指企业通过开发竞争对手所不具备的先进技术和手段,提供比竞争对手更加完善全面的服务,满足顾客不断更新且日益增长的需求,从而保持和发展品牌的一种全新的经济活动。

随着文化产业市场竞争的日益加剧,品牌的平均生命周期也随之不断缩短,品牌创新能力成为文化企业生存的关键因素。品牌一旦进入成熟期以后,文化企业应不断地对其进行创新,以延续品牌的价值。为此,文化企业应当建立完善的市场调查机制,对文化市场受众需求、文化品牌的效果等进行量化的跟踪调查,及时发现受众市场的变化,从而对文化CIS系统进行及时调整,加强与受众的互动,实现自我超越。

品牌维护是企业通过规范的企业制度和利用各种法律法规保护企业品牌利益的活动。首先,文化产业是知识密集型产业,对其进行品牌维护的首要任务是建立品牌保护制度,通过现代企业制度约束企业行为,确保品牌的品质永远处在优秀状态;其次,要不断提升品牌形象,使得品牌的品质持久恒定,并且在不断创新过程中动态满足消费者的个性需求,真正做到常变常新;最后,要熟悉各种品牌管理的法律法规,对于那些抢注、盗用或仿冒品牌名称等严重损害企业品牌形象的行为,要通过法律途径进行诉讼,对于企业偶然出现的恶性事件,要使用危机公关手段在法律许可框架内妥善处理其对品牌的影响。

五、品牌体验创造

文化品牌体验创造旨在通过深入挖掘品牌的文化内涵,为消费者提供独特且难忘的品牌体验。以下是一些关键步骤和策略,有助于创造文化品牌体验。

(1)明确品牌定位与文化内涵。首先,品牌需要明确其在市场中的定位,以及所代表的文化、价值观和特色。这有助于为后续的体验创造活动提供明确的指导方向。通过深入挖掘品牌的历史、传统和故事,提炼出独特的文化内涵,使品牌具有鲜明的个性。

(2)创意设计与文化元素的融合。在产品设计、包装、店面装修等方面,充分融入品牌的文化元素。通过独特的视觉设计风格,打造独特的品牌形象,让消费者一眼就能够辨认出品牌。同时,关注产品的核心功能和特点,以满足消费者的基本需求,并结合品牌定位和文化元素,提升产品的文化价值和吸引力。

(3)营造文化氛围与情感连接。在品牌体验过程中,注重营造浓厚的文化氛围。通过举办文化活动、展览、讲座等,让消费者更深入地了解品牌的文化背景和价值观。同时,关注消费者的情感需求,通过故事化的营销手段,引发消费者的情感共鸣,增强品牌与消费者之间的情感连接。

(4)优化用户体验与互动。关注用户在品牌体验过程中的感受和反馈,不断优化产品设计、服务流程和互动方式。通过提供个性化的服务、便捷的购物体验以及有趣的互动环节,增强消费者的参与感和归属感。此外,利用数字化技术,如社交媒体、虚拟现实等,拓宽品牌体验的渠道和形式,提高消费者的参与度和满意度。

(5)社会责任与文化传播。品牌应积极承担社会责任,参与公益活动,传播正能量。通过实际行动践行品牌的文化理念,提升品牌的社会形象和影响力。同时,借助品牌的影响力,推动文化的传播和交流,为社会的文化繁荣做出贡献。

通过以上步骤和策略的实施,文化品牌体验创造不仅能够提升品牌的知名度和美誉度,还能够增强消费者对品牌的认同感和忠诚度。在竞争激烈的市场环境中,创造独特的文化品牌体验是品牌赢得消费者青睐和市场份额的关键。

六、品牌管理和保护

文化品牌管理和保护是确保品牌文化价值得以持续传承和发展的重要环节。这两个方面相辅相成,共同构成了文化品牌建设的核心。文化品牌管理是一个系统工程,旨在通过有效的策略和手段,维护和提升品牌的文化价值。其主要包括以下几个方面。

(1)品牌定位与策略。明确品牌在市场中的定位,以及希望传达的文化理念和价值观。基于这些定位,制定相应的管理策略,确保品牌的发展方向与目标一致。

(2)文化内涵挖掘与传播。深入挖掘品牌背后的文化故事、传统和历史,提炼出独特的文化内涵。通过各种渠道和形式,如广告、公关活动、社交媒体等,将这些文化内涵传播给公众,增强品牌的文化认知度。

(3)品牌体验优化。关注消费者在品牌体验过程中的感受和需求,不断优化产品和服务,提升品牌的文化体验。通过设计独特的品牌活动、提供个性化的服务等方式,让消费者更深入地了解和感受品牌的文化魅力。

(4)品牌合作与联盟。积极寻求与其他文化品牌或机构的合作与联盟,共同推广和传播文化价值。通过资源共享、优势互补,实现品牌的共同发展和提升。

文化品牌保护是确保品牌文化价值不被侵犯和损害的重要措施。其主要包括以下几个方面。

(1)商标注册与维权。及时申请商标注册,保护品牌的合法权益。对于侵犯品牌商标、抄袭品牌文化元素等行为,采取法律手段进行维权,维护品牌的声誉和形象。

(2)文化产权保护。对品牌的文化产权,如独特的设计、创意、故事等进行保护。通过申请专利、著作权等方式,确保品牌的文化产权得到充分的法律保障。

(3)打击不正当竞争。对于恶意竞争、仿冒品牌等行为,采取有力措施进行打击。通过加强市场监管、提高消费者意识等方式,维护市场的公平竞争环境。

(4)建立品牌保护机制。建立完善的品牌保护机制,包括定期监测市场动态、及时处理侵权行为、加强品牌宣传和教育等。通过这些措施,提高品牌的文化价值和市场竞争力。

综上所述,文化品牌管理和保护是文化品牌建设不可或缺的两个方面。通过有效的管理和保护措施,可以确保品牌的文化价值得以持续传承和发展,为品牌的长远发展奠定坚实的基础。

第三节　文化品牌创意策划书的撰写

小资料

品牌策划竞赛经过数年培育发展,业已成为我国品牌教育领域中,院校覆盖全面、校企合作深入、国际交流广泛的赛事活动,形成了集学科竞赛、产学合作与国际交流三位一体的创新实践平台。2022 年 8 月,国家发展改革委等部门发布的《关于新时代推进品牌建设的指导意见》(以下简称"指导意见")指出要适应新时代新要求,进一步引导企业加强品牌建设,进一步拓展重点领域品牌,持续扩大品牌消费,营造品牌发展良好环境,促进质量变革和质量提升,推动中国制造向中国创造转变,中国速度向中国质量转变,中国产品向中国品牌转变,久久为功,促进品牌可持续发展。该竞赛同时被纳入中国国际贸易促进委员会中小企业促进工作重点项目——"百所高校服务中小企业品牌建设"专项活动,每年为数千家中小企业制定品牌培育方案,推动产学研合作,11年来共服务中小企业数万余次。

一份完整的文化品牌策划书,大致包括以下内容:

(1)目录、概要;

(2)引言,阐明进行文化品牌策划的背景、意义等内容;

(3)品牌形象和品牌现状分析,包括外部环境、内部环境等分析,常用的分析工具有SWOT分析、五力模型分析、PEST分析等,在现状分析的基础上识别品牌目前存在的问题;

(4)品牌定位,预测短期和长期市场环境,通过市场细分,选择目标市场,确定满足目标顾客需求的市场定位,寻找并确认主要竞争对手,分析本品牌与竞争对手的异同点,阐明品牌的独特性及风格特征;

(5)品牌的核心价值,即能够被企业内部和目标顾客识别并认可的价值要素;

(6)品牌元素设计,包括品牌名称、互联网域名(URL)、品牌标识、品牌符号、品牌形象或代言人、品牌宣传语、广告音乐、品牌包装等;

(7)品牌推广与传播,包括可以有效传达品牌理念和品牌文化,提升品牌形象的方法和措施,通常可以采取线上线下相结合的方式;

(8)品牌资产保护,确定可实施的品牌资产保护措施,以确保品牌资产的识别、使用、保护处于受控状态;

(9)风险管理,防范可能给品牌以及品牌培育过程带来的风险,并建立风险规避和紧急事件响应程序;

(10)财务预算,在品牌策划过程中所有的成本支出;

(11)附录及参考资料。

以获得2024年全国高校商业精英挑战赛品牌策划竞赛全国总决赛一等奖的作品《寰宇定邦·帝开万化——黄帝陵品牌策划书》为例,概要部分以一张结构框架图的形式呈现,将策划书各部分之间的逻辑关系,以及各部分的重点内容进行了介绍。引言部分阐明策划的背景及意义,从黄帝陵作为中华文明的重要象征的高度出发,对此次品牌策划有利于彰显文化影响力、传承文化根脉、推动景区品牌升级等方面,进行了概述。品牌现状及品牌形象分析部分,在对企业基本情况、品牌基本情况进行介绍的基础上,结合调研,深入分析黄帝陵品牌目前存在的问题,诸如品牌形象模糊、文化挖掘不足、品牌传播力有限、缺乏创新等,并在此基础上结合市场分析、竞争者分析,重新进行了黄帝陵品牌定位,明确了黄帝陵品牌的核心价值。接着,进行了品牌元素设计,包括Logo设计、海报设计、IP 形象设计、文创产品设计、宣传设计、UI 设计等。策划书还进行了品牌营销及品牌推广传播设计,构建"天—地—人"网整合营销策略模式,以加强品牌推广传播。策划书还充分考虑加强品牌资产管理与保护,推动品牌可持续建设。同时对品牌策划涉及的相关成本支出进行了核算。

本章小结

文化品牌是以一定的文化符号、象征或价值观为核心,通过产品、服务、活动等形式在市场上建立起来的具有独特文化特征和品牌形象的品牌。它具有文化内涵突出、情感共鸣强烈、品牌形象稳固等特点。

文化品牌具有产品及服务识别,维护消费者与生产者权益,促进企业盈利,拉动消费需求,催生价值延伸等功能。

进行文化品牌的创意策划,从品牌调研分析入手,依次经过品牌定位、价值呈现、标识设计、体验创造和品牌的管理保护等环节。

思考题

1. 文化品牌的价值和功能包括哪些方面?

2. 文化品牌创意策划的步骤是什么?

3. 一份完整的文化品牌创意策划书包含哪些内容?

第七章

文化创意传播与策划

学习目标

通过对本章的学习,学生应了解或掌握如下内容:
1. 文化创意传播的特征、趋势。
2. 文化创意传播的方式。
3. 文化创意传播的渠道。

章首案例

人工智能推动中华文化跨时空传播

人工智能技术改变了中华文明资源的空间表现形式,突破了传统文化与大众之间的单向互动模式,实现了"单一线下"向"在线在场"的跨时空传播。云展览、数字博物馆、全息幻影成像展示等模式应运而生。近年来,国潮文化受到社会各界的广泛关注,中华文明的发展和传承也取得显著效果,这与依托人工智能技术优势,实现中华文明跨时空传播密不可分。

国潮文化是依托于中国文化元素,将传统文化和现代潮流审美相结合的一种文化形式。这种文化形式不仅具备中国文化传统基因,而且与当下潮流相融合,被绝大多数受众所喜欢。2022年,百度集团制作的虚拟数字人国风少女"元曦",成为中国日报首位数字员工,以"中华文化探源者"的身份在全球亮相。"元曦"身着雪花纹中国风服饰,齐颈短发带着一缕绚丽的紫色挑染的国潮扮相,在元宇宙中带领大家探索源远流长、博大精深的中华文明。她带领大家近距离观赏远古先民们刻在岩石上的艺术瑰宝——贺兰山岩画,穿越3300年带领大家探源中国汉字源头——甲骨文,走进剪纸世界,感受中国民俗文化的无限魅力。以敦煌文化为灵感,从传统文化中汲取养分,并将其进行融合创新,设计出大气典雅、独具中国古典美学特色的敦煌"天好",将敦煌壁画里的"巾舞"完美呈现。全网视频播放量超过 8000 万,抖音主话题阅读量超 1 亿,给海外观众呈现了传统文化的饕餮盛宴,向世界传播了中华文明。通过科技的力量,革新了文化故事叙述与演绎呈现的方式,实现了中华文明与受众的双向度交互,助力文明探源溯源;通过科技的力量同历史对话,揭示中华文明起源、形成和发展,为重现中华文明的灿烂成就贡献力量。人工智能技术使厚重的历史文化变得生动有趣,跨时空让中华优秀传统文化与现实生活形成更紧密的关联。

　　由凤凰卫视集团旗下的凤凰数字科技、凤凰领客和故宫出版社等部门联合创作的"清明上河图 3.0"高科技互动艺术展演,构筑出现实与虚拟交织、人在画中的沉浸体验,让公众用看、触、听、赏、玩的方式与"清明上河图 3.0"进行多层次互动,身临其境地体验和沉浸于北宋繁华城市社会生活中。人工智能技术进一步丰富了文化传播形式,突破了以往以图文、音频、视频为主,鲜有互动与交流的中心化传播形式。2023 年全国两会期间,中国日报推出了"元宇宙画廊",运用虚拟现实技术,把新视界工作室设计的"大美中国"系列版面在网络空间里展示。观众带上 VR 设备,拥有自己专属的虚拟化身,在沉浸式游览中感受祖国的大好河山和人文魅力,并与各地网友开展线上互动。人工智能技术赋予了中华文明以新生命和新生趣,推动文化资源转化为数字化形态,实现文化的活态化传承和数字化共享,增强了文化的可持续性,推动中华文明实现"数字永生",这对推动中华文明的传播具有重要意义。

第一节　文化创意传播概述

一、文化创意与传播

(一)文化传播

　　文化传播,又称文化扩散,是指文化从一个区域传到另一个区域,或者从一个群体到另一个群体的互动现象。这种传播可以通过多种方式进行,包括但不限于商业活动、人口迁移、教育以及文化娱乐活动等。随着互联网的普及,文化传播不仅包括文化在空间的扩散,也包括文化在各个领域的代际传承。具体而言,它是"人们社会交往活动过程产生于社区、群体及不同人与人之间共存关系之内的一种文化互动现象"。

　　文化与传播有着千丝万缕的联系。自人类创造了文化,传播活动就开始了。传播本身就是一种文化形式与现象,文化通过传播进行保存与传承。传播的过程正是以"人"为中心进行文化价值批判与取舍,进而完成文化认知与接纳的过程。此外,文化对传播活动有着重要影响,传播者与受众的文化背景、文化水平、文化认知等都影响文化传播活动的开展与传播效果。可见,文化与传播密不可分,两者在互动发展中相互依存、相互影响、相互渗透。尤其是在当前的数字时代,媒介不断变革与发展,文化与传播的关系日益密切。正如传播学奠基人马歇尔·麦克卢汉(Marshall McLuhan)所提出的"媒介即信息"的论断,传播媒介在某种意义上也是推动文化创新发展的动力之一。文化与传播的关系也因此更为紧密,已经不能将文化传播单纯地作为一种社会群体之间的文化扩散过程来进行讨论。

文化传播的影响深远。当人们接触到不同的文化形式,比如艺术、音乐、电影等,他们会更加包容和理解其他群体的观点和信仰,从而促进社会的和谐发展。同时,文化传播也可以成为社会凝聚力的源泉,帮助人们建立联系并感受到社会归属感和认同感。在当代社会,大众传媒是文化传播的主要手段之一,它们以迅速、广泛的方式传递信息,深刻地影响着人们的文化观念和生活方式。然而,大众传媒在推动文化传播的同时,也需要注意避免误导和模糊信息,以确保传播的内容真实、准确和有益。

(二)文化创意与传播的关系

文化创意与传播之间存在着紧密的关联关系。文化创意是传播的核心内容,传播是文化创意实现价值的重要途径,文化创意与传播之间密切关联、相互影响、相互促进。

首先,文化传播为文化创意提供了平台和机会。传播是指两个相互独立的系统之间,利用一定的媒介和途径所进行的有目的性的信息传递活动。通过各种社会机构、组织和媒介,文化传播将文化创意作品推向市场,使更多的人能够接触和了解这些作品。这种传播不仅促进了文化创意的商业化运作,也为创意人提供了更广阔的创作空间和市场前景。正如著名经济学家约瑟夫·熊彼特(Joseph Schumpeter)所言,"创意的关键在于知识信息的生产力传播和使用"。传播是文化创意得以实现的重要渠道与工具。通过传播,文化创意能够扩大影响力,让更多的人了解和接受,让更多的人感受到文化的魅力。同时,在传播的过程中,文化创意作品可以实现其经济价值,产生良好的社会效益,推动教育及文化创意的交流。

其次,文化创意是文化传播的重要内容和驱动力。文化创意是以文化为元素,融合多元文化,利用不同载体而构建的再造与创新的文化现象。这种创新性的文化内容通过传播媒介和途径,被传递给更广泛的受众,从而实现了文化的广泛传播和传承。随着全球化在文化领域的深刻发展,文化创意与传播之间的关系更为紧密:一方面,文化创意为当代传播提供了更多思路,丰富了传播方式,提升了传播效果;另一方面,传播是文化创意得以实现的重要途径,文化创意被大众知晓与认同,同时也可以满足更多受众的多元需求,帮助他们快速适应新的数字社会生存环境。

文化创意与传播之间存在着相互促进、互利互惠的关系。文化创意为传播提供了丰富的内容和形式,而传播则为文化创意提供了更广阔的舞台和市场。两者的紧密结合有助于推动文化的广泛传播和传承,促进文化创意产业的发展。当前的数字化时代,文化创意传播的速度大大加快,传播渠道不断拓展,能够更好地推动文化创意与传播的互动创新发展。

二、文化创意传播的特征

与传统的文化传播不同,随着数字信息技术的不断升级发展以及全球化进程的加快,文化创意传播呈现出鲜明的时代特征,创意的融入让文化创意传播更具有个性与独特性。

1. 文化创意传播者身份多元化

在自媒体时代之前,文化创意传播主要由专业机构如报社、电视台及传播从业人员来承担。后随着自媒体平台的兴起,如博客、微博、公众号等,文化创意传播者的身份变得日益多元化,普通大众也广泛参与到文化创意的生产与传播过程中来,他们既是文化内容的创造者,也是文化传播的受众。如今,文化创意传播者涵盖了从专业人士到非专业人士、从"草根阶层"到各行各业的公众,这种多元化背景使得文化创意传播更具创新性。

2. 文化创意传播内容去大众化

在大众传播时代,文化市场快速发展,但受资本和工业化生产影响,文化传播内容趋向同质化。随着互联网的普及和新媒体的崛起,大众对同质化内容产生审美疲劳,个性化、创意性内容需求上升。因此,文化创意传播兴起,强调去大众化,满足个性化需求。具有创意性的内容更具吸引力,符合"注意力经济"时代的发展趋势。

3. 文化创意传播媒介融合化

媒介融合是不同媒介形态、功能、传播手段等的结合与汇聚。在数字化时代,媒介融合成为文化创意传播的主要特征之一。通过不同媒介的融合,可以产生新的传播效果,这本身就是一种创意性传播手段。媒介融合下的文化创意传播涉及创意资源的整合与利用,如"杂志书"作为图书与杂志的混合体,展现了媒介融合下的创意性文化产物。此外,多种媒介间的互动合作也是文化创意传播的重要特征,构建传播矩阵成为文化创意传播的关键任务。

4. 文化创意传播时空无界化

文化创意传播展现出时空无界化的特点。数字技术的发展让文化创意传播突破地理和时间限制,依托互联网和信息技术,创意内容能够轻松跨越地区、文化和语言差异,实现全球范围内的分享与传播。同时,创意也打破了人与人之间的心理界限,使文化传播更易接受、更具温度。跨时空、跨地域、跨文化的创意合作与交流成为可能,推动了定制化、个性化的文化创意传播。例如,李子柒通过短视频将中国文化创意传播至全球,而河北梆子版《美狄亚》则实现了中西戏剧文化的融合传播。

5. 文化创意传播受众年轻化

文化创意传播的受众正逐渐年轻化，"Z 世代"的年轻人成为消费主力军和主要受众群体。他们具有强烈的好奇心,喜欢追求潮流和个性,是数字技术和互联网的重度使用者,重视信息分享、消费体验、尊重原创,积极参与传播活动。随着文化创意环境的开放和产品的多元化,受众范围还在逐渐向青少年、低年龄层扩展。这些年轻人群是数字技术和创意产品的早期使用者,他们的成长背景和生活方式使得创意生活趋于日常化,为文化创意传播提供了更广阔的发展平台。

三、文化创意传播的趋势

随着全球化进程的加快以及现代信息科技的飞速发展,文化创意传播逐渐呈现出全球性跨文化传播、多元产业融合传播、媒体矩阵复合传播、科技创新智能传播等新的发展趋势。

1. 全球性跨文化传播

当前社会,文化多样性受到全球重视,被视为人类文明的宝贵财富。随着全球化的不断深入,不同文化之间的交流与融合成为必然趋势。跨文化传播促进了不同文化之间的理解与尊重,有助于消除文化隔阂与偏见,增进跨文化交流与合作。

信息技术的飞速发展大大推动了文化交流的进程。互联网、社交媒体等信息技术的发展打破了地域限制,使得不同文化背景的人们能够便捷地进行即时交流。虚拟现实(VR)、增强现实(AR)等技术的发展使得人们能够身临其境地体验不同文化,加深对不同文化的理解和认同。

此外,随着世界各国对文化创意产业发展与文化创意传播的大力支持,全球性跨文化传播已成必然趋势,对各国的跨文化冲突处理能力和跨文化创意传播能力提出了更高的要求。因此,基于新技术与新媒介,对传统文化传播的创意解构和创新转化将成为文化创意全球跨文化传播的重要手段。

2. 多元产业融合传播

产业融合已成为新时代创新发展的潮流。所谓产业融合,是指不同产业或同一产业不同行业部门之间相互渗透、相互交叉,彼此之间的界限逐渐模糊,并最终融合为一体的过程。产业融合也是逐渐催生出新产业的动态发展过程,其中包括产业渗透、产业交叉和产业重组三类。文化创意产业的"跨界"风潮也在兴起,文化创意的高包容性、强可塑性、高附加值等特殊属性,为其与别的行业产生联动提供了更多的可能,因此文化创意多元产业的融合传播也将成为一种必然趋势。

一方面,产业之间的跨界融合为文化创意传播提供了更多的创新内容和创意素材,其本身就是文化创意的一种创新性实践,也为探索创意性传播方式提供了新思路;另一方面,跨领域、跨行业、多元化、多交叉的融合旨在实现创新,而多元产业的融合传播则可以扩大文化创意在不同产业、行业的传播广度。在不同产业圈、行业内形成融合传播,扩大影响,将成为更多产业进行推广和传播的选择,通过"破圈"获得最佳的传播效果。

3. 媒体矩阵复合传播

随着新媒体的强势渗透,年轻人的媒体使用习惯逐渐发生改变,移动化、可视化、社交化的传播越来越受到人们的青睐。传统媒体尽管受到了巨大冲击,但是它们并未消亡,新媒体并不能完全取代传统媒体,而融媒体也不能完全替代某一媒体在传播中的作用。当今是全媒体发展时代,更是"百花齐放"的媒体全面发展的时代,传统媒体应不断创新发展,进一步优化自身媒体内容与传播手段,做到守正创新,更好地为其受众群体提供传播内容。因此,建立媒体矩阵的目的,就是在不同的媒体渠道发布触达用户的媒体内容,让媒体之间形成优势互补,从而完成对受众的立体传播。通过搭建媒体矩阵网络,可以让相互分隔的传播渠道向合力共赢方向发展,实现高质量、高水平、高效率的复合型传播。

对于文化创意传播而言,采用媒体矩阵进行复合传播,不仅可以改变单一媒体开展文化创意传播的局限性与单调性,而且可以规避通过全媒体进行文化创意传播的复杂性与宽泛性。构建多种传播渠道的文化创意传播媒体矩阵,形成交叉状、网格状的传播网络,让文化创意传播的内容更加丰富、形式更加多元、场景更加多样,满足受众差异化、分众化的需求,覆盖更广泛的传播受众,最终达到文化创意与媒体特性、受众偏好与传播渠道的高度匹配,进而提升文化创意传播的效果。

4. 科技创新智能传播

随着科技的不断发展和数字化应用的普及,文化创意传播也开始向以科技创新为基础的智能传播方向迈进。数字化技术与互联网技术的广泛应用,给人们带来了新的社会认知,培养了新的消费习惯,形成了新的信息接收模式,也因此为文化创意传播创造了新的增长空间。一是科技的创新发展推动文化创意传播方式、渠道等不断优化升级,虚拟现实、增强现实、裸眼3D、交互展陈等技术的发展,设备的普及和内容的创新突破,都逐渐在文化创意领域渗透融合与广泛应用,这让文化创意的实现方式与传播方式更加多元与智能。二是科技发展催生了众多文化创意与数字技术融合的新兴业态。在推动文化创意产业创新、提高文化创意数字消费的同时,也促进了文化创意传播的新内容生产。三是智能传播技术的发展与突破。不仅可以为受众过滤无效、无感、无用的信息内容,还可以"读懂"每一位受众的心,通过大数据分析、算法推荐等方式为受众提供符合个性化需求的文化创意内容推送服务,让文化创意传播更加精准、更加有效、更具人性化。

第二节　文化创意传播的方式

科技进步带来的变革让文化创意传播的方式更具时代性。崔保国教授曾说:"随着互联网的崛起和网络空间的出现,人类开始进入一个传播的新时代,传播学不再只是以探讨大众传播为核心议题,而是在更宽广的领域中展开。"而当前较为流行的文化创意传播方式主要有社会化传播、圈层式传播、沉浸式传播与交互式传播等。

一、文化创意的社会化传播

技术变革不仅推动了社会的进步、经济的发展,也催生了互联网时代的产物——社会化传播。如今,随着社会化媒体的与日俱增,微博、微信、小红书、短视频等社交平台成为越来越多人获取信息的重要途径,我们也逐渐步入一个新的社会化传播时代。换句话说,"互联网时代即为社会化传播时代"。

1. 社会化媒体与社会化传播

社会化媒体(social media)最早由美国传播学者安东尼·梅菲尔德(Antony Mayfield)于 2007 年在《什么是社会化媒体》一书中提出,社会化媒体赋予了每个人创造并传播内容的能力,是一种给予用户极大参与空间的新型在线媒体,具有参与、公开、交流、对话、社区化与连通性六个特征。

社会化传播可以简单理解为利用社会化媒体开展的传播活动。彭兰教授认为,当内容生产和消费与人们的社交活动关联越来越密切,当内容越来越多地依赖人们的社会关系渠道流动时,传统的点对面的大众传播日益演化为"社交化"大众传播。互联网技术的快速发展与普及应用加速了"社交化"大众传播的升级与变革,社会化传播也因此而出现。学者李夏薇给出了一个较为详细的定义:"社会化传播是一个宽泛的概念,强调的是一种弥漫式、辐射式的传播方式,强调每个互联网用户都是传播的一个节点,是一种基于社会化媒体平台,在信源、希望获取信息的受众和信宿之间进行沟通并且实现信息和内容分享的行为。"由此可见,社会化传播是一种基于互联网、强调人人参与、具有社会性的传播方式。

2. 文化创意与社会化传播

文化创意推动社会化传播内容创新。文化创意产业通过创新和设计,将传统文化元素与现代科技、艺术等元素相结合,创造出具有独特创意和商业价值的产品和服务。这些产品和服务不仅丰富了社会化传播的内容,还通过其独特的文化价值吸引了更广泛的受众。例如,在数字媒体设计领域,设计师运用先进的数字技术,将文化元素融入游戏、动画、App 等数字媒体中,使受众能够通过互动体验感受到文化的魅力。这种创新的内容形式极大地促进了文化在社会化媒体平台上的传播。

社会化传播具有去中心化、互动性和个性化的特点,使得信息能够迅速、广泛地传播给目标受众。文化创意产品通过社会化媒体平台的传播,能够迅速扩大其影响力和知名度。网红文化的发展也为文化创意的传播提供了新的路径。网红们通过创作多样化的内容,融合不同文化元素,吸引了来自全球各地的"粉丝"和关注者。他们通过分享个人观点、体验和价值观,引导受众思考和讨论各种文化议题,促进了文化创意在社会化媒体平台上的广泛传播。

二、文化创意的圈层式传播

社会学相关研究表明,生活形态、价值观念、文化认知相近的个体之间,通常会有更多的联系与交往,从而形成社会交往圈层。互联网的出现则推动社会交往圈层逐渐向线上转移,形成以共同兴趣爱好、价值观念、消费习惯等因素集合的网络圈层。

1.圈层文化与圈层式传播

"圈层"原指地球内外圈层,后来这一概念被广泛地应用到社会生活中,泛指社会生活中具有相同属性和特性的人群形成的社交关系。进入互联网时代,"圈层"特指在网络上具有共同特性的人群形成的强吸引作用的社会人际关系。科技与大数据发展促进新时代圈层关系的形成,以价值观、兴趣等为基础,形成开放、共享、多层次的立体化人际关系网。这种圈层文化促进具有类似偏好的人群的交流和再创造,推动小众文化逐渐走向大众,如电竞、美妆、汉服、二次元等圈层文化逐渐兴起。

圈层式传播是基于圈层文化而逐渐发展起来的新型传播形式,是一种受众到受众、更为精准的新时代人际传播方式,即基于特定"圈子"或"社群"的信息传播方式。这些"圈子"或"社群"通常由具有相似地位、境遇或兴趣爱好的人组成,他们通过社交媒体等平台进行信息交流、分享、创造和协同。圈层式传播具有针对性强、传播效率高、互动性强等特点。从传播结构和路径来看,圈层式传播由内向外主要分为核心层、影响层和外围层,并由核心层依次向外扩散,形成逐层渗透式的传播路径。随着大数据分析与AI智能推荐的精确性不断提高,受众群体的分众化、分层化也更加明晰,圈层化传播的重要性则愈加凸显。

2.文化创意与圈层式传播

圈层式传播是信息或文化从一个中心点开始,逐渐向外围扩散,形成多个层次的传播圈。圈层式传播是文化创意传播的重要途径之一。

文化创意产业的发展需要有效的传播渠道来推广其产品和服务,而圈层式传播正是这样一种高效的传播方式。通过社交媒体等平台,文化创意产品可以迅速传播到目标受众中,提高品牌知名度和销售额。同时,圈层式传播也为文化创意产业提供了丰富的创作素材和灵感来源,促进了文化创意产业的创新和发展。文化创意产业和圈层式传播之间存在着紧密的依赖关系。一方面,文化创意产业的发展需要依赖社交媒体等平台进行广告推广、视频内容创作和社交互动活动,以吸引更多用户的关注和参与;另一方面,圈层式传播也需要借助文化创意产业的内容创意和吸引力来吸引用户的关注和分享。

三、文化创意的沉浸式传播

随着信息技术的不断变革与发展,信息技术成为文化创意传播的重要支撑与研究内容。沉浸式传播正是依托"无时不在、无处不在"的互联网与沉浸技术而出现的一种创新型传播方式,其与文化创意的结合成为文化创意传播的方式之一。

1. 数字技术与沉浸式传播

中文语境下的"沉浸"有双重含义:一是本义,即客观存在物在实体空间中的"沉浸";二是引申为主体认知在意识空间中的"沉浸"。有学者指出,未来的自然和强效的沉浸环境体验将由多媒体信号处理、电脑视觉、图像、网络、传感器、展示、声音再生产系统、触觉、感知建模和心理物理学等交织建构而成。数字技术与沉浸式传播紧密相关,可以说没有数字技术,就很难实现沉浸式传播。一方面,虚拟现实、增强现实、全息投影等技术是呈现"沉浸感"的重要基础;另一方面,沉浸式传播为数字技术的变革与发展提供了实践平台。

沉浸式传播是一种基于虚拟现实等数字技术,结合特殊的叙事手法,构建以假乱真的媒介图景,获得沉浸体验效果的传播方式。沉浸式传播强调的是人的感官体验,集合各种视听效果和多种媒介于一身,旨在为人们提供包括视觉、听觉、触觉等多感官的服务体验,达到"全景仿真"的沉浸传播效果。正如麦克卢汉认为,媒介延伸了人们的感官,"媒介是人的延伸"。沉浸式传播全方位、多维度地延伸了人的感官体验,让人们在沉浸式传播中获得多种感官体验和多重心理感受,以实现最佳传播效果。

2. 文化创意与沉浸式传播

沉浸式传播的特点有三点:一是技术融合,运用虚拟现实、增强现实、人工智能等先进技术,为用户带来全新的体验;二是情感代入,通过虚拟场景构建,用户能够更深入地理解和感受信息内容,实现情感共鸣;三是交互性强,用户可以与虚拟场景进行互动,获得更加真实、生动的体验。

文化创意为沉浸式传播提供丰富的内容素材,文化创意产业中的各类创意元素,如故事、角色、场景等,都可以作为沉浸式传播的素材,为用户带来更加丰富多彩的体验。沉浸式传播提升文化创意产品的传播效果,通过沉浸式传播方式,文化创意产品可以更加生动、直观地展示给用户,提高用户的认知度和兴趣度,进而提升产品的传播效果。以故宫文创产品为例,故宫社区 App 以及《上新了,故宫》等节目运用沉浸式传播原理,将故宫的历史文化以更加生动、直观的方式展示给观众。观众可以通过虚拟导览、互动体验等方式,深入了解故宫的历史文化,感受传统文化的魅力。这种结合文化创意和沉浸式传播的方式,不仅提升了故宫文创产品的传播效果,也促进了文化产业的发展。

四、文化创意的交互式传播

信息技术与互联网技术的进步推动传播媒介发生变革式发展,传播模式也逐渐从单向的大众传播向以社交关系为纽带的互动式群体传播方向发展。交互式传播的出现既是媒介文化发展的必然,也是文化创意传播的重要手段。

1. 内容共创与交互式传播

所谓交互式传播,是指在传播过程中,传播通道不仅单向传递信息,还收集来自受众的实际反馈。传播者利用这些反馈,不断调整或加工信息,再次传送给受众。简言之,它是一种传播者与受传者之间进行多向交流互动的传播状态。

交互式传播更强调人际双向互动,既能通过交流互动扩大传播效果,也可以通过意见交换实现传播内容共创。具体而言,交互式传播改变了受众被动接收信息的局面,让更多的受众参与信息传播,也让传播者与受传者在交互过程中加深记忆、形成认同,实现真正意义上的有效信息传播。与此同时,数字时代的媒体为传播者与受传者提供了更广阔的平台,也赋予了受众更多自主选择的权利:一是大容量、多渠道、快传递等优势,让受众自主选择交互内容、交互形式;二是增加连线直播、现场讨论、微博微信互动、弹幕刷屏等交互环节,吸引更多受众在接收信息的同时也可以参与讨论、新内容生产等传播活动;三是以数字技术、互联网技术与计算机技术为基础,同步交互与异步交互、人人交互与人机交互等方式也为受众提供了更多的交互渠道以及多元化的交互体验。此外,在交互过程中碰撞出的新观点、新内容、新形式等都是传受双方共同参与完成的生产活动,交互内容不仅提升了一次传播信息的丰富度,也为二次传播提供了更具创新性、时效性的内容与素材。

2. 文化创意与交互式传播

传受者之间的交流互动过程,是创意产生、创意分享与创意实现的过程。因此,交互式传播正是一种具有创新性、产生文化创意的传播方式。一方面,借助交互式传播方式,将文化创意展现、传递给广泛的受众,在满足受众日益增长的文化消费需求的同时,引发受众讨论、分享,扩大传播影响力;另一方面,文化创意与当代媒体的结合,尤其是基于数字技术的新媒体,可以让受众完成从受传者到传播者的角色转变,通过参与内容生产,完成文化创意传播活动。例如,"三星堆之眼"光影艺术展全球巡展,以"三星堆·金沙"为代表的古蜀文明作为主线,引导观众探秘中华文明起源(见图7-1)。通过多媒体设计和场景塑造,利用全息投影、3D投影、体感互动、雷达互动、涂鸦上墙互动、激光矩阵、多媒体声光艺术装置等全球顶级互动多媒体技术,提升展览的创意交互性,让观众享受集视觉、听觉、触觉为一体的光影盛宴,感受中华文明的独特魅力。

图7-1　遇见古蜀:三星堆沉浸式光影艺术展

第三节 文化创意传播的渠道

一、线下渠道

(一)文化创意的平面媒体传播

平面媒体这一概念与广播电视等影音媒体形成区别,它主要涵盖报纸、杂志和图书等出版物,其传播形式呈现出静态、扁平、单维的特点,主要依赖于文字和图画来向受众传达信息,提供视觉上的体验。随着数字技术和新媒体的兴起,平面媒体受到极大的冲击。面对数字化传播如火如荼的发展形势,平面媒体仍具有自身独特的优势。首先,平面媒体的内容通常经过精心策划和编辑,具有更高的权威性和可信度。这些出版物往往由专业的编辑团队负责,对内容进行筛选、整合和深度解析,为读者提供高质量的信息。其次,平面媒体在视觉呈现上具有独特的魅力。无论是报纸的版面设计、杂志的精美图片还是图书的排版布局,都能给读者带来独特的审美体验。此外,平面媒体还具有持久性和可收藏性的特点,读者可以随时翻阅、回顾和保存。

虽然数字技术和新媒体的兴起给平面媒体带来了挑战,但平面媒体依然具有独特的优势和价值。通过发挥其在内容策划、视觉呈现和持久性方面的优势,平面媒体可以与新媒体平台相结合,为文化创意提供更加多元化、高质量的传播服务。

(二)文化创意的传统视听媒体传播

传统视听媒体具有较强的专业性,其内容制作者受过专业训练,传播内容受到严格把关,社会认可度高。同时,传统视听媒体早已成为人们日常接收信息的重要渠道,成为人们生活的一部分,如茶余饭后收看电视节目,周末去看一场电影等。尽管传统视听媒体在一定程度上受到了网络视听媒体的冲击,但其重要的社会定位和社会功能并没有改变,对于文化创意传播来说依然是重要的传播途径和工具。

1. 文化创意的电视传播

电视作为传统媒体,具有广泛的受众基础,能够覆盖不同年龄、性别、地域和文化背景的观众,实现文化创意的广泛传播。电视传播通过画面、声音和文字的结合,为观众提供全方位的感官体验,使文化创意更加生动、直观地展现出来。此外,电视传播具有较强的权威性和公信力,能够通过节目内容的设置和呈现,影响观众的文化认知、价值观和行为方式。电视媒体进行文化创意传播的形式是多样的,不同类型的电视节目可以实现不同的创意传播效果:新闻节目为提升文创产品和活动的知名度提供路径;访谈节目通过采访专业人士深入揭示文化创意,使人们了解其背后的故事;综艺节目可以让各类文化形式和创意内容"出圈";电视广告则是表现文化创意的重要阵地;等等。随着文化创意的发展,越来越多的电视文化类节目也进行创意性调整,尤以各种传统文化类节目最为突出。其凭借精美的制作、丰富的内容获得了公众好评。

2. 文化创意的影视剧传播

影视剧的形式与内容创作较为自由,因而在文化创意传播方面有很强的可塑性与发挥空间。影视剧通过高清画面、立体音效和精心编排的剧情,为观众带来强烈的视听震撼,使文化创意以更加直观、生动的方式呈现。优秀的影视剧能够深入挖掘人性、情感和社会现象,触动观众的心灵,产生强烈的情感共鸣,使观众对文化创意产生更深的认同感。影视剧可以在内容题材、技术手段、策划制作等方面进行不同程度的文化创意。从内容题材的文化创意来看,影视内容的一部分是由小说、漫画、历史事件等改编而来,加以创意改编和艺术创作形成影视剧作品;从技术手段来看,影视剧制作的技术手段日益多样化,不断探索拍摄手法与技术运用的新创意;从策划制作的文化创意来看,影视剧的创意形式丰富多样,包括续集、衍生剧、特别篇、影视联动等。此外,影视剧的创作过程本身就是文化创意的产生过程。因此,可以将影视剧形式的文化创意传播视为一个循环上升的发展过程,即"影视剧—IP—衍生品—影视剧"。

(三) 文化创意的线下场景媒体传播

"场景"原指影视中的特定时空环境,现发展形成场景媒体概念,有两种理解:一是针对特定生活场景设计的媒介,如户外媒体;二是创造场景供人深度体验,如博物馆、主题园区和沉浸式游戏。文化创意场景媒体传播的核心在于创新内容和形式,以实现有效传播。

1. 文化创意的户外媒体传播

户外媒体是指设置在户外场地可以进行信息发布的媒介,广告牌、信息展板、灯箱、户外电子屏都是其具体形式。随着媒介技术的发展及户外媒体形式的变革,户外媒体范围进一步拓展,泛指存在于公共空间的一种传播介质。

户外媒体传播具有高曝光度、持久性、创意性和互动性强等特点,是进行文化创意传播的有效途径。首先,户外媒体如大型广告牌、公交站台广告等通常设置在人流密集、视线集中的地方,使得文化创意产品能够获得高曝光度,吸引大量潜在受众的注意;其次,户外媒体的使用周期一般较长,可以在一定时间内持续传播文化创意产品,增强公众对产品的记忆和认知;第三,户外媒体的空间较大,能够容纳更多的创意元素和设计,使文化创意以更具艺术性和吸引力的形式呈现。此外,随着科技的发展,户外媒体越来越注重与公众的互动。例如,利用 AR、VR 等技术,观众可以通过手机等设备参与互动,获得更加丰富的体验。

在媒介技术的推动下,户外媒体在市场、资本、技术等多重因素的推动与选择中,将朝着智能化、融合化、场景化这三个发展新动向深入。这不仅会提升户外媒体自身的传播效率,还会让内容生产变得更加便捷。此外,户外媒体与周边场景的融合也将更加深入,其终端承载的信息交互功能的设计也将趋向合理。

2. 文化创意的展览展示媒体传播

展览展示媒体是指通过线下渠道的展出方式进行信息传播的媒介。它既包括用于构建场景的说明书、标签、展板、海报等平面媒体，也涵盖各类展览、博物馆、科技馆等用于场景展览展示的空间媒体。依托这类媒体的文化创意传播主要是在展览的表现方式上进行创意构思，即通过制作符合展示主题的各类布景、周边产品，或还用数字展示等技术，构建具有创意性的展示场景，营造沉浸式文化创意氛围。这可以让人们更深入地了解相关信息。例如，线下实体体验店通过场景布置、门店设计与各装饰海报等元素，营造出一种独特的文化氛围，让顾客在特定的文化场景中增强文化体验感。

随着数字技术的发展，文化创意沉浸式展览应运而生。文化创意沉浸式展览是一种结合了艺术、科技和文化的创新展示方式，它通过特定的空间设计和先进的科技手段，为观众营造一个身临其境的感官体验。沉浸式展览利用先进的声光电技术和交互设计，将观众带入一个与现实世界隔绝的虚拟空间，使他们仿佛置身于展示的主题场景之中。沉浸式展览还通过采用最新的科技手段，如虚拟现实、增强现实等，为观众提供丰富的互动体验，让他们能够更直观地了解展品和展览内容。2024年1月，由天津美术馆举办的"图灵花园——沉浸交互MR（混合现实）数字艺术大展"引起了社会各界的广泛关注。此次展览是目前亚洲规模最大的沉浸交互MR数字艺术大展，它综合利用空间算法识别技术、全息投影技术、人机交互技术、传感技术等。这些技术使佩戴设备的观众能够在虚幻与现实并置的沉浸式旅程中自由穿梭，并通过交互反馈实现双向互动。展览在科技与艺术的结合中，打造出了极具创新性的想象空间，缔造了充满奇幻色彩的感官体验，进一步探索了弥合现实与虚拟世界差异的可能性。

3. 文化创意的主题园区传播

在当今的文化创意传播中，主题园区传播成为一种独特的文化现象。它不仅是物理空间上的聚集，更是文化、艺术、科技与商业的深度融合。主题园区以其独特的主题设计、丰富的文化内涵和创新的传播手段，吸引了大量消费者的目光。

文化创意的主题园区传播，首先体现在其独特的主题设计上。主题园区都围绕一个或多个核心文化元素展开，通过景观、建筑、雕塑、表演等多种形式，将文化元素融入园区的每一个角落。这种主题设计不仅为游客提供了沉浸式的文化体验，也为园区注入了独特的文化内涵。其次，文化创意的主题园区传播还体现在其创新的传播手段上。随着数字时代的到来，主题园区利用新媒体、社交媒体等渠道，通过线上线下的互动体验，让游客在参与中感受到文化的魅力。同时，主题园区还注重与其他文化机构、商业品牌的合作，通过跨界合作、品牌联动等方式，拓宽了园区的传播渠道和影响力。此外，文化创意的主题园区传播还体现在其对地方文化的挖掘和传承上。许多主题园区都依托当地的文化资源，通过挖掘和整理当地的历史文化、民俗风情等元素，将其融入园区的建设中。这种对地方文化的挖掘和传承，不仅丰富了园区的文化内涵，也为当地文化的传播和传承提供了新的途径。以北京798艺术区为例，该园区通过多年发展已成为中国最有影响力的艺术区之一。在传播方面,园区采取了多种策略:与多家主流媒体合作,定期发布园区活动和展览信息,提高曝光率;举办大量国内外知名艺术展览和文化活动,吸引了众多艺术家、设计师和游客参与;建立官方网站和社交媒体账号,与粉丝互动并发布最新动态;通过游客和参与者的口碑传播,吸引了更多潜在受众关注和参与;等等。

二、线上渠道

(一)文化创意的网站传播

网站是一种主要的网络媒体,也是网络形态中最基本的媒体形式。它既是一种传播工具,又是一种沟通工具,人们可以通过网站发布信息、获取资讯,也可以提供或享受网站的信息服务。与传统媒体相比,网站在信息表现形式与传播方式上更加灵活,在网站布局设计上具有个性化的特点,在操作实施上具有互动性,在信息内容上具有实用性,在运行服务上具有技术性,在升级优化方面又具有扩展性。这些特征让网站具有极强的可塑性。

文化创意的网站传播是一个复杂而系统的过程,需要综合运用多种策略和方法。通过明确目标与定位、建立专业网站、创作并分享优质内容、开展社交媒体营销、加强合作与联动、运用数据分析进行优化、积极跟进用户反馈并建立口碑,以及充分利用新媒体手段等,可以有效提升文化创意的品牌知名度和影响力,进而促进产品销售和市场拓展。文化创意的网站传播主要依赖于内容展示、社交媒体推广、在线交易以及线上线下融合等多种方式。网站平台通过高清图片、视频和详尽的文字介绍,全面展现文化创意的独特魅力和特点。此外,通过电商平台或自建网站实现在线销售,利用大数据分析消费者需求和行为,提供个性化推荐和服务,优化购物体验。同时,将线上传播与线下活动相结合,举办展览、讲座和工作坊等活动,吸引受众参与并深入了解产品,鼓励受众在社交媒体上分享活动体验,形成口碑传播效应。

(二)文化创意的网络社交媒体传播

网络社交媒体是互联网上基于用户关系的内容生产与交换平台,它为人们提供了一个分享意见、见解、经验和观点的工具和平台。如今,网络社交媒体已经成为人们重要的生活工具,它制造了社交生活中的热点话题,其传播的信息已成为人们日常关注的重要内容,并且常常能够引发网友的热烈讨论。在这样的平台上,人与人、人与信息之间的互动都具备了前所未有的可能性。同时,网络社交媒体用户可以在消费内容的同时生产内容,在接收信息的同时传播信息。因此,通过网络社交媒体进行文化创意传播,可以大大提高文化创意内容的传播效率。如今,大量的文化创意信息和内容是通过社交媒体进行传播的,以下进行具体介绍。

1. 文化创意的信息交互媒体传播

信息交互社交媒体最突出的特点就是具有极强的社交属性,也是最常用的社交媒体类型。在信息交互社交媒体上,人们通过定期或不定期地发布、更新信息,可以通过评论、点赞、标记、转发、私信等方式与他人保持联系、进行互动,进而建立起情感联系与社交关系。较为流行的信息交互社交媒体有 X〔原名为推特(Twitter)〕、微博、脸谱网(Facebook)、领英(LinkedIn)等。

在信息交互社交媒体开展文化创意传播可以依托已建立的网络社交关系,容易形成对热点事件的讨论,扩大信息传播的范围。基于其开放、多元、高效的特点,信息交互社交媒体吸引了无数自媒体或专业媒体进行文化创意传播工作。例如,"X"是目前全球互联网访问量最大的网站之一,也是全球用户使用频率最高的信息交互类社交媒体之一,为专业媒体和自媒体进行文化创意的国际传播提供了重要平台。

2. 文化创意的图片分享媒体传播

图片分享社交媒体以图片为主,一般有两种类型:一是以兴趣为出发点的图片分享社交媒体,如拼趣(Pinterest)、花瓣、堆糖、乐乎(Lofter)等;二是以交友为出发点的图片分享社交媒体,如照片墙(Instagram)、绿洲、私密社交服务(Path)等。两种类型的图片分享社交媒体的共同点就在于图片、兴趣和社交三个要素。图片分享社交媒体是读图时代的必然产物。与其他社交媒体相比,图片分享具有以下特点:易于表达,通过视觉效能的发挥,深度发掘图片产生的场景、历史和创作者的情感,给人冲击和震撼;易于传播,图片内容信息丰富,可以弥补文字表达在感性方面的不足,也可以有效消除用户之间因不同语言、不同文化背景所造成的交流障碍;易于创造,图片叙事可以给用户更多的想象空间,以短小精悍的内容概括所要传播的信息,而用户也可以对其进行自我解读,寻找自己关心的兴趣点。

文化创意在图片分享社交媒体上开展传播工作时可以通过两种途径。其一,图片本身就是表达文化创意的重要载体,因而要抓住图片本身的可视化特点,在图片制作上进行创意开发。该类型媒体一般采用"瀑布流"的图片展示方式,自上而下依次排列图片,可无限向下延伸滚动欣赏。要在众多图片中脱颖而出,就要在图片的颜色、构图、尺寸、内容、布局等方面进行研究,这也是依托图片分享社交媒体进行文化创意传播的主要任务;其二,基于不同图片分享社交媒体平台的个性化功能,进行图片的文化创意传播。例如,照片墙有一项"阅后即焚"的附加功能,就是用户发布的图片等内容会在 24 小时后自动消失,可以创意地使用这一功能发布具有冲击力的图片,勾起用户好奇心,从而赢得更多的关注。此外,照片墙还有倒计时贴纸、投票贴纸、捐赠贴纸等小功能,都可以成为在此平台开展文化创意传播的重要工具。

3. 文化创意的即时通信媒体传播

即时通信是指互联网上用以进行实时通信的系统服务,其允许许多人使用即时通信工具传递文字信息、文档、语音以及视频等信息流。早期的即时通信社交媒体有 MSN、Google Talk、QQ 等,其主要目的就是文字信息的交流。随着技术的不断提升以及相关网络配套设施的完善,即时通信工具的功能集成了以即时通信为核心的电子邮件、博客、音乐、电视、游戏和搜索等多种功能,成为集交流、娱乐、商务等于一体的综合化信息平台。目前较为流行的即时通信社交媒体有 WhatsApp、微信(WeChat)、LINE、Kakao Talk、Viber 等。

随着即时通信社交媒体的功能日益强大,文化创意通过其可以开展的传播活动也日益多样。首先,可以利用即时通信社交媒体自身庞大用户群体的优势,在单纯的即时通信功能基础上进行创意开发。例如,丰田在西班牙为了宣传新车 Toyota Aygo 的发布,利用 WhatsApp 策划了一次有趣的"挑逗比赛"。参赛用户只需要给 Toyota Spain 的 WhatsApp账号发送称赞 Toyota Aygo 汽车最肉麻的口头禅、图片、声音邮件和视频,就有机会赢得一辆全新的汽车。这次活动不仅吸引了众多用户关注新款汽车,还成功地将流量从其他社交媒体平台引至 WhatsApp,实现了品牌与平台的双赢。其次,即时通信社交媒体平台上的表情包就是具有创意性的传播内容,可以充分利用这一优势,扩大传播影响。例如,韩国即时通信媒体 Kakao Talk 的表情包 Kakao Friends 已经成为其品牌的重要 IP,并推出了一系列衍生品。最后,这类社交媒体还可以依托其多元化的附加功能不断开展文化创意传播互动。例如,微信的小程序、朋友圈、公众号、小游戏等功能都可以成为进行文化创意传播的重要工具。

4. 文化创意的博客社区媒体传播

博客(Blog)是一种个人或群体在互联网上发布文字、图片、视频等内容的平台。它允许作者在其中发布自己的想法、新闻、故事或其他信息,并通过评论功能与读者互动。博客类似早期的 QQ 个人空间。社区社交媒体是基于共同兴趣或话题形成的网络讨论社区,如论坛、贴吧等。它们鼓励多元表达,传播不同声音。如今,博客社区社交媒体除传统博客平台外,还包括 Tumblr、豆瓣、Reddit、虎扑等。

在博客社区社交媒体中,成功进行文化创意传播需要聚焦三个关键要素。首先,社群是博客社区社交媒体的核心基石,也是推动文化创意传播的重要力量。深入了解并准确定位特定社群的特点和偏好,能够有效地触发社群成员的共鸣与参与,进而迅速扩大文化创意的传播范围与影响力。其次,兴趣是推动网络社区形成和发展的重要驱动力。在博客社区社交媒体中,开展文化创意传播需要紧密围绕用户的兴趣点展开,根据不同垂直兴趣社区的特色和需求,制定针对性的传播策略,以更好地满足用户需求,实现精准有效的传播效果。最后,意见领袖(KOL)在博客社区社交媒体中扮演着至关重要的角色。这些具有影响力和号召力的个体,不仅是优质内容的创作者,也是社群氛围的营造者。通过与 KOL 建立合作关系,利用其影响力和资源,可以为文化创意传播提供更多的曝光机会和传播渠道,营造出良好的社区交流氛围,进一步推动文化创意的传播与发展。

5. 文化创意的知识共享媒体传播

移动互联网时代,分答、知乎等知识分享平台成为获取知识的有效途径,沟通交流的重要桥梁,网络经济的新兴载体。知识分享平台在当下呈现出多样化、碎片化、专业化三大特点。果壳网、分答、知乎,已经超越传统的百科、问答平台,为用户提供了自由讨论、知识交换、扩大知识利用价值的崭新渠道。在时间碎片化、信息碎片化的大背景下,用户可以通过知识分享平台寻求更加方便、简短、易传播的内容。专业领域人才提供的高质量知识信息,成为知识分享平台的核心竞争力。

在知识共享社交媒体开展文化创意传播最终要回归内容本身,也就是知识。无论开展何种形式的文化创意传播都离不开媒体平台所具有的知识背景。知识共享社交媒体最主要的作用就是"提出问题""解答问题",可以利用这些优势,引发用户对某些问题的关注,进而引发相关讨论,提升关注度,扩大影响力。在提问的时候,可以通过提出或解答一些具有娱乐性的问题来吸引用户关注。例如,知乎平台常会出现"如果吃一勺太阳会如何"这类脑洞大开的问题。如果能将类似的问题巧妙嫁接到需要传播的文化创意中,往往能达到事半功倍的效果。同样,在回答问题的时候也可以采用多样的创意方式,如带上特殊符号、图像等引人注目的格式化文字,或是跨界互动,不断扩宽知识的边界,将问题的解答和知识内容融入生活场景。

(三)文化创意的网络视听媒体传播

视听媒体有着其他媒体不可取代的视觉和听觉体验。随着网络传播时代的到来,网络视听信息主宰了互联网信息传播,网络视听媒体成为人们获取信息、休闲娱乐、学习成长等方面必不可少的媒体渠道。同时,作为传播平台而言,网络视听媒体肩负文化创意传播的重任,但作为传播者而言,它又兼顾文化创意内容生产的工作,是名副其实的文化创意传播参与者。随着网络技术的发展与革新,流媒体、网络直播、视听共创、网游手游等网络视听形式日益多样,这不仅丰富了人们的网络文化生活,也拓展了文化创意的网络传播形式。

1. 文化创意的流媒体传播

流媒体是指将一系列的媒体数据,在互联网上分段发送并即时传输视频和音频以供观看的技术和过程。这种技术使得数据包得以像流水一样发送,用户无须在使用前下载整个媒体文件。相较其他媒体而言,流媒体既可以实时播放音视频和多媒体内容,也可以边下载边播放,并且在实时播放完成后不占用客户端的存储空间,真正做到流式传输。正因此,它备受广大用户的喜爱。目前比较流行的流媒体平台有海外的奈飞(Netflix)、迪士尼 + (Disney +)、声田(Spotify)等,国内的爱奇艺、优酷、咪咕、网易云音乐等。

流媒体既是文化创意产业的重要组成部分,也是文化创意传播的重要阵地。一方面,流媒体上的文化创意传播以专业生产内容(professional generated content,PGC)为主,以保证内容质量与输出品质,因而不乏众多高品质的原创影视综艺节目,如奈飞的品质好剧、爱奇艺的"迷雾剧场"悬疑自制剧、优酷平台的"这! 就是"系列综艺、芒果 TV 的《声入人心》《舞蹈风暴》等自制影视综艺节目。同时,文化创意 IP 也会通过流媒体平台被放大和延伸,影视公司、创意内容公司会联合流媒体平台共同开发以 IP 为中心的系列节目。例如,正午阳光联合腾讯视频开发《欢乐颂》三、四、五季,这样的合作方式,既可以让文化创意公司的创意内容得到有效传播,又保证流媒体平台可以输出与传播源源不断的文化创意内容,实现"双赢"。另一方面,作为文化创意传播者,流媒体平台自身也会策划系列文化创意传播活动,增加与用户之间的互动,提升用户体验与黏性。例如,网易云音乐曾推出多项音乐策划,云音乐年度听歌报告、"毕业放映厅"歌单等,在用户口碑和传播影响上获得双丰收。

2. 文化创意的网络直播媒体传播

网络直播充分利用了直观、快速、内容丰富、交互性强、地域受限小等互联网的优势,为用户提供了更生动且清晰的展示,其重播、点播等功能也有效延长了直播的时间和空间,将直播内容的效益与效率发挥到最大。目前网络直播有游戏直播、体育直播、娱乐直播、购物直播、教育直播等各种类型,而较为流行的平台有 YouTube Live、虎牙直播、斗鱼TV、Livestream、Periscope、YY 直播、荔枝 FM 等。

网络直播逐渐成为文化创意重要的传播渠道之一,为文化创意提供了更多元的展示空间。首先,从内容来看,文化创意的网络直播传播可朝着内容精细化、场景丰富化、营销创新化等方向发展,并借助实时互动以及后续短视频传播等方式,进一步强化直播整体效果的创新性。其次,从技术方面看,文化创意可以依托 5G、数字化、人工智能等技术多样化的应用,在网络直播间搭建多元化的场景,呈现出更优质的效果。最后,网络直播也为文化艺术的传承和传播者提供了新的创收渠道。以戏曲直播平台为例,我国目前有超过 60% 的戏曲剧种通过在线直播的方式进行文化传播,许多濒危、小众的剧种,比如眉户、汉调桄桄、白字戏等,都通过直播展现出了独特的文化魅力。

3. 文化创意的视听共创媒体传播

视听共创网络媒体是指以用户生成内容、用户原创内容为主的网络视听媒体,如YouTube、哔哩哔哩(bilibili)、维密欧(Vimeo)、抖音、喜马拉雅、蜻蜓 FM 等。随着互联网应用的发展,网络的交互作用日益凸显,用户既是网络内容的浏览者,也是网络内容的创造者。

由于 vlog、短视频、播客的日渐风靡,视听共创网络媒体已经成为文化创意传播的主战场,也涌现出众多创新性的文化创意。与流媒体相比,视听共创媒体更具开放性、多元化、包容性,真正做到了全民共创文化创意内容。文化创意在这类媒体上开展传播活动可以采取三种方式:第一,创作创意性内容和题材,确保"内容为王"。用户原创内容多源于兴趣和日常,好的创意内容能引发共鸣,提高点击率,并成为创作典范。第二,采用创新性视听制作技术,如移形换影、瞬间移动等效果,增强视觉冲击和记忆,如哔哩哔哩的鬼畜视频。第三,巧用视听共创媒体平台的社交功能,开展文化创意传播。例如,抖音经常会举办如"手势舞挑战""踢瓶盖挑战""光影变身挑战"等话题挑战赛,吸引广大用户参与互动,争先发布挑战短视频,通过内容裂变形成巨大流量。

4. 文化创意的网游手游传播

5G、大数据、人工智能等技术应用和硬件技能的增强,赋予了游戏开发者和企业更多的想象空间,使得游戏文化创意产品未来的态势呈现出多元化、数字化趋势。网络游戏和手机游戏本身就是文化创意产业的重要组成部分,也是文化创意传播的重要载体。

从技术创新的角度来看,越来越多的游戏企业正在尝试以技术推动内容体验,诸如AR、VR、动捕、真实地形生成(RTG)等现代技术,为用户带来更加有趣的互动和沉浸式的感知体验,不断优化文化创意传播形式。从文化创意的角度来看,作为"新文创"的代表,网络游戏和手机游戏以 IP 构建为核心的文化生产方式,打造了许多具有广泛影响力的文化符号。它们天然具备"交互""参与"的属性,是承载文化创意的优质媒介。不少公司也开始推出"文化 + 游戏""非遗 + 游戏"等功能性游戏产品,既丰富了游戏的文化内涵,延长了游戏的生命周期,又将诸多传统文化元素、文化理念融入游戏的创作。如《王者荣耀》赋能非遗,从游戏内的 70 多位传统英雄,到近 50 款传统文化服装;从线上敦煌文博会,到越剧虚拟演员的文创合作等,不断探索游戏与传统文化的融合之路。游戏的传统文化之路不止于此,从借力传统文化 IP 输出优质内容,到赋能非遗重获年轻一代青睐,再到电竞助力众多传统文化 IP 实现更接地气的创造性转身,推动了文化创意生产的"新实验"。

(四)文化创意的电子商务媒体传播

电子商务(electronic commerce,EC)简称电商,通常是指在全球各地广泛的商业贸易活动中,在因特网开放的网络环境下,基于浏览器、服务器应用方式,利用计算机技术、网络技术和远程通信技术,实现整个商务过程的电子化、数字化和网络化。电子商务是网络销售的途径,而文化创意则是内容产品,两者的结合便可以促成更为直接有效的文化创意传播。

B2C 是企业与消费者之间的电子商务,是消费者利用互联网直接参与经济活动的形式,类似商业电子化的零售商务。文化创意在 B2C 电商媒体的传播可以直达目标参与者,实现更为精准的文化创意投放,开展有针对性的文化创意传播活动。个性化定制与服务则成为文化创意 B2C 电商媒体传播需要关注的方面,品牌不仅可以为参与者提供全方位的文化创意体验,而且可以提升品牌好感度,树立良好的品牌形象。C2C 即消费者与消费者之间的电子商务,类似线下的跳蚤市场、二手市场。C2C 电商平台最大的特点是不受时间和空间的限制,节约了市场沟通成本,可以快速完成交易活动。文化创意在C2C 电商媒体的传播更着重于所销售产品的个性、特点与网络的视觉效果,能够吸引"眼球"的文化创意则成为其传播的关键。O2O 即线上到线下,是指将线下的商务机会与互联网结合,让互联网成为线下交易的平台。O2O 电商媒体的优势在于把线上和线下相结合,通过网络的导购和指引,实现网络消费落地,并让消费者以与线上同样的价格享受线下的服务。文化创意的 O2O 电商媒体传播就是以联动线上线下的方式,通过创新性与具有吸引力的线上引导,为线下活动引流、造势,并能让创意传播参与者体验到优质的线下服务,形成线上线下联动效应。例如,饿了么联合国潮顶流 IP《唐宫夜宴》打造了一场"国庆享国味"的活动:先是通过饿了么发布"舞出中国味了么"的创意视频,结合《唐宫盛宴》的唐舞元素让大家认识中国的老字号、新国味和正当食以及各地城市味道;之后《唐宫夜宴》IP 形象唐小妹携手饿了么 IP 形象饿小宝,前往 22 座城市开启寻味之旅,用外卖形式打卡当地老字号和美食,让国味深入人心。

此外,文化创意还可以通过 B2B、B2G、C2G 等多种类型的电子商务媒体进行传播。在传播过程中,关键在于精准把握不同类型电子商务媒体的特征,深度挖掘文化创意、创新内容与媒体平台融合的潜力,积极引导企业成为重要参与者,促使其深度加入文化创意传播活动。

本章小结

文化创意与传播之间存在着紧密的关联。文化创意是传播的核心内容,而传播是文化创意实现价值的重要途径,二者之间相互关联、相互影响、相互促进。

文化创意传播呈现出鲜明的时代特征,具体表现为传播者身份多元化、传播内容去大众化、传播媒介融合化、传播时空无界化、传播受众年轻化等。

社会化传播、圈层式传播、沉浸式传播与交互式传播等是当前较为流行的文化创意传播方式。

思考题

1. 文化创意与传播之间是什么关系? 文化创意传播有何发展趋势?

2. 什么是文化创意的圈层式传播,这对于推动文化创意传播有何积极意义?

3. 如何实现文化创意传播的线上线下融合?

第八章

文化项目的创意与策划

学习目标

通过对本章的学习,学生应了解或掌握如下内容:
1. 文化项目的基本内涵、特征和运作过程。
2. 文化旅游创意的基本理论、方法、原则和流程。
3. 文化创意产业园的界定、形成、分布与类型。
4. 文化创意产业园的运营管理及发展的问题、路径与趋势等。

章首案例

沉浸式文旅:身临其境"触摸"风景

一场别开生面的演出,让观众打破与演员的边界,走进剧中世界;一个古色古香的街区,让人们"穿越"进入一段历史岁月……随着信息技术的发展、体验经济的兴起,沉浸式文旅成为关注热点,新业态、新模式、新产品不断涌现,游客在身临其境的新奇体验中领略文化的魅力。2023年,文旅部发布20个沉浸式文旅新业态示范案例,从夜游锦江、大唐不夜城,到《又见平遥》《遇见大唐》《知音号》等经典演出,各种类型的沉浸式项目成为文旅业态创新的标杆。"今年以来,全国文化和旅游市场加速回暖,沉浸式业态跑出了加速度,文旅资源、数字技术与空间创意的融合创新,促进了当地产业和消费的双升级。"文化和旅游部产业发展司副司长马力说。

"踏入'长安十二时辰'主题街区,如同走进了真实的盛唐长安。'李白'带我们逛长安城,介绍各种小吃,工作人员和店家也都穿着唐制汉服,将氛围感拉满。"这几天,四川游客李悠在看了电影《长安三万里》后,对唐代历史文化产生了向往,便约上朋友来到西安。一路上,传统小吃、文创产品琳琅满目,唐乐歌舞演出尽显唐风古韵,还会偶遇诗人与你推敲诗句,"玄奘"负笈而行询问西行路线,带着一张"通关文牒"打卡盖章,如同梦回唐朝繁华的市井生活。这个坐落在大唐不夜城的主题街区,自 2022 年 4 月开街以来就迅速成为"爆款",火遍网络,吸引无数年轻人前来打卡。"一年时间,我们已接待游客超 200 万人。"陕西文化旅游股份有限公司董事长邹林丰告诉记者,为了营造更真实的场景,他们请 100 多名手工匠人制作了 8000 多盏灯笼以及各种道具,春游百花、烟雨荷塘、冬日雪景,端午节、上元节、中秋节……每个季节、每个节日有不同的主题活动,游客每次来都有不同的感受。

第一节　文化项目创意策划概述

一、项目与文化项目的内涵与特征

(一)内涵

项目是指在一定的时间、资源、环境等约束条件下,为了达到特定的目标所做的一次性任务。它通常涉及多个部门、多个专业领域的协同合作,以及一系列有序的工作流程和活动。

文化项目是项目的一种特定类型,具体是指在一定的时间、资源、环境等约束条件下,为了达到特定的文化目标,通过生产文化产品或提供文化服务等方式来满足公众文化需求的一次性任务或独特性活动。文化项目通常由特定的文化组织或机构实施,它们旨在推动文化产业或文化事业的发展。这类项目具有一次性、非重复性和临时性的特征,但与一般的物质性生产项目相比,文化项目不仅关注文化本身的发展,还注重文化在社会、经济和个人生活中的作用和影响。常见的文化项目有文化旅游项目、演艺娱乐项目、创意设计项目、创意孵化项目、文化产业园区项目等。

(二)特征

(1)约束性。文化项目受特定的资源条件和环境的约束,具体包括时间、人员、技术、资金、市场、信息、利益相关者等。这些约束因素对于文化项目的成败具有极大的制约和影响。成功的文化项目需要在既定的资源约束条件下,按时按质完成预定的文化目标。

(2)文化性。文化项目通常涉及文化符号或文化意义,这些符号或意义反映了特定文化群体的价值观、信仰和传统。这些符号或意义是文化项目的重要组成部分,通过它们可以传递文化的核心意义和价值。

(3)社会性。文化项目通常与特定的社会群体相关联,反映了这些群体的生活方式、习俗和世界观。文化项目不仅关注文化本身的发展,还注重文化在社会中的传播和影响,文化项目可以促进社会文化的交流和融合。

（4）多元性。文化项目通常具有多样性和包容性,吸收和融合了不同文化元素,形成了独特的文化风貌和特色。文化项目注重多元文化的交流和融合,通过展示不同文化的特点和魅力,可以促进文化多样性的发展和繁荣。

（5）创新性。文化项目在传承和弘扬传统文化的同时,也注重创新和发展。引入新的文化元素、技术和理念,可以推动文化项目的创新和发展,为传统文化的传承注入新的活力和动力。

二、文化项目的运作过程

文化项目运作,可以分为项目策划和项目管理两大主要阶段,项目管理主要是在项目策划的基础上,对项目实施过程的管理。在项目具体运作过程中,又可以根据企业及项目运作特点进一步分为项目发起、可行性研究、项目策划、项目规划、项目实施（执行）与控制、项目收尾等阶段。其中前四个阶段（即项目发起、可行性研究、项目策划、项目规划）总体上属于项目策划阶段,后两个阶段（即项目实施与控制、项目收尾）属于狭义的项目管理阶段。

在项目发起阶段,可以由市场主体或策划者发起,通常依据客户的直接需求或者分析得到的间接需求发起项目,一般是基于比较有文化市场前景的项目设想。在提出项目设想之后,就要进行一定的调研和可行性研究,也是项目的初期策划阶段。在这个阶段,要通过分析国内外文化市场大环境、拥有的文化产业资源平台,初步明确项目战略目标,选定主要的客户群,对项目的损益进行概算或估算,主要进行定性分析。通过初步可行性研究之后,形成项目建议书,此时可以申请立项,同时申请专有的项目启动资金。如果获得审批通过,就要进行项目策划。项目策划不但要保证活动项目的创意思路和文化内涵,而且要在策划方案中体现目标市场营销、项目赞助的基本点,使文化项目真正从市场中来,到市场中去。

在项目策划之后,就是项目规划。比如一个艺术产业博览会,要由专业的规划人员进行展览风格、展览内容以及展览形式设计。此外,还应明确项目起源和宗旨,展览的时间、地点、规模,观众定位、市场调查和预测、展览经费预算及相关的外延活动设计。

项目实施（执行）与控制就是按照项目规划,逐步把项目策划的内容落地。项目实施包括组建项目团队,完成进度、资源和质量规划等内容。其中有两项工作很重要:一是项目的推广工作,通过媒体或者市场营销,完成项目的门票、赞助和招商工作;二是进行项目的实施操作,必要时通过变更程序处理出现的问题。

项目收尾阶段也是很重要的一个阶段,即项目按计划实施完毕,直至所有总结工作完成。它对于资源的积累和经验的积累都具有非常重要的意义。

三、文化项目的创意策划

(一)文化创意是文化项目的灵魂

文化项目的开发一般要经历从文化创意到内容、从内容到产品化生产两个过程。前一个是对项目产品所包含的精神内容的创作、策划与组合,后者是将相应的精神内容要素固化到相应的物质载体中去,成为产品形态。

文化项目以创意为核心,创意是一个文化项目区别于其他文化项目的最显著的标志。通过独特的创意,文化项目可以展现出与众不同的风格、主题和表现形式,从而在激烈的市场竞争中脱颖而出。显然,精神内容要素的雷同无法吸引消费者的关注,也不能在市场中立足。当代文化产业的蓬勃发展,使得创意产品成了买方市场,而眼球和注意力则成了卖方市场,成了稀缺商品。公众渴望超越现实,渴望体验图像和声音的魔幻世界。因而文化项目的产品最忌讳沿袭陈规俗套,它在总体上必须凸现产品独具的特色,才能打动人心,在市场上获得超值的效益。

创意还能够有效增强文化项目的吸引力,吸引更多的观众参与。一个富有创意的文化项目往往能够激发人们的好奇心,引发他们的兴趣和共鸣,使他们愿意投入时间和精力去了解和体验。同时,创意也是推动文化项目不断创新的关键。通过引入新的观念、技术和元素,创意可以为文化项目带来新鲜感和活力,使其不断适应时代的发展和观众的需求变化。

创意内容是文化项目的灵魂,富有活力的创意内容是文化项目持续运营的生命线,互动性、个性化体验的创意内容决定了项目能走多远。经营文化项目,首先就必须从提升创意内容上着力,没有创意内容,文化项目就成了无本之木、无源之水。

(二)文化策划是文化项目实施的保障

一个成功的文化项目离不开精心策划和周密安排,只有做好策划工作,才能确保文化项目的顺利实施和取得预期成效。

策划直接关系到文化项目的定位、实施、推广以及最终的项目成效。第一,策划有助于明确文化项目定位,包括项目的目标、受众、风格、主题等。通过精准的定位,可以确保项目在设计和实施过程中能够有针对性地满足目标受众的需求,提高项目的吸引力和参与度。第二,通过策划可以制定详细的项目实施方案,包括项目的具体步骤、时间安排、资源分配等。一个完善的实施方案能够确保项目在实施过程中有条不紊,避免因为缺乏规划而导致的混乱和延误。第三,策划是激发项目创新和创意的过程。通过深入研究目标受众的需求和喜好,结合市场趋势和文化特色,策划人员可以提出新颖、独特的创意和想法,为文化项目注入新的活力和魅力。第四,策划有助于推动资源整合,包括人力、物力、财力等。通过合理的资源配置和调度,可以确保项目在实施过程中能够充分利用各种资源,提高项目的执行效率和效果。第五,策划还可以对文化项目实施过程中可能出现的风险进行预测和管理,通过制定应对策略和预案,可以降低项目风险,确保项目的顺利实施和成功完成。

因此,策划是文化项目顺利实施的保障,通过有效的策划能够帮助文化项目明确项目定位、制订实施方案、激发创新和创意、整合资源、管理风险等。

第二节　文化旅游项目的创意策划

一、文化旅游项目及项目管理

文化旅游项目是指以满足游客的文化需求为主要目的,通过挖掘、整理、展示和传播地域文化、民族文化、历史文化等文化资源,为游客提供丰富多样的文化体验的旅游项目。这类项目通常包括文化遗产、博物馆、艺术展览、民俗活动、节庆活动、文化创意产品等多种形式。文化旅游项目的核心在于其文化内涵,这类项目以文化为主题,以文化为纽带,通过展示和传播地域文化、民族文化、历史文化等文化资源,让游客在旅游过程中感受到文化的魅力和价值。同时,文化旅游项目也注重游客的文化体验,通过提供多样化的文化活动和产品,让游客在参与中深入了解文化、体验文化、享受文化。这种体验性不仅增加了游客的参与感和获得感,也提高了游客对文化的认同感和归属感。

文化旅游项目管理是指对文化旅游项目进行策划、实施和控制的过程。文化旅游项目管理工作的内容涵盖了项目策划、项目组织、资源配置、进度控制、质量管理、风险管理等方面。文化旅游项目的创意策划是文化旅游项目管理的第一步,也是影响整个文化旅游项目管理成效的关键环节。

二、文化旅游项目创意策划概述

文化旅游业是文化创意产业,没有高明的创意难以做好旅游策划。文化旅游创意策划就像一股难以抗拒的洪流,汹涌奔腾地将智慧符号的现代价值扩散到旅游业的每个角落。很难说是现代旅游业派生了这些特有的智慧符号,还是这些智慧符号成就了现代旅游业的发展。但有一点可以肯定,即使在一个完全陌生的环境中,文化旅游创意策划也一定会让游客在瞬间找到一份亲切与熟悉感。

(一)文化旅游项目创意策划的概念

文化旅游项目创意策划,是指旅游策划者为实现旅游组织的目标,以文化旅游资源为基础,通过对旅游市场和旅游环境的调查、分析和论证,创造性地整合旅游资源,别出心裁地设计和策划旅游方案,谋划对策,然后付诸实施,以便使旅游资源与市场密切结合,从而获得最佳经济效益、社会效益和生态效益的运筹过程。有专家认为,文化旅游项目策划的本质是思想、文化、创造、发现、理想等。文化旅游策划需要创意,创意是文化旅游策划的核心。创意是指运用创造性思维,对某一特定事物状态及相关因素进行联想、假想,从而创造出一种意图、意象和意境。

(二)文化旅游项目创意策划的作用

1. 为旅游企业、相关政府部门创造社会价值和经济价值

21世纪是知识经济时代,知识经济的一大特征是智力、智慧产业将得到进一步发展,社会所需的知识比任何时代都要丰富得多。文化旅游策划机构的价值,越来越取决于对知识的应用能力。这种能力,就是思想、智力、方略等。智能与财富结合在一起,才会爆发出巨大的能量。

2. 充当智囊团、思想库,是企业决策者的亲密助手

(1)文化旅游创意策划接触面大、实践范围广泛。从规划直到营销的每个环节,策划活动都参与其中。

(2)文化旅游创意策划的案例精彩、形式多样。在文化旅游创意策划的成功案例中,有不少精彩绝妙的概念、理念、创意和手段。

(3)文化旅游策划的思想活跃、理论丰富。由于众多策划人努力实践,勤奋耕耘,在创造许多精彩的项目典范和营销经典的同时,还梳理出不少闪光的策划概念、思想,总结出富有创见的创意策划理论。这些都给旅游企业以智力、思想、策略上的帮助与支持,为旅游企业出谋划策,从而创造更多的经济效益。

3. 为文化旅游开发成功保驾护航

文化旅游开发建设要完成一个项目周期,需要经过市场调研、项目选址、投资研究、规划设计、建筑施工、营销推广、旅游接待等一系列过程,这些过程中的某一环节出现问题,都会影响旅游开发进程。旅游策划通过概念设计及各种策划手段,可使开发的景区适销对路,从而占领市场。

(三)文化旅游项目创意策划的特征

1. 创造性

文化旅游创意的创造性也称原创性、新颖性、独特性,是指文化旅游创意必须产生具有新颖性的构想。创意是金,贵在出新。创造性是文化旅游创意区别于一般旅游发展构想的根本特征,是文化旅游的灵魂和生命,也是判定文化旅游水平的首要指标。

2. 内隐性

文化旅游创意的内隐性是指文化旅游创意活动的核心环节不同于旅游设施建设、服务提供与管理行为,它是一种表面上看不见、摸不着的内在心理活动,是一个思维活动过程。

3. 关联性

与其他创意一样,文化旅游依赖元素重组或异态混搭,也就是说,文化旅游必须与多种要素相互关联。同时,文化旅游产业的无边界特征和文化旅游需求的多元化趋势使得它与其他类型创意相比,具有更为突出的综合性特征。

4. 符号性

文化旅游创意的符号性又称为象征性,是指经由创意生产出的文化旅游产品(文化旅游创意的终极对象)不同于日常用品,它可以产生丰富而独特的文化旅游体验,具有象征意义和符号价值,能够吸引游客的眼球。

5. 增值性

文化旅游创意可以"无中生有",可以变废为宝,可以点石成金,可以锦上添花,可以化腐朽为神奇,可以变梦想为现实,大大推进了文化旅游资源价值的实现过程,提高了文化旅游产品的价值和旅游企业的效益,这就是文化旅游创意的增值性。

三、文化旅游项目创意策划的流程

文化旅游项目创意策划的流程与一般的项目策划类似,但同时应兼顾文化旅游项目自身的特点。本书在综合传统项目策划、旅游策划、概念规划流程的基础上,提出如下文化旅游项目创意策划流程,从最初的市场调研与分析着手,依次经过项目定位与策划主题确定、创意构思与主题形象凝练、策划方案编写、项目实施与管理等五个环节,每个环节层层连接、环环相扣、彼此联系、相互作用,最终构成了文化旅游项目创意策划特有的流程。

1. 市场调研与分析

在文化旅游项目创意策划之初,应首先开展实地考察、基础资料收集以及市场调研与分析等工作。该阶段重在对文化旅游项目环境因素进行细致入微的考察、勘探,尽可能详尽地搜集编制文化旅游项目创意策划案时所需要的资料,为后续环节的展开打下坚实基础。市场调研与分析重点在于确定目标市场,了解潜在游客的年龄、兴趣、消费习惯等信息;进行竞争环境分析,研究同类型或相似文化旅游项目的市场表现、成功因素和不足之处;调研消费者需求,通过问卷调查、访谈等方式收集游客对文化旅游项目的期望和需求等。

2. 项目定位与策划主题确定

根据市场调研结果,通过文献分析法、问卷调查法、现场考察法等方法,分别对文化旅游项目所处的区域现状、发展现状、资源现状、市场现状、发展背景、基础资料进行全面系统的分析整理,从宏观的角度把握文化旅游项目发展所处的阶段和趋势。根据市场调研结果,明确项目的定位,如目标游客群体、市场定位等。进一步确定项目的核心主题,这通常需要充分考虑当地地域文化、历史文化、民俗文化等。随后需要评估当地的文化资源,通过恰当的方式将这些资源加以整合,如自然景观、人文景观、旅游服务设施等,使之成为文化项目运行的基础。

3. 创意构思与主题形象凝练

基于项目定位和主题进行创意构思,凝练特色文化旅游主题形象。文化旅游创意策划者在整合、分析旅游地基本情况的基础上,提炼文化旅游项目的核心价值点,并在此前提下进行文化旅游地发展的主题形象凝练。富于表现力的创意策划主题是旅游资源与旅游需求的最佳结合点,一般应该具备以下特点:①形式新颖,与众不同;②富于思想性;③简洁明了,通俗易懂;④富于艺术表现力,具有市场感召力。

4. 策划方案编写

该阶段的主要内容包括发展战略的形成、概念主题的形成、形象理念的形成、空间结构的形成、项目布局的形成,以及产品、项目设计的形成等。因此在综合、全面分析与研究旅游地区域现状、资源现状、市场现状、背景现状的基础上,在整合、提取的前提下,系统地对文化旅游项目创意策划的各项内容进行高效、高品质的策划与设计,撰写完备的文化旅游项目策划方案,明确项目的目标、实施计划、宣传推广、风险评估及应对策略、投融资计划等,同时确保文化旅游项目的合法性和合规性要求。

5. 项目实施与管理

对于文化旅游项目后续的实施与管理环节,也需要事先展开策划,包括组建卓有成效的项目团队、确定各团队成员的职责和任务;制定项目实施计划,确保项目按计划进行;进行项目管理,包括人员组织、安全管理、服务质量控制等;提出文化旅游项目实施效果的评估措施,包括游客满意度、经济效益等方面。

以上流程是文化旅游项目创意策划的一般流程,具体流程可能因项目特点、市场需求和实际情况而有所不同。在实际操作中,需要灵活调整和优化流程,确保项目的顺利实施和成功完成。

四、案例分析:哈尔滨文旅项目创意策划

根据思摩特项目管理报告,2024 年年初,哈尔滨这座城市成了全网热议的焦点。从"小砂糖橘"到"冻梨",再到独具特色的"雪雕",哈尔滨以其丰富的文化元素和别具一格的旅游景点,吸引了无数网友的目光。不仅如此,各地的农产品也纷纷涌向哈尔滨,形成了一股"掏家底"的热潮,3 天收入高达 60 亿元,这让哈尔滨成了一个炙手可热的文旅IP。想象一下,一个地方在短短时间内吸引了数以百万计的游客,这是为什么呢? 答案就在于创意策划的力量(见图 8-1)。

图 8-1　哈尔滨文旅项目部分场景

（一）项目策划：哈尔滨文旅的蓝图

哈尔滨的文旅项目并非一蹴而就，它需要有一个清晰的规划，包括景点设计、设施建设、人员培训、宣传推广等。这些都需要经过深思熟虑和精心策划。元旦前夕，哈尔滨文旅就在各平台账号推出了一系列短视频进行冰雪旅游宣传。通过头部博主＋IP引流，"万人蹦迪""索菲亚教堂旅拍""早市"等东北元素打破了人们冬天去南方的一些惯有思维。哈尔滨文旅项目在时间管理方面做得非常出色。从项目启动到实施，再到最后的收尾，每个阶段都有严格的时间节点。例如，2023年的冰雪大世界占地81万平方米，更是投资了35亿元，仅仅30天就制作出了这一座精致的"冰城"。团队对每个景点进行了精心设计和布置，确保游客能够感受到浓厚的文化氛围和独特的美景。松花江升起浪漫的热气球，冻梨享受摆盘待遇，冰雪大世界有帅哥倒红糖水，更别说人造月亮、飞马踏冰、逃学企鹅、"非遗"打铁花等难得一见的景观。从异地医保的开通到交通线路的设计，从丰富的演艺活动到对服务价格的监管，经过一系列的"收拾"，才敢把客人请进家门。哈尔滨认真的态度接住了随之而来的"泼天流量"，让游客产生了直观的感受，好感倍增。

（二）质量管理：打造一流的旅游体验

哈尔滨文旅项目注重质量管理，以确保游客能够享受到一流的旅游体验。

（1）哈尔滨对服务人员进行了专业培训，以确保他们能够提供高质量的服务。先是在机场玩快闪，花式迎接"小土豆"；从火车站就有亲切的阿姨志愿者指路带队；让鄂伦春族和鄂温克族走上哈尔滨中央大街宣扬哈尔滨独特的民族文化；等等。

（2）哈尔滨市文化广电和旅游局工作人员表示，整个冰雪季群众文化这类活动就有100项。

（3）在餐饮服务方面，团队对厨师和服务员进行了严格培训，以确保食品质量和卫生标准符合游客的期望。

这些努力让哈尔滨成为人们心中的首选之地。

（三）风险管理：预见并应对挑战

哈尔滨文旅项目团队在风险管理方面表现出了出色的能力。他们提前预见并应对了各种风险和挑战，如天气变化、人流控制等。在冬季旅游旺季，团队对冰雪景观进行了精心设计，确保游客能够享受到高质量的冰雪体验。他们还制订了人流控制计划，合理安排游客数量和时间，以避免拥挤和安全隐患。这些风险管理措施为游客提供了更加安全、舒适的旅游环境。黑龙江部署文化和旅游市场专项行动，严厉查处了文化和旅游市场的各类违法行为。哈尔滨发布倡议书，号召广大商家提供优质服务，恪守诚信之道，维护市场价格秩序，切实保护广大游客的合法权益，号召市民承接好这"泼天"的情谊。哈尔滨市宾馆酒店经营企业代表表示，将按照哈尔滨市政府要求，全力展示哈市宾馆酒店业的良好形象。部分酒店同步推出了延长早餐时间，赠送冻梨、黏豆包等哈尔滨特色食品，房间配备地方小吃，增加大堂礼宾员，提供伴手礼、御寒用品等多项增值服务，提升住客的体验感,让住客住得安心舒心。新年头两天哈尔滨市政府连续组织召开冬季旅游提升宾馆酒店服务质量座谈会,提示从业者珍惜城市"出圈"机遇。同时,对出现的问题真诚直面不回避。冰雪大世界开园发生"退票事件",有关部门立刻妥善处理,发文道歉;获悉游客打车被宰,监管部门连夜调查核实,处罚当事人。

(四)反馈与优化:持续改进项目

哈尔滨文旅项目团队注重收集游客反馈并进行优化和改进。例如,在项目的实施过程中,团队通过问卷调查和访谈等方式收集游客的反馈意见,并将这些意见用于优化和改进项目中。这种持续改进的精神,使得哈尔滨文旅项目能够不断满足游客的需求,提升游客满意度。

有效的创意策划是哈尔滨文旅"爆火"的关键因素之一。它确保了项目的顺利进行,为游客提供了优质的服务和一流的旅游体验。在未来的文化旅游项目中,其他地区也应该借鉴哈尔滨的经验,运用项目管理知识,为游客创造更多的价值。

第三节 文化产业园区项目的创意策划

一、文化产业园区的内涵及发展优势

文化产业园区是一个文化产业、传媒、信息和市场融合的复合式、全过程的产业发展区域。文化产业园区是以文化产业为主导,以园区建设、企业入驻、投资布局、产业融资、传媒和市场配套等为核心的新兴产业园区,也是企业经济升级、市场重塑、新内容创造、城市内涵提升的新型综合性产业园区。

文化产业园区拥有以下几种优势:一是聚集优势,文化产业园区凭借其独特的聚焦优势,能够有效汇聚各类文化实体,构筑一个集资源整合、模式创新与交互协作于一体的文化治理体系,以促进各类文化项目融合发展,从而实现可持续发展。二是配套优势,文化产业园区可以建设完备的全方位配套设施,从而更好地满足企业的发展需求。同时,通过改善环境、基础设施,构建一个产、学、研三者共同赋能的科技创新空间,为企业提供更多的创新空间和文化创作空间。三是技术和创意优势,文化产业园区可以集中渠道资源,推广新技术型产业和创意型产业,以及相关的技术和创意系统,特别是大数据及文化产业网络技术,推动工业升级和经济结构优化等。

二、文化产业园区项目创意策划概述

文化产业园区项目创意是指在文化产业园区内,以文化创意为核心,通过创新思维、设计理念和科技手段,创造出具有独特性和市场竞争力的文化产品和服务。这种创意不仅体现在产品的内容、形式、技术等方面,还体现在园区的整体规划、空间布局、运营管理

等方面。文化产业园区项目创意是推动文化产业园区持续发展的重要动力。

在文化产业园区项目创意的实践中,通常需要考虑以下几个方面:一是明确园区的文化特色和优势,确定园区的文化发展方向和目标;二是鼓励和支持创意创新,充分与科技融合;三是完善产业链、产业间的协同发展和融合创新;四是优化空间布局与规划,创造舒适、开放、富有创意的工作和生活环境。

文化产业园区项目策划是指对文化产业园区进行全面、系统的规划和设计,旨在实现园区的文化产业发展目标,提升园区的竞争力和吸引力。在文化产业园区策划中,需要明确园区的核心产业,以及相关的支持产业和衍生产业,形成完整的产业链和生态系统;合理规划园区的空间布局,根据园区的实际需求配备完善的基础设施和公共设施;营造浓厚的创意氛围,吸引更多的创意人才和企业入驻园区;制定有利于文化产业园区发展的政策和措施,提供资金扶持和税收优惠等支持,促进园区的快速发展;等等。

三、文化产业园区项目的概念性策划

文化产业园区项目的概念性策划是在对文化产业园区建设项目的建设目标、市场需求、资源状况等要素系统分析的基础上,对即将建立或发展中的文化产业园区进行全面、前瞻性的概念设计和系统性规划。这一策划过程不仅关注园区的物理空间布局,还涵盖了园区的项目定位、产业发展战略、社会经济效益预期、品牌形象塑造以及运营管理策略等多个方面。以下是文化产业园区概念性策划的主要内容和步骤。

1. 项目定位与创意构思

(1)项目背景与目标分析。首先需要对文化产业园区建设项目的起源、历史背景、主要倡导者以及前期筹备情况进行深入了解。同时,明确项目的目标,这些目标应该具有明确性、可衡量性、可达成性、相关性和时效性(即遵循 SMART 原则)。

(2)利益相关者需求分析。了解和分析项目利益相关者的需求和期望,包括目标受众、合作伙伴、投资者等。这有助于在项目策划中更好地平衡各方利益,确保项目的顺利实施。

(3)明确定位,进行创意与概念构思。根据园区所在地的历史文脉、文化特色和发展需求,明确园区的文化定位,在全面分析项目背景、目标和利益相关者需求的基础上,进行创意的思考和整合,形成一个具有指导意义的概念构思。这一过程可能需要借助各种创意方法和工具,如头脑风暴、思维导图等。

(4)明确产业发展战略。结合国内外文化产业发展趋势和市场需求,制定园区的产业发展战略,明确主导产业和特色产业,构建完善的产业链条。

2. 空间规划与布局

(1)空间布局规划。根据园区的文化定位和产业发展战略,合理规划园区的空间布局,包括生产区、展示区、办公区、休闲区等功能区域的划分。

(2)建筑设计风格。结合园区的文化定位,设计具有独特性和标志性的建筑风格,体现园区的文化特色和创意氛围。

以地处西安的大华·1935创意园为例,设计团队着力于挖掘文化园区项目本身的历史文化价值,综合考虑文物保护规范、改造后业态布局以及城市形象重塑等多方面的要求,本着"修旧如旧"的原则进行空间规划与建筑风格设计(见图8-2)。

图8-2　西安大华·1935创意园空间布局鸟瞰图

3. 品牌塑造与市场推广

(1)品牌塑造。通过独特的文化定位、产业特色和空间设计,打造园区的品牌形象,提升园区的知名度和影响力。

(2)市场推广。制定有效的市场推广策略,包括媒体宣传、活动策划、品牌合作等,吸引更多的企业和投资者入驻园区。

4. 社会经济效益预期

(1)经济效益预期。分析园区的产业发展潜力和市场需求,预测园区的经济效益,包括产值增长、税收贡献、就业带动等。

(2)社会效益预期。评估园区对当地文化、教育、旅游等产业的促进作用,以及对提升居民生活品质、增强社会凝聚力的贡献。

5. 运营管理策略

(1)运营管理机制。建立高效的运营管理机制,包括物业管理、政策咨询、融资支持、市场推广等服务,为入驻企业提供全方位的支持。

(2)合作伙伴关系。积极寻求与国内外优秀的文化企业、研究机构、金融机构等建立合作伙伴关系,共同推动园区的发展。

6. 风险评估与应对策略

(1)风险评估。对园区可能面临的市场风险、政策风险、技术风险等进行全面评估,制定相应的风险应对策略。

(2)应对策略。根据风险评估结果,制定灵活多变的风险应对策略,确保园区在面临挑战时能够稳健发展。

(3)可持续发展。园区项目应该注重可持续发展,考虑项目的长期效益和对社会、环境等方面的影响。在策划过程中需要充分考虑这些因素,确保项目的可持续发展。

总之,文化产业园区的项目概念性策划是一个全面、前瞻性的规划过程,在进行概念性策划时,既要彰显文化底蕴与文化特色,体现目标受众的文化需求,又要关注市场接受度和认可度,同时力求创意创新,打造独特且具有吸引力的文化产业园区项目。除此之外,文化产业园区项目的概念性策划既需要关注园区当前的状态,更要着眼于园区未来的发展潜力和可持续性,包括环境保护、资源节约、社会责任等方面,确保园区的长期繁荣和稳定。

四、案例分析:横店影视文化产业集聚区的创意发展

横店影视文化产业集聚区位于浙江省金华东阳市,集影视拍摄、旅游度假、文化娱乐等功能为一体。横店影视文化产业自1996年正式起步,历经二十多年的探索实践,已成为文化浙江建设的一块金字招牌,走出了一条富有特色的创意发展之路。2023年3月22日,根据文化和旅游部印发的通知,横店影视文化产业集聚区被列入国家级文化产业示范园区(见图8-3)。

图8-3　横店影视文化产业集聚区

(一)全产业链影视产业基地,吸引头部影视文化企业

横店影视文化产业集聚区是国家级旅游科技示范园区、国家级夜间文化和旅游消费集聚区以及国家文化和科技融合示范基地。截至目前,横店影视文化产业集聚区已吸引正午阳光、爱奇艺、博纳影业、新丽传媒等1830余家企业入驻,成为全国头部影视文化企业集聚度最高的地区,全国排名前10的影视企业有8家入驻横店。横店现有30余个影视实景基地和130余座摄影棚,已成为全球规模最大的影视实景拍摄基地。这里构建了从立项审片、拍摄制作、产权交易、产业孵化、人才培养的全体系支撑,拥有从场景搭建、道具制作、设备租赁、演员中介到餐饮住宿、娱乐设施等全产业链配套,实现了从造景卖景的影视拍摄基地,向产业链齐全的影视产业基地的转变。

（二）立足产业优势，推进文旅融合

横店影视文化产业集聚区立足资源优势，抢抓战略机遇，明确"影视为表、旅游为里、文化为魂"的产业联动发展思路，大力推进文旅融合，朝着"万亿级文化产业的龙头基地、区域经济转型升级的重要引擎、文化产业发展的战略性平台"目标发力。

横店影视文化产业集聚区不断扩大投资，对园区传统拍摄基地进行改造提升，新建一批文化类重点项目。同时，优化营商环境，全力打造"横店出品"影视品牌，并积极引导影视企业主动参与"一带一路"倡议，推动中华文化走向世界。横店坚持以"镇区景区化、景区全域化"为发展目标，统筹推进城镇环境美化、城镇配套完善、美丽乡村建设以及共享田园打造等工作。通过这些举措，推动横店突破景区空间界限，构建内外联动、共筑开放的全域旅游新格局，实现从纯观光旅游目的地向观光、休闲、体验深度融合的复合型旅游目的地转型，努力打造国内首家沉浸式影视体验旅游度假区。

横店影视文化产业集聚区还积极探索开放式文化主题商业街区与景区相融合的发展模式，加快门票经济转型，打造一站式影视体验度假区；创新"影视文化＋"多元融合产品体系；加快文旅与现代科技融合，建设"影视文化大脑"，上线"横影通""云勘景""产业综合智治"等场景应用，打造集公平有序、高效便捷、精准服务、科学决策、风险防控等优势和功能于一体的应用平台；推进智慧文旅新基建建设，开发智慧文旅产品及服务，运用科技手段实现影视文旅的现代表达，不断强化用户体验。

（三）加快文旅融合，"携行计划"助建园区产业新优势

为落实国家区域协调发展战略，以文化产业园区为联结，促进区域文化产业协同发展，横店影视文化产业集聚区积极贯彻落实 2022 年 8 月文化和旅游部办公厅印发的《文化和旅游部办公厅关于实施"文化产业园区携行计划"的通知》，与山西平遥文化产业园、陕西理想共创文化科技创意产业园结成携行小组。国家级文化产业示范园区的创建将进一步推动横店区域形成"镇区景区化，景区全域化"的发展格局，加快横店文化旅游深度融合、高质量发展。

景区旅游方面，产业园将推动横店重点文旅景区向综合型度假区转型升级，实现多功能布局。延伸业态方面，将进一步发挥文化产业优势，以圆明新园国际研学营地为抓手，集聚优质研学资源。夜间消费方面，将进一步推动横店影视城等载体发展景区夜游，创新开发夜间影视文化体验项目，打造夜游、夜购、夜娱、夜宿、夜食有机结合的夜间经济体验中心。

本章小结

文化项目是项目的一种特定类型，具体是指在一定的时间、资源、环境等约束条件下，为了达到特定的文化目标，通过生产文化产品或提供文化服务等方式来满足公众文化需求的一次性任务或独特性活动。

文化创意是文化项目的灵魂,文化项目以创意为核心。文化策划是文化项目顺利实施的保障,只有做好策划工作,才能确保文化项目的顺利实施和取得预期成效。

文化旅游项目创意策划,是指旅游策划者为实现旅游组织的目标,以文化旅游资源为基础,通过对旅游市场和旅游环境的调查、分析和论证,创造性地整合旅游资源,别出心裁地设计和策划旅游方案,谋划对策,然后付诸实施,以便使旅游资源与市场密切结合,从而获得最佳经济效益、社会效益和生态效益的运筹过程。

文化产业园区项目的概念性策划是在对文化产业园区建设项目的建设目标、市场需求、资源状况等要素系统分析的基础上,对即将建立或发展中的文化产业园区进行全面、前瞻性的概念设计和系统性规划。

思考题

1. 为什么说文创产品的基础是文化,核心是创意?

2. 源于传统文化的文创产品设计的重点是什么?

3. 旅游景区文创产品设计面临着哪些问题,应该如何突破?

4. 文创产品创意设计的步骤包括哪些环节?

参考文献

[1] 霍金斯. 创意经济:如何点石成金[M]. 上海:上海三联书店,2006.

[2] 佛罗里达. 创意阶层的崛起[M]. 司徒爱勤,译. 北京:中信出版社, 2010.

[3] 陈放. 创意学[M]. 北京:金城出版社,2007.

[4] 丁俊杰,李怀亮,闫玉刚. 创意学概论[M]. 北京:首都经济贸易大学出版社,2011.

[5] 陈欣,罗政. 文化产业创意与策划[M]. 武汉:华中科技大学出版社,2023.

[6] 谢梅,王理. 文化创意与策划[M]. 北京:清华大学出版社,2021.

[7] 刘婧. 文化创意企业知识产权能力研究[M]. 北京:社会科学文献出版社,2022.

[8] 张鲁君. 文化创意与策划[M]. 福州:福建人民出版社,2014.

[9] 姜仁峰,王莉. "故宫文创"对现代文创产品设计的启示[J]. 包装工程,2023,44(10): 373 – 376.

[10] 薛可,龙靖宜. 文化创意传播学[M]. 上海:复旦大学出版社,2022.

[11] 王万举. 文化产业创意学[M]. 石家庄:花山文艺出版社,2018.

[12] 白庆祥,李宇红. 文化创意学[M]. 北京:中国经济出版社,2010.

[13] 王曙光. 文化中国文化自觉与文化产业发展[M]. 北京:中国出版集团, 2022.

[14] 江东东. 文化创意产业的发展与设计实践[M]. 北京:中国书籍出版社,2021.

[15] 苏文菁. 文化创意产业[M]. 北京:社会科学文献出版社,2020.

[16] 赵迎芳. 中国博物馆文化创意产品开发的理论与实践[J]. 山东社会科学,2020, (4):169 – 176.

[17] 张立. 新时代博物馆文化创意产业发展:经验与启示[J]. 西南民族大学学报(人文社科版),2020,41(2):200 – 205.

[18] 陈放. 策划学[M]. 北京:蓝天出版社,2005.

[19] 高显莹. 文化策划与创意[M]. 成都:西南交通大学出版社,2020.

[20] 左熹. 文化创意与文化产业项目策划管理研究[M]. 北京:中国商务出版社,2020.

[21] 陆耿. 文化产业项目策划与实务[M]. 合肥:中国科学技术大学出版社,2022.

[22] 严三九,王虎. 文化产业创意与策划[M]. 上海:复旦大学出版社,2021.

[23] 靳斌,王孟璟. 文化旅游项目策划与管理[M]. 北京:中国国际广播出版社,2023.

[24] 林琳. 文化产业创意与策划研究[M]. 北京:北京工业大学出版社,2019.

[25] 强海涛. 策划原理[M]. 北京:首都经济贸易大学出版社,2021.

[26] 陈凌. 文创品牌策划与推广[M]. 北京:北京工业大学出版社,2021.

［27］杨丽珠.基于江南园林元素的文创产品设计研究［J］.上海包装,2024(2):54-56.

［28］赵铂.数字化时代纸媒的数据变化与转型发展趋势［J］.传媒,2022(23):44-46.

［29］彭宇.纸媒如何在融媒时代彰显产品价值［J］.传媒,2023(12):38-40.

［30］胡智艺.新媒体时代纸媒多元化创新发展研究［J］.出版广角,2022(17):83-86.

［31］卢菲,王晨,曹海艳.文创产品设计开发［M］.北京:中国纺织出版社,2023.

［32］刘林.基于用户体验的文创产品设计［M］.长春:吉林大学出版社,2023.

［33］张颖娉,张鸣艳,蒋艳俐.文化创意产品设计及案例［M］.北京:化学工业出版社,2020.

［34］李程.文化创意产品设计［M］.北京:人民邮电出版社,2023.

［35］严婷婷,张西玲.文创产品设计［M］.北京:科学出版社,2022.

［36］白藕著.新时代文创产品设计［M］.北京:清华大学出版社,2023.

［37］潘玲霞,朱彬.文创产品设计与非遗传承［N］.中国文化报,2023-01-13.

［38］王珏.《千里江山图》文创迭代:一幅古画的动人之旅［N］.人民日报,2022-03-29.

［39］王毅,周婧妍.用户偏好视域下图书馆文化创意产品开发对策研究［J］.图书馆学研究,2024,(1):46-58.

［40］陈红兵.寻找文创执行力［M］.北京:中国科学技术出版社,2023.

［41］杨静.文创产品设计与开发［M］.长春:吉林美术出版社,2019.

［42］孟媚,刘哲.文创品牌策划与设计新思维［M］.北京:中国戏剧出版社,2024.

［43］马楠楠.单位纸媒的变迁研究［M］.长春:吉林大学出版社,2022.

［44］徐智,胡晓洁.社群经济视角下垂直化纸媒的数字品牌建设路径探析［J］.中国出版,2021,(13):50-53.

［45］王晓霞.媒介融合背景下纸媒的生存与发展［M］.吉林:吉林文史出版社,2017.

［46］王芳.媒体融合背景下的纸媒出版转型研究［M］.上海:上海外语教育出版社,2020.

［47］刘豫格,孙立军.动漫策划概论［M］.北京联合出版公司,2014.09.

［48］胡兵.动漫产业及其衍生品的发展研究［M］.吉林出版集团股份有限公司,2021.

［49］胡柯柯.活动策划从入门到精通［M］.北京:清华大学出版社,2023.

［50］朱希祥,许玲妹,王从仁,等.文化活动的策划与操作［M］.上海:东华大学出版社,2005.

［51］许传宏.会展策划［M］.上海:复旦大学出版社,2010.

［52］练红宇,王雪婷.会展策划［M］.成都:电子科技大学出版社,2019.

［53］李武陵.会展策划与指导实践［M］.长春:吉林出版集团股份有限公司,2023.

［54］王宗水,张健.文化品牌传播与价值评估［M］.北京:科学技术文献出版社,2020.

［55］王鹤.文化创意与品牌推广［M］.北京:北京理工大学出版社,2022.

［56］陆耿.文化产业项目策划与实务［M］.合肥:中国科学技术大学出版社,2013.

［57］靳斌,王孟璟.文化旅游项目策划与管理［M］.北京:中国国际广播出版社,2023.

［58］张学梅,付业勤. 会展项目策划与管理［M］.西安:西安交通大学出版社,2016.

［59］徐兆寿.旅游文化创意与策划［M］.北京:北京大学出版社,2015.

［60］张浩,张志宇.文化创意方法与技巧［M］.北京:中国经济出版社,2010.

［61］卢涛,李玲.文化创意产业基础［M］.武汉:武汉大学出版社,2014.

［62］薛可,龙靖宜.文化创意传播学［M］.上海:复旦大学出版社,2022.

［63］陈勤.媒体创意与策划［M］.北京:中国传媒大学出版社,2022.

［64］郑建鹏,张小平.广告策划与创意［M］.北京:中国传媒大学出版社,2018.

［65］白庆祥,李宇红.文化创意学［M］.北京:中国经济出版社,2010.

［66］成文胜.策划学概论新编［M］.北京:中国广播影视出版社,2018.

［67］谢梅,王理.文化创意与策划［M］.第2版.北京:清华大学出版社,2021.

［68］刘玉平,陈洁,周恋榕.文化产业策划学［M］.济南:山东人民出版社,2018.

［69］薛可,余明阳.文化创意学概论［M］.上海:复旦大学出版社,2021.

［70］张乃英,巢莹莹,钱伟.文化创意产业管理与实务［M］.上海:同济大学出版社,2020.

［71］徐鸣作.文化创意产品设计方法探析［M］.云南美术出版社,2022.07.

［72］袁连升,王元伦.文化产业创意与策划［M］.北京:清华大学出版社,2016.